JN417053

인코텀즈 2010 주요 내용과 용어 해설 수록

인코텀즈 2010

무역계약의 이해

개정판

이론과 실무

박명섭, 김은주, 홍란주, 허윤석

이 책의 특징은 다음과 같다. 첫째, 무역계약의 전반적인 이해를 돕기 위해 각 장마다 주요 내용을 다루었다. 둘째, 객관식 연습 문제를 통해 학생들이 내용을 명확하게 파악할 수 있을 것이다. 셋째, 책 전체의 분량을 한 학기 강의용이 되게 하였으며, 그리고 최신의 인코텀즈 2010의 주요 내용과 용어 해설을 수록했다. 이 인코텀즈의 원문과 용어해설을 중심으로 교재의 내용을 참조하면서 원서 강독형의 수업을 해도 좋으리라 본다.

우용출판사
1997
www.choolpansa.com

International
Trade
Contracts

개정판

무역계약의 이해 - 이론과 실무 -

개정판 인쇄	2012년 8월 5일
개정판 발행	2012년 8월 17일
저자	김은주 · 박명섭 · 홍란주 · 허윤석
발행인	고우용
발행처	우용출판사
출판등록	제 313-1997-139 호
등록일	1997년 11월 25일
주소	서울특별시 마포구 망원1동 338-53
전화	02) 324-6577
팩스	02) 324-6177
홈페이지	www.choolpansa.com
값	23,000원
ISBN	978-89-6249-072-5 93320
2012©	김은주 · 박명섭 · 홍란주 · 허윤석

이 책은 저작권법에 의해 한국 내에서 보호받는 저작물이므로 법에 정한 예외 이외의 무단 전제나 복제, 광전자 매체 수록 등을 금합니다.

서문

하루가 멀다 하고 바뀌는 무역환경 속에서 기업들은 수출경쟁력 제고를 위해 부단히 노력하고 있다. 이를 위한 방안에는 여러 가지가 있겠지만, 무역전문가의 양성도 빠뜨릴 수 없다. 무역전문가의 양성에 필요한 과목은 무엇인가. 국제경제학, 국제경영학, 국제금융론, 국제통상론 및 무역정책 등의 과목도 무역전문가 양성에 필요하다. 하지만 상기 과목들을 아무리 잘 이해하더라도, 무역계약, 무역결제, 무역영어 및 무역관계법 등에 관한 충분한 이해가 없이는, 아무리 무역학과 혹은 국제통상학과를 졸업하더라도 당장 무역업무를 맡기가 어려울 것이다. 기업마다 다르겠지만 무역계약 과목은 무역업체 입사 후 예컨대 과장까지 이르는데 숙지해야 할 내용의 과목이라면, 국제경제학과 국제경영학 관련 과목은 과장 보다 더 높은 직급, 즉 의사결정 권한이 더 큰 직급의 사람들에게 더욱 필요한 과목이 아닌가 싶다.

무역업을 수행하기 위해서는 무역의 경영·경제적 측면뿐만이 아니라 국제통상의 규범에 대한 이해가 있어야 할 것이다. 그러나 무엇보다도 무역행위의 시작부터 종료까지의 절차적, 계약적, 법리적 및 상학적인 이해가 반드시 선행되어야 할 것이다.

이 책의 특징은 다음과 같다.

첫째, 무역계약의 전반적인 이해를 돕기 위해 각 장마다 주요 내용을 다루었다.

둘째, 객관식 연습 문제를 통해 학생들이 내용을 명확하게 파악할 수 있을 것이다.

셋째, 책 전체의 분량을 한 학기 강의용이 되게 하였으며, 그리고 최신의 INCOTERMS® 2010의 주요 내용과 용어 해설을 수록했다. 이 인코텀즈의 원문과 용어해설을 중심으로 교재의 내용을 참조하면서 3주 정도의 원서 강독형의 수업을 해도 좋으리라 본다.

아무쪼록 이 책이 무역학 전공 학생, 국제무역사와 무역영어 자격시험이나 관세사 시험 그리고 물류관리사의 국제물류 과목 시험을 준비하고 있는 대학생 혹은 일반 수험 준비생뿐만이 아니라 무역업에 종사하는 분들에게 도움이 되길 바란다.

앞으로 선배 제현의 많은 지도와 편달을 기다리며, 또한 이 책의 출판을 기꺼이 승낙해 주신 우용출판사 고 우용 사장님께 감사드리고, 편집부 직원 여러분과 (사) 한국해양비즈니스학회 이 재성 사무국장의 노력에도 이 지면을 통하여 심심한 사의를 표하는 바이다.

2012년 7월

저자 씀

목차

Chapter 3 정형거래조건

Chapter 4 무역계약의 이행 및 구제방안

Chapter 5 무역계약의 종료

Chapter 6 국제운송계약

Chapter 7 해상보험계약

Chapter 8 무역거래의 분쟁사례

부록

Chapter 1
무역계약의 기초

1 계약의 개념

계약이란 둘 이상의 당사자가 바라는 바에 따라서 그 사이의 법률관계를 형성하려는 수단이기 때문에, 그것이 성립하려면 반드시 합의(consensus, agreement)가 있음을 요함과 동시에 합의에 의해서 성립한다고 생각되는 법적현상을 널리 계약이라고 할 수 있다. 이에 대해 협의의 계약은 일정한 채권관계의 발생을 목적으로 하는 복수당사자의 서로 대립하는 의사표시의 합치에 의해서 성립하는 법률행위라고 정의할 수 있다.

영미법에서는 계약을 약속이라고 보고 있다. 즉, 계약이란 소송을 제기할 수 있는 단일 또는 복수의 약속이라 할 수 있다. 여기에서 약속이란 어떤 자가 다른 자에 대해 어떤 종류의 사건이 존재한다는 것을 선언 또는 보증하는 것이며, 장래 일정한 행위 또는 부작위를 할 의사를 선언하거나 보증함으로써 상대방에게 이러한 선언이나 보증의 수행을 청구하는 권리를 부여하는 것을 의미한다. 따라서 약속에는 약속자(promisor)와 수약자(promisee)의 두 당사자가 존재하며 이를 실제로 물품매매계약에 적용하면 약속자와 수약자에 해당하는 청약자(offeror)와 승낙자(offeree)간의 합의를 의미하게 된다.

2 무역의 특징

무역도 국제 상거래라는 하나의 경제행위이므로 본질적으로 국내 상업과 다를 바 없다. 그러나 무역은 국경을 넘어 이루어지는 특유하고 복잡한 성격을 지닌 상거래라는 점에 있어서 특유의 성질을 갖는다. 다음에서 그 특징을 나누어 살펴보기로 한다.

2.1 해상 의존성

무역은 예로부터 바다를 주된 무대로 해운의 발달과 깊은 인과관계를 가지면서 발전되어 왔다. 무역이라는 용어가 의미하듯이 해운과 무역은 불가분의 관계를 갖는다. 이는 해양국가의 무역에만 국한되지 않고 프랑스나 독일과 같은 전형적인 대륙국가에 있어서도 총무역액의 대부분이 해상무역에 의존하고 있다. 중세의 범선무역시대를 모험상인(merchant adventurer)시대라고 부르는 것도 무역이 해운과 보험의 종합임을 시사하는 것이라 하겠다. 그 후 해운에서 보험이 분리되었으며, 해운도 운송수단의 발달에 따라 해상운송, 육상운송, 항공운송, 내수로운송 등으로 세분화되었다. 그러나 오늘날에서도 무역에서 해상운송은 그 비중이 크므로 이들 일체의 운송방식을 통칭하는 개념으로 간주된다. 즉, 무역의 해상 의존성은 절대적이라 하겠다.

2.2 기업 위험성

운송수단의 발달과 보험제도의 발달로 무역의 기업위험성은 과거에 비하여 상당히 경감되어 왔으나 무역거래는 국내 상거래와 달리 영업상의 위험을 많이 내포하고 있다. 즉,

- 장기간의 운송·보관 중에 상품 그 자체에 생기는 물리적 위험(physical risk) 또는 운송위험(transportation risk)
- 상품대금의 지급불능 또는 지급거절이라는 신용위험(credit risk)
- 다른 나라의 상품이 국내에 거래되므로 상품의 수급에 따른 시장위험(market risk)

- 상품대금결제가 외국통화(외환)로 이루어지므로 외환시세의 변동에 따른 환위험(foreign exchange risk) 등은 국내 상거래에서는 생각할 수 없는 기업위험들이다.

2.3 산업 연관성

무역은 국내 중요산업이 필요로 하는 원자재를 자원이 풍부한 세계 각국에서 수입하여 공급하고, 국내에서 생산된 상품은 해외시장에 수출함으로써 산업의 원료 및 상품시장을 국내에서 세계 전체로 확대시키는 배급기능을 하고 있다. 무역은 국제 분업을 촉진하여 생산요소의 효율적인 이용과 산업의 특화를 가능케 하여 우수하고 저렴한 상품의 국제적 배분을 원활히 한다. 특히 수출은 국내 기업에게 광활한 해외시장을 제공함으로써 대량생산에 따른 규모의 경제를 가능하게 한다. 나아가서 고용수준을 향상시키며, 국민경제발전의 선도적 역할을 하게 된다. 무역을 통한 국민경제와 세계경제의 연결이라는 점에서 무역은 어느 국가에 있어서도 그 나라 전체 산업에 영향을 주므로, 무역과 산업의 연관성은 더없이 크다 하겠다.

2.4 국제 관습성

무역은 국제간의 사적인 상거래의 총합이다. 따라서 무역매매도 국내 상거래와 마찬가지로 무역의 양당사자에게 법률상의 권리·의무를 발생시키는 법률행위이다. 국내 상거래가 국내법에 따라 규율되는 것과 같이, 국제 상거래도 강제성을 가지고 세계무역을 규율하는 국제 공통의 매매법인 "국제물품매매에 관한 통일법(A Uniform Law for the International Sale of Goods : The Hague Sales Convention 1964)" 및 "국제물품매매계약의 성립에 관한 통일법(A Uniform Law on the Formation of Contract for the International Sale of Goods : The Hague Formation Convention 1964)"이 1964년에 완성되어 1972년부터 발효되었다. 그러나 헤이그 협약은 그 적용범위가 너무 광범위하고, 이에 참가하지 않은 제3세계 국가와 사회주의 국가의 이익이 제대로 반영되지 않았다는 비판을 받아 왔다.

이러한 비판을 수용하여 새로운 법안인 "국제물품매매계약에 관한 유엔협약(United Nations Convention on Contract for the International Sale of

Goods : CISG)"이 1980년에 확정되어 1988년 1월 1일부터 그 효력을 발생하게 되었다. 2011년 8월 1일 현재 한국의 주요한 무역상대국인 미국, 중국, 일본, 러시아 등을 포함한 세계 76개국이 가입되어 있으며 우리나라는 2005년 3월 1일에 가입했다. 한편, 이 협약의 효력이 발생하기 전까지 무역매매를 규제하는 통일법이 없었기 때문에 세계무역업계는 상관습이나 법제도가 다른 나라에서 수많은 분쟁을 겪어왔다. 이러는 동안 세계적으로 정립된 일정한 국제상관습이 통일화됨으로써 국제규칙으로까지 발전하기에 이르렀다. 따라서 무역계약은 매매당사자간의 합의에 의해 통일화된 국제상관습을 따르는 동시에, CISG에 가입된 국가는 해당 조항이 있는 경우에는 이 협약에 따른다.

3 무역계약의 기본개념

3.1 무역계약의 개념

물품매매계약이란 매도인이 대금이라는 금전의 대가를 받고 매수인에게 물품의 소유권을 이전하기로 약정하는 계약이다. 따라서 국제간의 물품매매계약도 매도인인 수출업자가 매수인인 수입업자에게 물품의 소유권을 이전하거나 이전하기로 약속하고 매수인은 그 대금을 지급할 것을 약정하는 계약이라 할 수 있다.

오늘날 무역거래는 일반적으로 물품매매가 주종을 이루고 있어 무역계약이라고 할 경우 국제물품매매계약을 지칭하는 것이 보통이다. 그러나 무역거래의 대상이 기술 등의 용역, 금융 및 자본거래, 해외건설 및 플랜트 등으로 확대되었기 때문에 국제물품매매계약은 협의의 무역계약이라 할 수 있고, 광의의 무역계약이라 할 경우 국제간의 모든 계약을 통칭하는 것으로 보아야 할 것이다.

무역계약과 국내매매계약은 물품매매계약이 가지는 상업적 또는 법리적 성격을 공통적으로 가지고 있지만 무역계약은 제반환경이 상이한 국제간에 이루어진다는 점에서 국내매매계약과는 다른 몇 가지 특수성을 가진다. 즉, 국제물품매매계약은 국제성을 가진 계약이라 할 수 있는데, 여기에서 국제성이란 매매당사자가 각기 다른 국가에 영업소를 두고 있거나, 서로 다른 국가간의 물품운송, 격지간의 청약과 승낙, 청약과 승낙이 행해진 국가외의 다른 국가에서의 물품인도중의 어느 하나 이상이 충족되는 것을 의미한다.

3.2 무역계약의 목적물

우리가 여기에서 다루는 무역계약의 목적물은 물품(goods)이다. 그러므로 무역계약의 중심은 물품매매계약이라고 할 수 있다. 물품매매계약에서 물품(goods)에 해당할 수 있는 것으로 유체동산(things in action)에 국한한다. 이와 같이 유체동산이 무역계약의 목적물로 되는 경우에는 그것이 계약 당시 이미 매도인이 소유 또는 점유하고 있는 현물이 될 수도 있거니와 계약체결 후 매도인이 제조 또는 취득할 물품인 선물도 될 수 있다.

다음은 Incoterms와 CISG를 포함하여 우리나라의 대외무역법에서 규정하는 물품의 정의를 살펴본다.

3.2.1 Incoterms® 2010

Incoterms® 2010에서 그 적용범위를 매각된 물품의 인도에 관하여 매매계약 당사자 간의 권리와 의무에 관련된 사항, 즉 매매계약상의 매도인과 매수인의 관계만을 취급한다고 규정하고 있다.

3.2.2 CISG

CISG에는 물품의 정의를 내리지 않으나, 다음의 물품매매에는 적용하지 아니한다라고 명시하고 있다.

① 개인, 가족 또는 가정용으로 매입한 물품, 그러나 매도인이 계약체결시 또는 그 이전에 물품이 그와 같은 용도로 매입된 것을 알지 못하고, 또는 알아야 할 것도 아닌 때에는 그러하지 아니하다.

② 경매(auction)

③ 강제집행 기타 법률의 규정에 의한 매매

④ 주식, 지분(shares), 투자증권(investment securities), 유통증권(negotiable instruments) 또는 통화의 매매

⑤ 선박, 부선, 헬리콥터 또는 항공기의 매매

⑥ 전기(electricity)의 매매

3.2.3 대외무역법

무역이라 함은 물품과 전자적 형태의 무체물의 수출입을 말하며, 전자무역이라 함은 무역의 전부 또는 일부가 컴퓨터 등 정보처리능력을 가진 장치와 정보통신망을 이용하여 이루어지는 거래를 말한다.

3.3 무역계약의 법률적 성격

물품매매계약의 본질은 매도인에게서 매수인으로 물품의 소유권(property)이 이전하는 것이다. 이와 같이 무역에서 소유권의 이전문제를 논하는 가장 큰 이유는 이에 따른 위험과 비용을 누가 부담하는지를 명확히 하기 위한 것이다.

3.3.1 낙성계약

낙성계약(consensual contract)이란 계약이 성립하기 위해서 계약당사자의 의사표시의 합치, 즉 당사자의 합의만으로 성립되는 계약을 말한다. 무역계약의 이러한 합의란 청약자의 청약(offer)과 피청약자의 승낙(acceptance)에 의하여 이루어진다. 이러한 점에서 낙성계약을 합의계약이라고도 한다.

따라서 매매당사자의 합의가 있으면 그것만으로 계약이 유효하게 성립하게 된다. 물품의 점유권 이전, 소유권 이전, 서류 제공 등이 계약성립의 요건이 되는 것은 아니다. 이러한 점에서 당사자의 합의이외에 당사자 일방이 상대방에게 물품의 인도를 포함하여 기타 급부를 하여야 하는 소비대차/사용대차 등의 요물계약과 다르다.

3.3.2 쌍무계약

쌍무계약(bilateral contract)이란 계약성립과 동시에 계약당사자가 쌍방간에 일정한 채무를 부담하는 계약을 말한다. 즉, 매도인은 특정물품의 인도의무를 부담하고 매수인은 대금지급의무를 부담하는 것을 의미한다. 이러한 점에서 당사자 일방만이 채무를 부담하는 증여, 사용대차 등과 같은 편무계약과 다르다.

3.3.3 유상계약

유상계약(remunerative contract, onerous contract)은 계약당사자가 서로 채무의 대가를 부담하는 계약을 말한다. 물품매매계약은 우선 쌍방간에 채무가 발생하고 이에 대한 급부로 상호 보상을 하여야 한다. 즉, 당사자 일방의 급부는 특정품을 인도하여야 하며 상대방은 이에 대한 급부로 대금을 지급하여야 한다. 이러한 점에서 증여, 사용대차와 같은 무상계약과 다르다.

3.3.4 불요식계약

불요식계약(informal contract)이란 계약당사자가 특정 요식에 의하지 않거나 구두(口頭)로도 계약이 성립한다는 것이다. 따라서 무역계약은 통상적으로 일정한 양식이 없이 계약당사자가 임의의 형식으로 매매계약서를 작성하고 있다. 이러한 점에서 계약당사자의 의사표시가 일정한 방식에 따를 것을 요하는 요식계약과 구별된다. 특히 CISG에 따르면, 청약과 승낙은 서면으로 입증될 필요가 없고, 형식에 관한 기타 요구조건에 따르지 아니하며 증인에 의하여서도 입증될 수 있음을 명시하고 있다.

3.4 무역계약에 따른 부수적인 계약

무역거래가 원만히 이행되기 위해서는 매도인과 매수인의 물품매매계약인 무역계약이 선행되어야 한다. 따라서 무역계약은 국제적인 물품의 수출입거래에 가장 기본적이고 중심적인 계약이 된다. 그러나 무역거래는 무역계약외에도 이에 부수되는 운송계약, 보험계약, 대금지급계약 등의 계약도 반드시 필요하게 된다. 그러나 이러한 부수적인 계약은 그 자체가 무역계약과는 별도로 관련 당사자간에 독립된 계약을 체결하게 된다.

수출계약		수입계약
Seller	= 매매 =	Buyer
매매계약 체결(Sales Contract)		
화주	운송계약	운송인(선사)
	보험계약	보험중개인(보험회사)
	금융계약	금융계약은행

3.4.1 운송계약

매도인이 매수인에게 지켜야 할 여러 가지 의무 중 가장 중요한 것의 하나는 계약 물품을 인도하여야 하는 것이다. 그런데 무역거래는 서로 다른 나라와 거래하므로 그 이행을 위해 운송계약(contract of carriage)이 필수적이다. 운송계약을 누가 체결하는지는 매매계약서에 나타나는 Incoterms에 따라 결정된다. 운송계약을 체결하는 매매당사자가 운임(freight) 또는 운송비(carriage)를 운송인에게 지급하여야 한다.

3.4.2 보험계약

무역매매는 원거리운송 또는 해상운송의 비중이 절대적으로 크기 때문에 국내거래보다 운송중 발생하는 위험이 많다. 이러한 운송에 따르는 위험을 담보하기 위하여 보험계약(contract of insurance)의 체결이 필수적이다. 보험계약을 누가 체결하는지는 운송계약과 마찬가지로 매매계약서에 나타나는 Incoterms에 따라 결정된다. 보험계약을 체결하는 매매당사자가 보험료를 보험회사에 지급하여야 한다.

여기에서 주의하여야 할 점은 Incoterms에서 보험계약을 체결하여야 하는 조건은 CIP와 CIF 두 조건밖에 없다. 이들 조건에서는 매도인이 자신의 비용으로 보험에 가입하여야 하고 그 증거인 보험증권을 매수인에게 제공하여야 하도록 되어 있다. 그러나 다른 조건에서는 매매당사자 쌍방이 보험계약 체결의 "의무 없음"이라고 명시하고 있다. 그 이유는 다른 조건에서는 매매당사자 어느 누구도 보험계약을 체결할 필요가 없다는 의미가 아니고 Incoterms에서 매도인/매수인의 의무란 당사자 일방이 상대방을 위하여 자신이 해야만 할 사항을 명시하였기 때문이다. 따라서 예를 들어 Incoterms에는 FOB 조건에서 당사자 모두가 보험계약체결의 의무가 없다고 되어 있어도 사실상 보험계약을 체결하는 매수인이 자신을 위해서 보험계약을 체결하여야 한다.

3.4.3 대금지급계약

매도인의 의무인 계약물품의 인도에 대해 매수인이 부담하여야 하는 가장 중요한 의무는 대금의 지급에 관한 의무이다. 매수인이 대금지급을 하는 방법으로는 송금방법, 추심방법 및 신용장거래방법이 있다.

4 무역계약의 준거법규

4.1 의의

무역계약서 작성시 인용·삽입되어지는 국제무역법규는 정형거래조건에 관한 규칙, 신용장결제에 관한 규칙, 운송책임과 관련한 법규, 보험조건과 관련한 약관, 중재방식과 관련한 규칙, 그리고 계약의 효력과 해석에 관한 준거법규 등으로 다수의 준거법규가 인용되어지게 마련이다. 물론 당사자 자치의 원칙(무역계약자유의 원칙)에 따라 당사자의 합의사항이 우선이지만 수많은 복잡한 조항을 합의하기가 쉽지 않으므로 준거규칙을 인용·삽입하는 것이 보통이다.

정형거래조건에 관하여는 Incoterms® 2010, 신용장결제에 관하여는 UCP 600, 운송인책임에 관하여는 Hague Rules, 해상보험조건에 관하여는 협회적화약관(ICC), 중재방식과 절차에 관하여는 ICC 또는 UN의 중재규칙을 대부분의 국제거래에서 주로 준거하여 사용하고 있다.

그러나 계약의 효력과 해석에 관한 준거법은 과거 각국의 국내법(예, Governing law : Korean law, English law)을 사용하여 왔으나 1980년 UN이 CISG를 제정한 후 무역계약체결시 일국의 국내법이 아닌 CISG를 적용받기 위하여 동협약에의 가입이 확산되이가고 있다. 현재 우리 정부도 동협약가입을 신청한 바 있고 따라서, 우리 기업에도 동협약이 무역계약의 준거법으로 적용되어질 것으로 예상되는 바 이에 본 협약의 특징을 간략히 살펴보고자 한다.

4.2 CISG

4.2.1 CISG의 개요

국제물품매매계약에 관한 유엔협약(United Nations Convention on Contracts for the International Sale of Goods : 일명 Vienna Convention, 약칭 UNCCISG 또는 CISG)이란 유엔국제무역법위원회(United Nations Commission on International TradeLaw : UNCITRAL)에 의하여 성안되고 1980년 3월 비엔나에서 개최된 유엔외교회의에서 만장일치 통과하여 1988년 1월 1일부로 발효된 국제물품매매법 통

일을 위한 국제협약을 말한다.

4.2.2 CISG의 특징

CISG는 입법과정에서 다음과 같은 점이 고려되어 협약 전체에 반영되었다.

① 포괄적 법체계 : CISG는 몇몇 주요 국가들의 매매법 규정을 취사선택한 것이 아니라 국제적인 상거래의 현실을 반영하는 포괄적인 법체계로 구성하였다.

② 국제매매 적용 : 가능한 많은 국가의 가입을 유도하기 위해 국내매매에 관하여는 각국의 국내 매매법에 맡기고 통일법의 적용대상을 국제매매로 한정하였다.[1)]

③ 사적자치의 원칙 : 사적자치의 원칙을 존중하여 매매계약 당사자의 합의에 의하여 통일법의 전부 또는 일부의 적용을 배제할 수 있게 하였다.[2)]

④ 당사자 : 매매계약이 상사계약인지, 매매계약의 당사자가 상인인지의 여부를 묻지 않고 있다.

⑤ 소유권 이전 : 매매목적물의 소유권 이전에 관해선 각국의 법률이 다양하게 규정하므로 각국의 법률에 맡기고 본 협약에서는 규정하지 않았다.

⑥ 위험부담 : 위험부담 문제도 영미의 보통법(Common Law)이 취하고 있는 소유권의 이전과 동시에 이전하는 방식에서 탈피하여 별개의 문제로 규정하였다.

⑦ 계약유지의 원칙 : 일단 성립된 계약은 가급적 소멸되는 것을 방지하고 계속 이행이 되도록 매도인의 하자 보완권 인정 및 계약해제의 곤란성 등 여러 가지 법적장치를 마련하여 계약유지의 원칙을 채택하였다.

⑧ 고의·과실 무관 : 손해배상문제와 관련하여 계약불이행 당사자의 고의·과실 여부를 묻지 않고 있다. 이는 국제물품매매의 특성을 반영한 것으로 매우 진보적 입법태도로 여겨진다.

---

1) CISG 제1조.

2) CISG 제6조.

⑨ 계약의 해제 : CISG는 계약의 자동적인 해제를 인정하지 않고 있으며 단지 그것이 계약의 근본적 위반(fundamental breach)[3]에 해당하는 경우에만 한하도록 하도록 규정하고 있다.

⑩ 신의성실의 원칙 : CISG는 협약의 해석에 있어서 국제적인 성격과 적용상의 통일성을 증진시킬 필요성뿐만 아니라 국제무역상의 신의성실(good faith)의 준수에 대한 고려도 포함하도록 하고 있다.[4]

이하에서는 CISG상에 규정되어 있는 상대방의 계약위반에 따른 피해당사자의 구제권리에 관하여 살펴보고자 한다.

4.2.3 매수인의 구제

4.2.3.1 매도인의 의무

매도인은 계약과 CISG에 의해 요구된 바에 따라

① 물품인도의 의무

② 서류교부의 의무

③ 일치된 물품인도의 의무

④ 자유로운(소유권에 하자가 없는) 물품의 인도의무를 진다.[5]

4.2.3.2 매수인의 구제방법

만약 매도인이 계약 또는 CISG에 따른 의무를 이행하지 않은 경우 매수인은 다음과 같은 권리를 행사하여 매도인의 계약위반에 대한 구제를 받을 수 있다.

① 특정이행청구권

② 대체품 인도 청구권

③ 하자보완 청구권

---

3) 근본적 위반이란 당사자의 일방이 범한 계약위반이 그 계약하에서 상대방이 기대할 권리가 있는 것을 실질적으로 박탈할 정도의 손해를 상대방에게 주는 경우에 이는 근본적 위반으로 한다 : CISG 제25조.

4) CISG 제7조.

5) CISG 제30조, 제41조.

④ 부가기간 설정권
⑤ 계약해제권
⑥ 대금감액 청구권
⑦ 손해배상 청구권

① 특정이행청구권

매수인은 매도인에게 그 의무의 이행을 청구할 수 있다. 단, 이 청구와 모순되는 구제를 구한 경우에는 청구할 수 없다.[6)]

② 대체품 인도 청구권

물품이 계약과 일치하지 않은 경우 매수인은 대체품의 인도를 청구할 수 있다. 단, 이 청구는 불일치가 계약의 근본적 위반을 구성하고 대체품의 청구가 불일치 통보와 함께 또는 상당한 기간내 행하여지는 경우에 할 수 있다.[7)]

③ 하자보완청구권

물품이 계약과 일치하지 않은 경우 매수인은 매도인에게 합리적인 수리에 의한 불일치의 보완을 청구할 수 있다. 수리의 청구는 불일치 통지와 함께 또는 상당한 기간내 행하여져야 한다.[8)]

④ 부가(추가)기간 설정권

매수인은 매도인에게 의무이행을 위한 추가(부가)기간을 지정할 수 있다. 매도인의 추가기간내 이행치 않겠다는 통지가 없는 한 매수인은 그 추가기간중 계약위반에 대한 다른 구제를 구할 수 없다.

그러나 이행지연에 대한 손해배상청구권리는 유효하다.[9)]

---

6) CISG 第46조 제1항.
7) CISG 第46조 제2항.
8) CISG 第46조 제3항.
9) CISG 第47조.

⑤ 계약해제권

매수인은 다음의 경우에 계약해제를 선언할 수 있다.

(ㄱ) 매도인의 의무 불이행이 계약의 근본적 위반에 상당하는 경우

(ㄴ) 인도 불이행의 경우

i) 추가기간내 인도치 않거나

ii) 인도의사가 없는 경우 매수인은 다음과 같은 시기에 계약해제를 선언하지 않으면 그 해제권리를 상실한다.

㉠ 인도지연의 경우 지연인도가 이루어진 사실을 안 후 상당기간내

㉡ 다른 위반의 경우 위반을 안 후 상당기간내

㉢ 추가기간 설정의 경우 추가기간이 경과한 때 추가기간내 의무불이행을 선언한 후 상당기간내

㉣ 매도인의 인도기일 후 보완일자가 경과한 때 또는 매수인이 매도인의 인도기일 후 보완을 승낙치 않은 후 상당기간내[10)]

⑥ 대금감액 청구권

물품이 계약과 일치하지 않은 경우 대금지급여부와 관계없이 매수인은 실제 인도된 물품의 가액에 동일한 비율로 대금을 감액할 수 있다. 그러나 매도인의 인도만기 전, 보완 전 또는 인도기일 후의 보완권의 이행을 승낙하여 매도인의 불이행을 보완했거나 또는 매수인이 그런 매도인의 이행을 거절할 경우 매수인은 매도인의 대금을 감액할 수 없다. 이러한 대금감액 청구권은 물품 일부 불일치의 경우에는 부족 또는 불일치한 부분에만 적용된다.[11)]

⑦ 손해배상 청구권

계약위반에 대한 손해배상액은 이익의 손실을 포함하여 그 위반의 결과로 입은 손실과 동등한 금액에 대해 손해배상을 청구할 수 있다.

계약위반시 매수인은 이익의 손실을 포함하여 그 위반으로부터 야기된

---

10) CISG 제49조.

11) CISG 제50조.

손실을 경감하기 위한 상당한 조치를 취해야 한다.[12] 그렇지 않은 경우 매도인은 경감되었어야하는 손실의 금액을 손해배상액에서 감액하도록 청구할 수 있다.[13]

4.2.4 매도인의 구제

4.2.4.1 매수인의 의무

매수인은 계약 및 CISG에 의해 요구된 바에 따라
① 물품대금의 지급
② 물품인도의 수령의무를 진다.[14]

4.2.4.2 매도인의 구제방법

만약 매수인이 계약 또는 CISG에 따른 의무를 이행치 않은 경우 매도인은 다음의 권리를 행사할 수 있다.

① 특정이행 청구권
② 부가기간 설정권
③ 물품명세 확정권
④ 계약해제권
⑤ 손해배상 청구권

① 특정이행 청구권

매수인의(특정)이행 청구권과 상응하는 개념으로 매도인은 매수인에게 대금의 지급, 인도의 수령 또는 기타 매수인의 의무를 이행토록 청구할 수 있다.[15]

② 부가기간 설정권

매수인의 부가(추가)기간 설정권과 마찬가지로 매도인도 매수인에게

---

12) CISG 제74조.
13) CISG 제77조.
14) CISG 제53조.
15) CISG 제62조.

의무이행을 위한 부가기간을 지정할 수 있다.[16)]

③ 물품명세 확정권

매수인이 물품의 형태, 용적, 기타의 특징을 지정하기로 된 경우 매수인이 물품 명세를 작성하지 않으면 매도인은 자신이 물품명세를 작성할 수 있다.

이때 매도인이 세부사항을 매수인에게 통지하였음에도 매수인이 물품명세를 작성하지 않으면 매도인이 작성한 물품명세가 구속력을 가진다.[17)]

④ 계약해제권

매수인의 의무 불이행이 근본적 위반이거나 부가기간내 매수인의 의무를 이행하지 않은 경우에 매도인은 계약의 해제권을 가진다. 만약 매도인은 매수인이 대금을 이미 지급했거나 다음의 시기에 계약해제를 선언하지 않으면 계약해제의 권리를 상실한다.

(ㄱ) 매수인 이행지연의 이행이전

(ㄴ) 위반에 대해 알았거나 알았어야하는 때로부터 상당기간내

(ㄷ) 부가기간이 경과한 때 또는 부가기간내 매수인이 의무 불이행을 선언한 때로부터 상당기간내[18)]

⑤ 손해배상 청구권

매수인의 동 권리와 동일하다.

16) CISG 제63조.

17) CISG 제65조.

18) CISG 제64조.

【매수인 대 매도인 구제권리 비교표】

NO	구제 권리	매수인	매도인
1	특정이행 청구권	○	○
2	부가기간 설정권	○	○
3	계약해제권	○	○
4	손해배상 청구권	○	○
5	물품명세 확정권	×	○
6	대체품인도 청구권	○	×
7	하자보완 청구권	○	×
8	대금감액 청구권	○	×

【CISG 대 우리 민법상의 매수인 구제권리】

NO	구제권리	CISG	우리 민법	비 고
1	특정이행 청구권	제46조 제1항	×	
2	대체품인도 청구권	제46조 제2항	×	
3	하자보완 청구권	제46조 제3항	×	
4	부가기간 설정권	제47조	×	
5	계약해제권	제49조	제547조 제580조 제581조	민법-계약 목적을 달성할 수 없는 하자의 경우 CISG-근본적 불이행, 인도불이행의 경우
6	대금감액 청구권	제50조	제572조 제1항, 제547조	민법-수량부족, 일부 멸실인 경우 CISG-물품이 계약과 일치하지 않은 경우
7	손해배상 청구권	제45조 제74조 제77조	제581조	

4.3 INCOTERMS® 2010

4.3.1 Incoterms의 제정이유

19세기부터 사용해 오고 있던 FOB나 CIF와 같은 거래관습을 국제적으로 통일하기 위하여 정형화된 통일 해석규칙을 제정함으로써 거래관습의 국제적 통일이 이루어지게 되었다. 국제매매거래에서 당사자간 물품인도에 관한 책임, 비용 및 위험부담에 관한 책임, 인도에 따른 대금결제 및 필요한 서류제공 등의 많은 복잡한 문제가 FOB나 CIF와 같은 거래조건에 관한 국제규칙을 통하여 쉽게 인식되게 되었다.

국제상업회의소(International Chamber of Commerce : ICC)는 "정형거래조건의 해석에 관한 국제규칙(International Rules for the Interpretation of Trade Terms 1936)"을 INCOTERMS라는 이름으로 채택·공표하였다. 그 후 6차례의 개정이 있었고 현재는 Incoterms® 2010이 사용되어지고 있다.

Incoterms외에도 정형거래조건에 관한 규칙은 "CIF 계약에 관한 와루소-옥스포드규칙(Warsaw-Oxford Rules for CIF Contract 1932)", "개정미국외국무역정의」(Revised American Foreign Trade Definitions 1941" 등이 사용되어 왔으나, 1980년부터 개정미국외국무역정의의 사용을 중지하고 Incoterms로 통일하기로 하여 현재는 Incoterms가 전세계적으로 보편화된 정형거래조건으로 인식·사용되어 지고 있다. 국제상업회의소(ICC)가 중심이 되어 제정한 "정형거래조건의 해석에 관한 국제규칙"이 곧 Incoterms(International Commercial Terms)이다.

4.3.2 Incoterms와 CISG의 비교

4.3.2.1 Incoterms

매매계약에 사용되는 용어, 계약조건에 관한 통일적인 규칙으로 국제물품매매의 일부 구체적인 문제(가격조건, 비용부담, 위험의 이전, 운송, 보험, 통관의무 등)를 규율한다.

4.3.2.2 CISG

일반적인 계약의 성립, 하자있는 물품인도, 매수인의 검사의무, 매수인의 하자통지의무, 채무불이행시 효과 등을 규율한다. Incoterms와는 상호 보완적이다.

【CISG 대 Incoterms 특징 비교】

항 목	CISG	Incoterms
제정주체	UN	ICC
제정년도	1980	1936
적용	1988년 1월 1일	1936년 6월 이후 6차 개정, 현행 2010 적용
주 안 점	계약의 성립, 유지 당사자 구제권리	국제매매계약의 정형화 위험비용의 이전 등 일부 구체적 문제를 세분화하여 규정
당사자 의무	포괄적 규정 매도인 의무-4가지 매수인 의무-2가지로 간단한 규정	11개 정형조건별 매도인 의무-10가지 매수인 의무-10가지로 상세히 규정
통관, 비용 보험, 운송	없음 운송-계약체결(의무가 있을 때) 보험-정보제공 의무규정	정형조건별로 상세히 규정
위험이전	포괄적 규정	정형조건별로 상세히 규정
상대방 구제권리	상세한 규정 매도인 구제권리-5가지 매수인 구제권리-7가지	당사자의 위반시의 책임규정이나 구제권리 규정 없음
관 련 성	배타적 규정이 아니라 상호 보완적임	

5 주요 국제무역법규

5.1 무역계약법규

5.1.1 국내 및 국제거래조건의 사용에 관한 ICC규칙(INCOTERMS® 2010)

【ICC Rules for the Use of Domestic and International Trade Terms】

정형거래조건별 당사자의 책임, 의무를 11개 정형조건별로 매도인, 매수인 각 10항으로 상세히 규정하고 있다. ICC가 1936년 제정하였다.

5.1.2 국제물품매매계약에 관한 유엔협약(1980)

【United Nations Convention on Contracts for the International Sale of Goods : Vienna Convention】

매매계약의 성립, 당사자의 이행의무, 구제권리 등을 규정하고 있다. 1988년 1월 1일부터 발효되었으며 2011년 8월 현재 76개국이 가입하였으며 우리나라는 2005년 3월 1일 가입하였다.

5.2 무역결제법규

5.2.1 화환신용장 통일규칙(2007)

【Uniform Customs and Practice for Commercial Documentary Credits】

신용장 거래의 결제조건과 은행의 의무 등을 규정하고 있다. 약칭 UCP라 하며 현재 UCP 600(제6차 개정)이 사용되고 있다.

5.2.2 추심에 관한 통일규칙(1995)

【Uniform Rules for Collections】

추심방식의 결제조건 및 방법을 규정하고 있다. ICC가 1956년에 처음 제정하였다.

5.3 국제운송법규

5.3.1 선화증권통일조약

【International Convention for the Unification of Certain Rules of Law Relating to Bills of Lading(약칭, Hague Rules)】

선화증권 발행, 법률관계 및 운송인의 책임관계 등을 규정하고 있다. 1931년부터 발효되었으며 1968년 비스비 추가의정서(additional protocol)가 채택되어 Hague-Visby Rules이라 불려진다. 우리나라 실무에서는 지상약관으로 Hague Rules를 채택하고 있다. 운송인의 책임이 적어 선주국인 선진국에 유리하다는 비판을 받고 있다. 국제해사위원회(CMI)가 1924년에 제정하였다.

5.3.2 해상화물운송에 관한 UN협약(1978)

【United Nations Convention on the Carriage of Goods by Sea(약칭, Hamburg Rules)】

Hague Rules와 규정 분야는 유사하나 후진국인 화주국의 권익증진, 선진국인 운송인의 책임확대를 위하여 제정되었다. 발효는 되었으나 선주국인 선진국이 참여에 소극적이며 우리나라도 가입하지 않고 있다.

5.3.3 국제화물복합운송에 관한 UN협약(1980)

【United Nations Convention on International Multimodal Transport of Goods】

Hamburg Rules를 모태로 복합운송에 관하여 규정하고 있는데 선주국의 소극적 참여로 발효도 되지 않고 있으며 우리나라도 가입하지 않고 있다.

5.3.4 국제항공운송에 관한 바르샤바협약(1929)

【Convention for the Unification of Certain Rules Relating to International Transportation by Air】

항공운송서류의 발행, 항공운송인의 책임관계를 규정하고 있다. 국제민간항공기구(Int'l Civil Aviation Organization : ICAO)가 1955년 헤이그의정서(Hague Protocol)를 채택하여 일부 개정하였다. 우리나라는 동의정서에 가입되어 있다.

5.3.5 해상화물운송장·전자식B/L에 관한 CMI규칙(1990)

【CMI Uniform Rules for Sea Waybill】

해상화물운송장(Sea Waybill : SWB)과 전자식 B/L의 발행, 그 유효성 등을 규정하고 있다.

5.4 해상보험법규

5.4.1 영국해상보험법(1906)

【Marine Insurance Act】

현대의 해상보험법규의 모태가 되는 법규이다.

5.4.2 협회적화약관(A), (B), (C)(1982)

【Institute Cargo Clauses (A), (B), (C)】

런던보험자협회(ILU)가 제정한 해상보험(적화보험)약관으로 구약관(1963)을 개정하였다. 전세계 해상적화보험 조건의 90%이상이 ICC약관에 준거하여 계약, 이행되고 있다.

5.4.3 개정 요크-앤트워프규칙(2004)

【The York-Antwerp Rules】

국제해사위원회(CMI)가 제정한 공동해손비용에 관한 주요 준거규칙이다.

5.5 상사중재법규

5.5.1 외국중재판정의 승인과 집행에 관한 UN협약(1958)

【United Nations Convention on the Recognition and Enforcement of Foreign Arbitral Awards】

외국중재판정을 승인하고 그 집행에 관하여 규정한 협약으로 우리나라는 1973년 42번째로 가입하였으며 2011년 1월 현재 세계 145개국이 가입하고 있다.

5.5.2 유엔국제무역법위원회의 중재규칙(2010)

【UNCITRAL Arbitration Rules】

상사중재절차에 관한 UN법규를 말한다.

5.5.3 국제상업회의소의 조정·중재규칙(1988)

【ICC Rules of Conciliation and Arbitation】

상사분쟁의 조정 및 중재절차에 관한 ICC의 규칙이다.

5.5.4 UNCITRAL 표준국제상사중재법(2006)

【UNCITRAL Model Law on International Commercial Arbitration】

유엔에서 제정한 국제상사중재에 관한 표준법을 말한다. 유엔에서는 이 표준중재법을 기준으로 각국 중재법에서 채택하길 희망하고 있다.

Chapter 2
무역계약의 성립

1 무역계약의 성립과정

1.1 해외시장조사

해외시장조사(Overseas Market Research)는 무역업자가 새로운 시장을 개척하기 위해 해외시장의 환경 및 동향을 조사하고 고객이 원하고 있는 바를 파악하여 무역거래의 증대를 목적으로 행하는 것으로서, 주로 자사상품의 시장성(marketability) 혹은 판매적정성(salability)을 알기 위한 조사와 연구를 말한다. 해외시장은 국내시장과는 다른 많은 특이한 시장환경을 갖고 있으며 더 많은 위험(risks)을 내포하고 있다.

해외시장조사의 내용은 대개 다음과 같은 여러 사항을 포함한다.

1.1.1 상품조사

① 목적시장에서의 해당 상품의 수요와 공급 상태
② 해당 상품의 시장구조와 상관습
③ 목적시장에서의 경쟁상품 및 대체상품의 현황 등

1.1.2 고객조사

① 소비자의 소득분포 및 구매능력
② 고객의 기호, 취향

③ 품질, 상표 및 생산자 등의 이미지 등

1.1.3 지리적·사회적 조건

① 목적시장의 위치, 자국과의 거리, 기후
② 당해 시장의 인구와 구매력, 언어, 종교, 교육수준
③ 통신 및 교통 시설 등

1.1.4 정치·경제적 조건

① 수출입에 대한 관리·규제 현황(관세, 외환 등)
② 대금회수를 위한 정치적 안정 및 금융기관의 규모
③ 자국과의 통상 협정·협력관계 등

1.2 거래처 선정

먼저 해외시장조사를 통해 목적시장이 결정되면 신뢰성 있는 거래선을 발굴하여야 한다. 이렇게 철저한 해외시장조사를 통해 자사상품의 시장성이 있는 목적시장을 선정(target market)하게 되면, 잠재적 고객(potential clients)이나 유망한 거래처(prospective buyers)를 선정한다.

유망 거래선을 발굴하기 위해서는 다음과 같은 방법들을 이용할 수 있다.

① 상공인명부(directory)를 이용하는 방법은 가장 손쉬운 방법으로, 상공인명부는 국내에서는 대한무역투자진흥공사(Korea Trade Promotion Corporation : KOTRA)나 한국무역협회(Korea International Trade Association : KITA) 또는 상공회의소 등에서 다양한 자료를 이용할 수 있다.
② 해외시찰(overseas visit)이나, 자사의 해외지점, 출장소 또는 민간무역사절단의 파견 등
③ 해외거래처(customer)의 소개 및 알선
④ 국내외의 상공회의소(chamber of commerce)에 의뢰
⑤ 국내의 무역관계 신문, 잡지 및 업계의 기관지 등 이용
⑥ 대한무역투자진흥공사 및 해외무역관, 한국무역협회 등에 의뢰하거나 그 기관의 인터넷 거래알선사이트에 등재
⑦ 재외공관 및 주한 외국공관 등에 의뢰

1.3 거래처 선정거래제의

목적시장과 거래처가 선정되면 거래창출이 가능하도록 권유장(circular letter)을 발송한다. 권유장이란 유망 거래선에게 자기회사를 알리고 취급물품과 거래조건 등을 간략하게 안내하여 거래관계를 권유하는 서신을 말한다. 경우에 따라서는 상품목록(catalogue), 견본(sample), 가격표(price list) 등을 동봉하는 것이 바람직하다.

권유장에는 대체로 다음과 같은 사항을 기재하게 된다.

① 상대방의 주소, 성명을 알게 된 경위

② 자사의 영업내용, 영업규모, 재정상태, 취급상품 및 업계에서의 위치

③ 거래상품의 명세와 더불어 견본, 가격표, 상품목록 등 참고자료

④ 거래조건(terms and conditions)의 개요(주로 가격, 결제조건)

⑤ 자기의 신용조회처(credit reference)

⑥ 결문인사

1.4 조회 및 회신

조회(inquiry)란 거래관계의 권유를 받은 유망 거래선이 그 권유에 대해서 관심이 있거나 물품구매의사가 있을 때 문의하는 것을 말한다.

조회를 할 경우 대체로 다음과 같은 사항을 기재하게 된다.

① 상대방을 알게 된 경위

② 관심품목이나 가격조회

③ 필요한 물량이나 명세

④ 기타 문의사항

⑤ 결문인사

다음으로 이러한 조회에 대해 그 회신은 신속하고 정확하게 이루어져야 한다. 조회에 대해 회신을 할 경우 대체로 다음과 같은 사항을 기재하게 된다.

① 조회접수에 대한 확인과 감사의 표시

② 조회사항에 대한 구체적 회답

③ 거래성사시 유리한 점

④ 견본 등을 송부

⑤ 주문의 기대표시

⑥ 결문인사

1.5 신용조회

거래제의에 대해 관심을 표명하는 업체에 대해서는 무역계약의 성립전에 그 업체의 신용상태에 대하여 조사하여야 한다. 특히 신용조사는 향후 거래가능성을 진단하고 그 위험요소를 사전에 예방하는 차원에서 매우 중요하다. 신용조사는 대개 그 업체의 자본상태, 거래규모, 경영능력, 평판 등을 대상으로 하고 있으며 대개 3C's로 집약된다.

① Character(인격) : 계약이행상의 도의심 및 성실도를 알아보기 위하여 영업방침, 업계에 있어서의 평판, 경영자의 인격 등을 검토할 필요가 있다.

② Capacity(능력) : 거래능력의 조사를 위해서 회사의 연혁, 경영자의 경력, 회사의 조직, 거래관계 등을 검토한다.

③ Capital(자본) : 자본금의 크기, 자산의 내용 및 재산상태에 대해 재무제표 등을 검토·분석하여 지급능력의 여부를 판단한다.

3C's외에 5C's라 하여 국가에 따라 Country(conditions of the country), 즉 상대국의 정치적 또는 경제적 상태와 Currency(condition of the currency), 즉 상대국 통화의 안정 상태를 조사하기도 한다.

한편 신용조사의 방법은 크게 세 가지로 구분될 수 있다.

① 내부자료에 의한 조사

내부자료에 의한 조사는 업체가 가지고 있는 해외지사로부터의 보고에 의한 것으로 가장 유익한 것이기는 하나, 실제로 해외지사를 두고 있는 업체는 비교적 적을 뿐만 아니라, 지역적으로 한정되어 있다는 결함이 있다.

② 외부자료에 의한 조사

외부자료에 의한 조사는 가장 일반적으로 이용되고 있다. 이것은 경제, 지리, 물품 등에 관한 각종 문헌과 외교통상부, 재외영사관, 대한무역투자진흥공사, 한국무역협회 및 우리나라와 외국의 상공회의소, 외국환은행 등의 무역거래알선기관을 이용하여 조사하는 방법이다. 이러한 기관들은 실지조사를 통하여 여러 가지 정보를 모집하고 있어 무역업자에게 도움을 주고 있다. 여기서 주의하여야 할 사항은 외국과의 거래은행을 통하는 방법에 있어 신용조사를 행하는 코레스은행으로서는 상대방의 기업은 자신의 고객이므로 신뢰자에게 고객의 결점을 상세히 알려줄 의무가 없다. 단지, 공식적인 정보밖에 제공해주지 않는다. 그러므로 중요한 거래를 하고자 할 때에는 은행외에 상업흥신소에도 신용조사를 의뢰하여 이원적인 조사를 행하는 것이 바람직하다.

③ 실지시행에 의한 조사

실지시행에 의한 조사는 업체가 직접 신용조사자를 해외로 파견하여 거래처를 방문, 면접과 관찰을 통해 조사하는 것으로 업체가 단독으로 조사하는 경우와, 혹은 그가 소속하고 있는 단체에서 공동으로 조사하는 경우가 있다. 그러나 현실적으로 과다한 경비로 인하여 실지시행에 의한 방법은 이용을 꺼리는 경향이 일반적이다.

신용조사는 시간이 경과함에 따라 변하므로 적어도 1년에 1회씩 정기적으로 조사하는 것이 견실한 방법이다.

2 무역계약의 성립요건

무역계약은 법적 구속력을 가지기 위해 다음과 같은 요건이 필요하다.

① 양당사자의 의사표시의 합치가 있어야 한다. 이것은 매매당사자가 자유로운 의사에 의한 합치로 계약을 성립시켰다는 상호동의의 진실성이 있어야 한다는 의미이다. 따라서 강제나 사기에 의한 합의는 무효가 된다.

② 약인(consideration)이 있어야 한다. 약인이란 약속과 교환하여 약속자가 받는 권리, 이익, 이윤, 편의 또는 약속을 받은 자인 수약자가 부담하는 부작위, 불이익, 손실, 의무 또는 이러한 것들의 약속이라고 정의할 수 있다. 예컨대 물품매매계약에서 대금지급이나 그 약속 또는 대금지급에 대한 물품인도나 그 약속과 같이 계약상 약속의 대가로 제공되는 행위, 즉 대가의 상호교환(bargained for exchange)을 말한다.

③ 거래의 목적물이나 거래방법이 합법적(legality)이어야 한다.

④ 당사자의 행위능력(capacity of the parties)이 있어야 한다. 미성년자나 금치산자, 한정치산자 등의 계약은 무효가 된다.

3 청약의 법리

3.1 청약의 개념

청약(offer)이란 피청약자의 무조건·절대적 승낙(unconditional and absolute acceptance)이 있으면 계약을 성립시킬 것을 목적으로 하는 청약자의 피청약자에 대한 일방적·확정적 의사표시이다. 이 청약은 상대방에게 도달된 때부터 효력이 발생하며 구두청약(oral offer)도 유효한 청약이 된다.

청약은 다음과 같은 특성을 지니고 있다.

① 청약자의 일방적인 의사표시이다.

② 승낙과 함께 일정한 계약을 성립시킨다는 확정성이 있다.

③ 즉시 청약자를 구속하는 법적 구속성이 있다.

④ 구두 또는 행위에 의해서도 할 수 있는 불요식성이 있다.

3.2 청약의 종류

청약의 종류는 효력을 기준으로 다음과 같이 구분할 수 있다.

3.2.1 확정청약과 불확정청약

확정청약(firm offer)은 청약을 할 때 승낙기한을 명시하여 그 지정기한내에는 철회할 수 없는 청약을 말한다. 지정된 기한내에 피청약자가 발송한 승낙의 통지가 도달하면 매매계약이 성립된다. 대부분의 확정청약은 유효기간이 있지만 유효기간이 없는 경우라 하더라도 그 청약이 확정적(firm) 또는 취소불능(irrevocable)이라는 표시가 있으면 확정청약으로 간주한다.

불확정청약(free offer)은 청약을 할 때 승낙기한을 명시하지 않은 청약으로 피청약자가 승낙하기 이전에는 언제라도 청약내용을 변경하거나 철회할 수 있으며 또한 이를 승낙하더라도 청약자의 최종확인이 있어야 하는 청약이다.

청약기간의 표시는 대개 다음과 같이 한다.

- We offer you firm the following goods subject to your reply being received here by noon, April 5, 2012.
- Validity : Until noon, April 5, 2012.

특히 청약과 청약의 유인(invitation to offer)은 구분되어야 한다. 청약의 유인은 계약의 체결을 위한 사전예비교섭으로 타인을 권유하여 자기에게 청약을 하게 하는 행위이다. 예컨대 청약의 예비교섭에 불과한 Inquiry, Circular Letter, Catalog, Sample, Price-list, Estimate 또는 Quotation 등은 청약의 유인이라 할 수 있다.

청약의 유인과 청약의 구분은 실제로 곤란한 경우가 많다. 그러나 대체로 상대방의 승낙과 동시에 자신의 의사표시에 구속되려는 의도일 경우에는 청약이며, 상대방의 승낙만으로는 구속되지 않고 청약자 자신의 확인에 의해 구속되려는 의도일 경우에는 청약의 유인이다. 또한 특정인에 대한 경우에는 통상 청약이며, 불특정인에 대한 경우에는 청약의 유인일 때가 많다.

그러나 청약과 청약의 유인과의 구분에 있어서 "offer" 또는 "accept"라는 표현을 사용하고 있다 하더라도 이를 구분하는데 있어 결정적인 요소가 될 수 없고 계약당사자의 추론적인 의사의 범주에 따라 달리 결정될 수 있다.

3.2.2 반대청약

반대청약(counter offer)은 주로 청약의 가격, 수량, 선적시기 등의 조건에 대하여 피청약자가 자신의 유리한 대안을 제시하면서 조건의 수정 또는 변경을 요구하는 청약을 말한다. 반대청약은 원청약에 대한 거절이며 동시에 새로운 청약이 된다. 이 반대청약에 대하여 거래상대방은 승낙하든지 또는 거절하거나 반대청약을 낼 수 있는데 최종승낙이 있기 전까지 계속적인 반대청약이 진행될 수 있다.

3.2.3 조건부청약

조건부청약(conditional offer)이란 청약자의 청약내용에 어떤 조건이나 단서가 붙어 있는 청약이다. 조건부청약은 형식상으로는 불확정청약의 범주에 속하지만 엄밀한 의미에서는 청약이 아니고 청약의 유인에 지나지 않는다. 조건부청약은 그 조건내용에 따라 다음과 같은 것들이 있다.

- offer subject to being unsold

- offer on approval
- offer on sale or return
- offer subject to our final confirmation
- offer subject to prior sale
- offer subject to market fluctuation

3.2.4 교차청약

양당사자가 동시에 동일한 내용의 청약을 하는 경우 이를 교차청약(cross offer)이라 한다. 교차청약을 인정하는 국가는 한국과 일본 등이며, 어느 한 당사자의 승낙이 없으면 계약이 성립되지 않는다고 보는 것이 영미의 판례이다.

3.3 청약의 효력발생과 소멸

먼저 청약의 효력발생시기에 관해서 영미법에서는 청약은 피청약자에게 전달된 때 (communicated)에 효력이 발생하는 도달주의를 원칙으로 하고 있다. 계약이 성립하기 위해서는 청약의 의사표시가 피청약자에게 도달하고, 그 결과 피청약자가 승낙의 의사표시를 한다라는 상호관련이 중시되고 있다는 것을 의미하고 있다. 대륙법 역시 도달주의를 취하고 있다.

청약의 철회는 취소와는 달리 청약으로서 효력이 아직 발생하기 이전의 상태에서 청약자가 임의로, 오직 장래에 향하여 청약으로서 효력을 상실시키는 것을 말한다. 영법에서는 청약의 철회에 대해서 두 가지의 규칙이 있다. 첫째, 청약자는 승낙이전이라면 언제든지 철회할 수 있다. 둘째, 청약은 승낙에 이해 철회불능으로 된다. 영법에 있어서는 청약은 약인이 없으면 승낙이전이라면 언제라도 철회가능한 것으로 되어 있다.

그러나 청약의 철회에는 다음 두 가지 예외가 있다.

① 날인증서에 의한 청약의 경우

② 제정법에 규정된 경우이다.

이에 해당하는 경우에는 청약은 철회불능으로 된다.

한편, 청약의 효력이 소멸하는 경우는 다음과 같다.

① 피청약자가 청약을 거절하는 경우

② 반대청약이 있는 경우
③ 기간이 경과하는 경우
④ 당사자가 사망하는 경우
⑤ 후발적 위법상황이 존재하는 경우 등

【청약서의 예】

Exporter & Manufacturers
Messrs. ABC INC. Offer No.
Date; May 15, 2012
Ref. No.
Reg. No.

OFFER SHEET

We are pleased to offer the under mentioned article(s) as per conditions and details described as follows:

Sample No. Commodity & (Code-Word)Description	Unit Price	Quantity	Amount (Remarks)
	FOB Ulsan Per Set US$ 6,000.00	10,000	60,000,000.00

Origin: Republic of Korea
Supplier: Korea Trading Co., Ltd.
Packing: Export standard packing
Shipment: Within 30 days after receipt of Letter of Credit
Inspection: Ours to be final
Payment: By an Irrevocable Letter of Credit in our favor
Validity: By end of May, 2012
Remarks : (Subject to our final confirmation)
Looking forward to your kind order for the above offer.

Yours faithfully.

KOREA TRADING CO., LTD
Authorized Signature

4 승낙의 법리

4.1 승낙의 개념

승낙(acceptance)은 피청약자가 청약의 내용을 받아들여서 계약을 성립시키고자 하는 의사표시를 말한다. Anson에 의하면 청약의 승낙이라고 하는 것은 청약자가 지시한 방법에 의해서 청약의 조건을 구두 또는 행위에 의해서 동의를 표시하는 것이고, 제2차 계약법 리스테이트먼트에 의하면 청약의 승낙이라고 하는 것은 청약에 요구된 방법으로 피청약자가 청약의 조건에 동의를 표시하는 것임을 규정하고 있다. 유엔통일매매법(CISG)에 의하면 청약의 경우 피청약자의 진술 또는 기타의 행위를 통해 동의하게 되면 승낙이 된다. 즉, 청약의 성질, 당사자간의 관행이나 관습에 의하여 인정되는 행위에 의해서도 승낙(acceptance by action)[19]이 가능하다. 청약이 승낙됨으로써 계약은 성립하는데, 이를 위해서 승낙은 절대적이고, 청약의 조건과 엄밀하게 일치하여야만 한다.

승낙은 다음과 같은 특성을 지니고 있다.

① 승낙은 절대적(absolute)이고 무조건적(unconditional)이어야 한다.
② 승낙은 청약의 조건과 일치하여야 한다.
③ 승낙은 유효기간 내에 행해져야 한다.
④ 승낙은 불요식성이 있다.

4.2 승낙의 효력

승낙은 청약과 함께 계약성립이라는 하나의 법률효과를 발생시키는 법률행위의 구성요소이며 승낙에 의하여 계약이 성립한다. 청약에 대한 동의를 표시하는 피청약자의 진술이나 기타 행위는 승낙으로 하고, 침묵이나 아무런 행동을 취하지 않는 것은 그것만으로는 승낙에 해당하지 않는다.

승낙의 효력발생시점에 대해서 발신주의와 도달주의가 있으나 도달주의가 원칙이다.[20] 그러나 격지자간 우편(전보)의 경우 우리 나라 민법과 일본, 영미법

19) Selling offer에 대해 수입업자가 대금을 지급하는 행위, Buying offer에 대해 수출업자가 선적하는 행위 등은 유효한 승낙이 된다. 그러나 침묵(Silence) 또는 무행위(무작위)(Inactivity)로는 승낙이 되지 않는다 : 유엔통일매매법(CISG) 제18조.

에서도 발신주의를 인정하고 있다. 그러므로 승낙지연사유가 우송자체에 있는 경우 발신주의를 인정하고 있는 것이다. 이와 같이 승낙의 효력발생 시기는 각국의 입법 예가 다르기 때문에 분쟁가능성을 줄이기 위하여 청약시 도달주의임을 명시하거나 계약의 성립은 유엔통일매매법(CISG)에 따른다고 명시하는 것이 바람직하다. 승낙의 효력발생시기에 대한 각국의 입법 예는 다음과 같다.[21]

【승낙의 효력발생시기에 대한 각국의 입법 예】

통신수단 \ 준거법규			영 국	미 국	독 일	한국 민법	UN협약
의사표시에 관한 일반원칙			도달주의	도달주의	도달주의	도달주의	도달주의
승낙의 의사표시	대화자간	대 화	도달주의	도달주의	도달주의	도달주의	도달주의
		전 화	도달주의	발신주의	도달주의	도달주의	도달주의
		텔펙스	도달주의	발신주의	도달주의	도달주의	도달주의
	격지자간	우 편	발신주의	발신주의	도달주의	발신주의	도달주의
		전 보	발신주의	발신주의	도달주의	발신주의	도달주의

구두청약은 별도의 사정이 없는 한 즉시 승낙되어야 한다. 그러나 청약의 성격에 의하여 혹은 당사자들이 그들 간에 이미 확립된 관행이나 관습의 결과로서 피청약자가 청약자에게 통지 없이 물품발송이나 대금지급과 같은 행위를 함으로써 동의를 표시할 경우 승낙은 이러한 행위가 이행된 때 발생한다. 단, 이러한 행위는 규정된 기간내에 이루어져야 한다. 실무상 승낙은 청약에 명시적으로 지정되어 있는 경우에는 그 지정된 방법에 따라야 하고, 그러하지 못한 경우에는 합리적인 방법으로 승낙하면 될 것이다.

부분적 승낙의 경우도, 청약조건의 변경을 꾀한 것이기 때문에, 이것에 의해서는 계약은 성립하지 않는다고 보아야 할 것이다. 영국에서는 청약에 담겨있지 않는 조건을 추가해서 청약을 승낙하는 경우 원칙적으로 계약은 성립하지 않는 것으로 된다. 왜냐하면 피청약자는 사실상 원청약을 거절해서 반대청약을 한 것이 되기 때문이다. 만약 중요한 조건이 양당사자의 장래의 합의로 위임되어져 있다면, 계약은 그 시점에서는 불완전하고 성립하지 않는 것으로 되는 경우가 있다. 또 계약서에 따르는 조건부의 합의는 불완전하고, 계약은 계약서가 준비되고 양당사자에 의해서 승인되기까지는 성립하지 않는다.

20) CISG 제18조.

21) 新堀 聰, 「貿易賣買」, 同文館, 1990, p.36.

한편 승낙의 철회는 계약성립을 위한 의사표시의 효력발생시기를 발신주의로 하는가 혹은 도달주의로 하는가에 따라 다르게 처리되는 사항이다. 먼저 유엔통일매매법에 의하면, 승낙의 효력이 발생하기 이전에 혹은 그와 동시에 철회의 통지가 청약자에게 도착한다면 승낙은 철회될 수 있다.[22) 영국에서는 일반원칙으로서 승낙은 도달주의의 입장을 취하고 있기 때문에, 승낙의 도달에 의해 계약이 성립하기 이전이라면 승낙은 언제든지 철회가능하다.

승낙의 철회를 인정하는 경우, 철회의 의사가 승낙의 의사보다 빠르거나 동시에 상대방에게 도달하여야 한다. 그리고 승낙철회의 방식에는 아무런 제한이 없다고 해야 할 것이다.

22) CISG 제22조.

5 무역계약의 체결

5.1 무역계약 체결의 의의

무역계약이 성립하면 당사자 사이에 계약이 체결되었다는 구체적인 증거로 매매계약서를 작성하여야 한다. 흔히 이 매매계약서를 작성하지 아니하고 단순히 청약이라 할 수 있는 Offer Sheet나 견적송장(Proforma Invoice)을 주문서라 할 수 있는 구매확약서(Purchase Order : P/O) 또는 Indent Order로 계약을 대신한다.

무역계약은 불요식계약이므로 통일된 양식이나 형식이 필요하지 않다. 서면으로는 물론 구두로 계약을 체결하는 것이 가능하다. 그러나 당사자 사이에 분쟁이 발생하면 서면으로 약정한 계약서가 없으면 그 해결이 쉽지 않다.

참고로 무역계약의 체결은, ① 우선 청약자의 청약에 대한 피청약자의 승낙으로 계약이 성립하고, ② 수입업자가 Purchase Order로 주문하면 수출업자가 수락하고, ③ 매매계약서를 수출업자가 작성하면 Sales Contract(Note), 수입업자가 작성하면 Purchase Order(Note)라 부르며, ④ 통상 2부를 작성하여 본인이 서명한 후 상대방에게 보내면 이를 자신도 서명하며 1부는 상대방에게 보내고 1부는 자신이 보관한다.

5.2 무역계약의 체결방식

무역계약의 체결방식으로 개별계약방식과 포괄계약방식이 있다.

5.2.1 개별계약방식

개별계약(case by case contract)방식은 매 거래건별로 거래가 성립할 때마다 계약서를 작성한다. 통상 거래상대방과 처음 거래할 때 주로 활용한다. 개별계약방식에 의한 계약서는 표면조항과 이면조항 양면으로 구성되어 있다. 표면조항에는, ① 상품자체에 관한 사항인 품질, 수량, 가격, 포장, ② 계약이행에 관한 사항인 선적조건, 보험조건, 대금결제 등 매거래시마다 결정되어야 할 내용을 포함하고 있다. 이면조항은 무역거래일반약정(General Terms and

Conditions)으로, ① 무역계약의 당사자가 대리인이 아니라 본인 대 본인(principal to principal basis contract)이라는 내용, ② 계약서 표면조항의 해석기준, ③ 계약불이행과 관련한 불가항력조항, 클레임조항, 중재조항, 준거법조항 등을 포함한다.

【Sales Contract】

International Commerce Club, as seller, hereby confirms having concluded the export sales contract with your company, as buyer, to sell the following goods on the date and on the terms and conditions hereinafter set forth. The buyer is hereby requested to sign and return the original attached hereto.

Commodity :
Quality :
Price & Terms of Delivery :
Packing & Marking :
Time of Shipment :
Port of Shipment :
Port of Destination :
Payment :
Insurance :
Special Terms & Conditions :

Refer to General Terms and Conditions set forth on back hereof, which are incorporated herein and make a part of this contract.

_________(Buyer)__________________________ (Seller)___________

_________Chairman_________________________ President_________

____

Gildong Hong

【General Terms and Conditions】

This Agreement entered into between International Commerce Club, Busan, Korea, hereinafter called the Sellers, and M.C.P. Inc., Paris, France, hereinafter called the Buyers, witnesses as follows;

1. Business : Both Sellers and Buyers act as Principals and not as Agents.
2. Goods : Goods in business, their unit to be quoted, and their mode of packing shall be stated in the attached list.
3. Quotations and Offers : Unless otherwise specified in cables or letters, all quotations and offers submitted by either party to this Agreement shall be in Euro Currency on a C.I.F. Le Harve basis.
4. Firm Offers : All offers are to be considered "firm" subject to reply being received within the period stated in respective cables. Sundays and official Bank holidays are excepted.
5. Orders : Any business closed by cable shall be confirmed in writing without delay, and orders thus confirmed shall not be cancelled unless by mutual consent.
6. Credit : Banker's irrevocable Letter of Credit shall be opened in favor of the sellers immediately upon confirmation of sale ; credit shall be made available twenty-one(21) days beyond shipping promises in order to provide for unavoidable delays ofshipment.
7. Payment : Drafts shall be drawn under irrevocable Letter of Credit at sight, document attached, for the full invoice value.
8. Shipment : All goods sold in accordance with this Agreement shall be shipped within the stipulated time. The date of Bill of Lading shall be taken as conclusive proof of the date of shipment. Unless expressly agreed upon, the port of shipment shallbe at the Sellers' option.
9. Marine Insurance : All shipments shall be covered ICC(A) Clauses for a sum equal to the amount of the invoice plus ten(10) percent, if no other conditions are particularly agreed upon. All policies shall be made out in Euro Currency and payable in Paris.
10. Quality : The Sellers shall guarantee all shipment to confirm to samples, types, or descriptions, with regard to quality and condition.
11. Claims : Claims, if any, shall be submitted by cable within fourteen(14) days after arrival of goods at destination. Certificates recognized by surveyors shall be sent by mail without delay. All claims which can not be amicably settled between Sellers and Buyers shall be submitted to Arbitration in Seoul. The arbitrators are consisted of three

members, the decision of an umpire selected by the arbitrators shall be final, and the loosing party shall bear expenses thereof.

12. Force Majeure : The Sellers shall not be responsible for the delay of shipment in all cases of force majeure, including mobilization, war, riots, civil commotion, hostilities, blockade, requisition of vessels, prohibition of export, fires, floods, earthquakes, tempest, and any other contingencies, which prevent shipment within the stipulated period. In the event of any of the aforesaid causes rising, documents proving its occurrence or existence shall be sent by the Sellers to the Buyers without delay.
13. Delayed Shipment : In all cases of force majeure provided in Article 12, the period of shipment stipulated shall be extended for a period of twenty-one(21) days. In case shipment within the extended period should still be preventedby a continuance of the causes mentioned in Article 12 or the consequences of any of them, it shall be at the Buyers' option either to allow the shipment of late goods or to cancel the order by giving the Sellers the notice of cancellation by cable.
14. Shipping Notice : Shipment effected against the contract of sale shall be immediately cabled.
15. Shipment Samples : In case shipment samples be required, the Sellers shall forward them to the Buyers prior to shipment.
16. Marking : All shipment shall be marked as arranged otherwise.

In witness whereof, International Commerce Club, has hereunto set their hand on the 1st day of March, 2012, at Seoul, and M.C.P. Inc., has hereto set their hand on the 15th day of March, 2012, at Paris. This Agreement shall be valid on and from the 1st of April, 2012, and any of the Articles in the Agreement shall not be changed or modified unless by mutual consent.

【일반거래조건협정서】

본 협정서는 한국 부산의 International Commerce Club(이하 매도인이라 칭함) 및 프랑스 파리의 M.C.P.사(이하 매수인이라 칭함)간에 다음과 같은 사항을 입증한다.

1. **거래** : 매도인/매수인의 쌍방은 본인으로서 거래하며 대리인으로서 행동하는 것은 아니다.
2. **제품** : 거래제품, 제시단위 및 포장형태를 별표에 기재한다.
3. **견적 및 청약** : 전보 또는 서신에 별도의 규정이 없는 한 본 협정 당사자에 의한 견적 및 청약은 모두 르아브르항 운임보험료포함조건에 의한 유로화를 기준으로 한다.
4. **확정청약** : 확정청약은 모두 개개의 전보에 제시되어 있는 기간내의 회답을 확정청약으로 간주한다. 일요일 및 은행공휴일은 제외한다.
5. **주문** : 전보에 의해 결제된 거래는 지체 없이 서면에 의해 확인하는 것으로 하고 이렇게 확인된 주문은 당사자 쌍방의 동의에 의하지 않는 한 취소할 수 없는 것으로 한다.
6. **신용장** : 매매가 확인되는 즉시 은행취소불능신용장이 매도인 앞으로 개설되도록 한다. 신용장은 부득이한 선적지연에 대비하기 위하여 그 유효기간을 선적약정기일보다 21일간 길게 한다.
7. **대금결제** : 환어음은 취소불능신용장에 의거하여 일람출급으로 하고 선적서류를 첨부, 송장금액 전액에 대하여 발행되는 것으로 한다.
8. **선적** : 본협정에 의하여 매매되는 물품은 모두 약정기간내에 선적되는 것으로 한다. 선화증권의 일자는 선적일을 최종적으로 입증하는 것으로 간주한다. 별도의 약정이 없는 한 선적항은 매도인이 자유로이 선정한다.
9. **해상보험** : 특히 다른 조건을 약정하지 않는 한 모든 화물은 송장금액에 10%를 가산한 것에 ICC(A) 조건의 보험을 부보하는 것으로 한다. 모든 보험증권은 유로화로 표시되며 또한 “파리”에서 지급되는 것으로 한다.
10. **품질** : 매도인은 모든 선적화물의 품질 및 상태에 관하여 견본, 표준 혹은 기술과 일치할 것을 보증한다.
11. **클레임** : 클레임이 있을 때에는 물품이 목적지에 도착한 후 14일이내에 전보로써 행하고 검사인이 확증한 증명서를 지체 없이 우편으로 제시토

록 한다. 매도인과 매수인간에서 화해할 수 없는 클레임은 모두 서울에서 중재에 붙여지고 그 중재인은 3명으로 구성되며 양자의 의견이 일치하지 않을 때에는 중재인이 선정하는 재정인의 결정에 최종적으로 따르기로 한다. 패소자는 그 중재비용을 부담토록 한다.

12. **불가항력** : 약정기간내에 선적을 방해하는 동원, 전쟁, 소요, 폭동, 적대행위, 항만봉쇄, 선박징발, 수출금지, 화재, 홍수, 지진, 폭풍, 기타 예측하기 어려운 사건 등의 불가항력적인 사건이 발생했을 경우에는 매도인은 선적지연에 대하여 책임을 지지 않는다. 전기한 제요인이 발생했을 때에는 매도인은 이것의 발생 혹은 존재를 증명하는 서류를 지체 없이 매수인에게 송부하여야 한다.
13. **선적지연** : 본 협정서 제12조에 규정한 불가항력일 경우에는 약정된 선적기간을 21일간 연장하는 것으로 한다. 유예기간내의 선적이 제12조에 기재된 제 요인이 계속 혹은 그 결과에 의하여 아직 방해되고 있을 경우에는 지연화물의 선적을 용인하든지 아니면 전보로써 해약통지를 매도인에게 행함으로써 주문을 취소할 것인지에 대해서는 매수인이 자유로이 결정토록 한다.
14. **선적통지** : 매매계약에 대하여 행한 선적은 즉시 전보로 통지한다.
15. **적송품 견본** : 적송품의 견본을 필요로 할 때에는 매도인은 그와 같은 견본을 선적전에 매수인에게 송부토록 한다.
16. **화인** : 모든 선적화물에는 별도로 약정한 대로 화인을 표시한다.

상기 사항의 증거로서 부산에 있는 International Commerce Club사는 2012년 3월 1일에 서명하고 또 파리에 있는 M.C.P.사는 2012년 3월 15일에 서명하였다. 본 협정서는 2012년 4월 1일부터 효력을 발생하며 본 협정서의 조항 어느 것이든 당사자 쌍방의 의견이 일치하지 않는 한 변경 혹은 수정되지 아니한다.

5.2.2 포괄계약방식

거래 상대방과 지속적으로 거래를 예상할 때 앞으로의 거래준칙으로 포괄거래를 체결한다. 이후 발생하는 개별거래는 간단한 Offer나 Order를 교환함으로서 무역계약이 성립된다. 이러한 포괄계약(master contract)을 위하여 약정하고 상호 서명하는 계약서를 일반거래조건협정서(Agreement of Memorandum on General Terms and Conditions of Business)라 한다.

6 무역계약의 기본조건

국제물품매매당사자들은 무역계약체결시 기본적 조건, 즉 품질(quality), 수량(quantity), 가격(price), 선적(shipment), 대금지급(payment), 보험(insurance), 포장(packing) 등에 관해서 구체적으로 약정해 두어야 한다.

6.1 품질조건

국제매매계약서에서 매매의 객체인 물품의 품질(quality)은 거래당사자간에는 매우 중요한 관심사이기 때문에 이 문제로 인하여 상거래 분쟁이 야기되는 경우가 많다. 따라서 물품의 품질에 관하여는 품질의 결정방법, 품질의 결정시기, 품질의 증명방법 등을 명확히 하여야 한다.

6.1.1 품질의 결정방법

상거래에서 어떠한 수준의 품질을 매매의 대상으로 약정할 것인가에 대하여는 다음과 같은 방법을 들 수 있다.

(1) 견본에 의한 매매(sales by sample)

(2) 상표에 의한 매매(sales by mark or brand)

(3) 규격에 의한 매매(sales by type or grade)

(4) 명세서에 의한 매매(sales by specification)

(5) 표준품에 의한 매매(sales by standard)

- 평균중등품질(Fair Average Quality : FAQ)
- 판매적격품질(Good Merchantable Quality : GMQ)
- 보통품질(Usual Standard Quality : USQ)

6.1.1.1 견본에 의한 매매(sales by sample)

무역거래에서 가장 널리 이용되고 있는 방법으로 실제 매매될 물품의 품질을 매매의 당사자가 제시된 견본에 의하여 인도할 것을 약정하는 방법이다.

견본은 동종, 동질, 동형을 전제로 하고 있기 때문에 무역클레임 가운데에서 가장 많이 발생하고 있는 품질 클레임의 경우 견본매매에 의한 경우가 대부분이다. 따라서 견본매매시에는 매도인은 반드시 원견본(original sample)을 매수인에게 발송하되 그것과 동일한 제2견본(duplicate or reference sample)을 보관하고 물품공급계약으로 물품을 조달하는 경우에는 공급자에게 제3견본(triplicate)을 보관시키는 것이 좋다.

또한 선적물품을 발송하기 전에 미리 매수인에게 선적품을 알리기 위하여 선발견본(advance sample)을 발송하기도 하며[23] 매수인이 견본에 의하여 요청을 해 왔을 때 매도인이 그 견본과 동일한 혹은 유사한 대견본(역견본, counter sample)을 보내고 승낙을 얻기도 한다. 계약시 품질을 표시할 때 품질표시의 문구로는 quality to be same as sample, quality as per sample, quality to be equal to sample 등과 같은 엄격한 표현보다는 quality to be about the same as sample, quality to be about equal to the sample, quality to be similar to the sample 등의 표현이 매도인에게는 바람직하다.

6.1.1.2 상표에 의한 매매(sales by mark or brand)

국제적으로 널리 알려진 물품에 대해서는 견본을 제시할 필요 없이 상표(trade mark)나 품명(brand)에 의하여 품질기준으로 삼는 거래는 말한다. 이를테면, Nikon 카메라, Parker 만년필, Omega 손목시계, Dunhill 라이터 등과 같은 상표를 이용하는 방법이다.

6.1.1.3 규격에 의한 매매(sales by type or grade)

물품의 규격이 국제적으로 통일되어 있거나 수출국의 공적규격으로 특정되어 있는 경우에 이용되는 방법이다. 국제표준화기구(International Organization for Standardization : ISO), 영국의 BBS(British Standard Spercification), 일본의 JIS(Japan Industrial Standard), 한국의 KS (Korean Standard) 등과 같은 규격을 이용하는 방법이다.

23) 매도인이 선적시 선적품중에서 골라내어 매수인에게 보내는 견본을 선적견본(shipping sample)이라 한다.

6.1.1.4 명세서에 의한 매매(sales by specification)

거래대상물품의 소재, 구조, 성능 등에 대하여 상세한 명세서(specification)나 설명서(description), 설계도(plan) 등에 의하여 매매기준으로 삼는 방법이다. 예컨대, 선박, 철도차량, 의료용구, 중장비류 등이 해당된다.

6.1.1.5 표준품에 의한 매매(sales by standard)

견본(sample)거래는 실제 국제거래의 대부분을 차지하고 있다. 그러나 수출국의 공정규격에 의해서 그 규격이 정해져 있는 상품에 대해서는 견본에 의할 필요가 없이 그 규격(grade) 또는 품형(style)에 의해서 거래를 한다. 한편 실제의 품질을 사전에 정할 수 없는 물품은 표준품(standard)을 규격의 기초로 해서 거래한다.

표준품 매매는 다음의 세 가지 방법이 많이 사용된다.

① **평균중등품질(Fair Average Quality : FAQ)** : 평균중등품질이란 주로 곡물류의 매매에 사용되는 품질조건으로 인도물품의 품질은 선적시, 선적장소에서 당해 계절의 출하품의 평균중등품질(fair average quality of the season's shipment at time and place of shipment)을 조건으로 하는 것을 의미한다. 이 조건은 물품의 선물거래(future transaction)에 많이 이용된다.

② **판매적격품질(Good Merchantable Quality : GMQ)** : 판매적격품질이란 목재, 냉동어류 등과 같이 견본이용이 곤란하고 그 내부의 품질을 외관상으로 알 수 없는 거래에 이용되는 방법으로 매도인이 인도한 물품은 매매적격성(merchantability)을 지닌 것임을 보증하는 조건이다.

③ **보통품질(Usual Standard Quality: USQ)** : 보통품질이란 주로 원선(原線)거래에 이용되는 품질조건으로 공인검사기관 또는 공인표준기준에 의하여 보통품질을 표준품의 품질로 결정하는 조건이다.

6.1.2 품질의 결정시기

무역거래에서의 물품운송은 대부분이 장거리 해상운송에 의하여 이루어지기 때문에 선적시점과 양륙시점에서의 품질 차이가 발생할 가능성이 크다. 따라서 후일의 분쟁을 피하기 위하여 계약시에 품질의 결정시기를 미리 선적시점 또는 양륙시점의 품질을 기준으로 할 것인가 여부를 명확하게 약정하여 두는 것이 중요하다.

6.1.2.1 일반물품의 품질결정시기

선적품질조건(shipped quality terms)은 인도물품의 품질이 약정한 품질과 일치하는가 여부를 선적시의 품질에 의해 결정하는 방법으로 일반 공산품 등에 널리 이용되고 있다. 매도인은 운송에 변질된 물품에 대해서는 책임을 지지 않는 조건이다. 일반적으로 FCA, CFR, CIF, CPT, CIP 거래조건을 선적품질조건이라고 할 수 있고, 표준품 매매의 FAQ조건 역시 마찬가지다.

양륙품질조건(landed quality terms)은 인도상품의 품질이 계약품질과 일치하는가 여부를 도착지 양륙시의 품질에 의하여 결정하는 방법이다. 매도인은 운송중에 변질된 물품에 대해서는 책임을 져야 한다. 도착지 인도조건(delivered terms)인 DAT, DAP, DDP 거래조건은 양륙품질조건으로 볼 수 있으며 표준품 매매의 GMQ조건도 역시 여기에 해당된다.

6.1.2.2 곡물의 품질결정시기

곡물류의 거래에 있어서 선적시와 양륙시의 품질 상위에 대하여 매매당사자중 누가 책임을 지느냐에 대하여 관용되는 특수한 조건들이 있다.

① Tale Quale(TQ) : 이 조건은 선적품질조건(shipped quality terms)으로 매도인은 약정한 물품의 품질을 선적할 때까지만 책임을 지는 조건이다.

② Rye Terms(RT) : 이 조건은 호밀(rye)거래에 사용되면서 물품이 도착시 손상되어 있는 경우에 그 손해에 대하여 매도인이 변상하는 관례에서 생긴 것으로 양륙품질조건(landed quality terms)이다.

③ Sea Damage(SD) : 조건부선적품질조건으로 해상운송중에 발생한 바닷물 등의 응고(condensation) 등에 기인하는 품질손해에 대하여는 매도인이 부담하는 이른바 선적품질조건과 양륙품질조건을 절충한 조건이다.

6.1.3 품질의 증명방법

물품의 품질에 대한 검사는 매매계약시에 매매당사자간에 어느 편에서 할 것인가를 합의하게 되지만 원칙적으로 품질의 입증은 선적품질조건의 경우에는 매도인이, 양륙품질조건의 경우에는 매수인이 입증책임을 져야 한다. 따라서 품질에 대한 입증은 객관적인 입장에서 검사, 감정, 보고증명 등을 업으로 하는 감정인(surveyor)을 이용하여 감정보고서에 의하여 발생된 손해를 배상할 수 있도록 명확하게 계약시에 합의하여 두는 것이 좋다.

6.2 수량조건

무역거래에서는 수량에 대한 관습이 나라에 따라 서로 다르기 때문에 분쟁이 일어나기 쉽다. 수량에 관한 조건에서는, ① 수량의 단위, ② 수량결정의 시기, ③ 과부족의 요인 등에 대하여 명확히 약정하여야 한다.

6.2.1 수량의 단위

수량의 단위(unit)는 상품의 성질과 관습에 의해서 다음 중 하나로 한다.

① 중량(weight), ② 용적(measurement), ③ 개수(piece)
④ 포장(package), ⑤ 길이(length)

① **중량톤(Weight Ton)** : 중량을 나타내는 단위는 Ton, Pound(1b), Kilogram(kg) 등의 종류가 있다. Ton의 경우는 Long Ton, Short Ton, Metric Ton을 구분 명시하는 것이 필요하다. 같은 Ton이라도 다음과 같이 중량에 차이가 있기 때문이다.

L/T : long ton	1,016kg	2,240파운드(1b)	영국식
S/T : short ton	907kg	2,000파운드(1b)	미국식
M/T : metric ton	1,000kg	2,204파운드(1b)	프랑스(대륙)식, 한국

② **개수** : 많은 잡화제품의 기준이 되는 개수단위는 piece, dozen, gross 등이다. 양말이나 스웨터의 경우 dozen, pin과 같은 경우는 gross로 한다. Great gross, Small gross를 사용하기도 한다.

1dozen = 12pcs(pieces)
1gross = 12dozen 144pieces(12×12)
1great gross = 12gross(12×12×12) = 1728pieces
1small gross = 10dozen(12×10) = 120pieces

컨테이너의 경우에는 TEU(twenty feet equivalent unit) 또는 FEU (forty feet equivalent unit) 등의 단위를 사용하는데 TEU가 보통 운송 또는 통계의 단위로 많이 사용된다.

③ **용적톤(Measurement Ton)** : 용적을 단위로 하는 경우에는 입방 Meter (Cubic Meter : m^3), Feet(Cubic Feet : cft), Barrel 등을 단위로 한다. 목재와 석유 등의 거래에서 사용되어진다.

1용적톤 = 40cubic feet = $1m^3$, 경량품 = 480S.F.(superfeet), 목재(1SF=1ft×1inch)

④ **포장단위·길이** : 포장단위, 즉 bale, case, bag과 같은 단위에 의한 때에는 그 안에 들어갈 수 있는 숫자가 문제로서 이것은 관습상 정해져 있는 경우가 많으나 계약시 이를 명시하는 것이 좋다. 계약서에는 예를 들면 "20 Cases Containing 30 pieces each" 등과 같이 표시해 두는 것이 좋다.

6.2.2 수량결정의 시기

품질조건의 시기와 마찬가지로 수량조건에서도 수량결정의 시기는 선적수량조건(shipped quantity terms)과 양륙수량조건(landed quantity terms)으로 구분하여 볼 수 있다.

선적수량조건은 선적시점에 검량한 수량이 계약에서 명시한 수량과 합치되면 운송 중에 감량이 되더라도 매도인은 이에 대하여 아무런 책임을 부담하지 않는 조건으로 선적시의 수량을 최종으로 하는 것이다. 일반적으로 FOB 조건이나 CIF 조건에 의한 거래는 선적지인도조건으로 선적수량조건에 의한다.

양륙수량조건은 목적항에서 양륙하는 시점에서 검량하여 인도수량이 계약수량과 합치되어야 하는 조건이며, 만일 운송중 감량이 있는 경우에는 매도인이 책임을 부담하게 되는 조건이다. DAT 조건이나 DAP 조건에 의한 거래는 도착지인도조건으로 양륙수량조건에 의한다고 할 수 있다.

6.2.3 과부족 용인조건

유류와 같이 휘발성이 있거나 광물이나 곡물처럼 벌크화물(bulk cargo)인 경우에 운송 도중 감량이 생길 우려가 있는 물품에 대하여 매매계약시 과부족 한도를 정해 두고 그 범위내에서 물품인도가 이루어지면 수량부족에 대한 클레임을 제기하지 않기로 약정하는 수량표시방법을 과부족용인조건(more or less clause : M/L clause)이라고 한다. 물품의 성질에 따라 수량과부족을 인정해야 할 경우에 얼마만큼 허용할 것인가와 과부족 선택권자를 누구로 할 것인가에 대하여 계약시에 명시해 두는 것이 좋다.

신용장방식에 의한 거래에서는 과부족이 생기기 쉬운 벌크화물에 대하여는 신용장에 명시된 신용장금액 또는 물품의 수량이나 단가 앞에 "약(約)"이라는 의미의"about"이라든가 "circa" 또는 "nearly", "approximately" 등의 유사한 용어를 사용하여 10%를 초과하지 아니하는 과부족을 용인하는 것으로 하고 있다. 이와 같이 "about" 등과 같은 표현을 하여 과부족의 용인을 신축적으로 운용하는 것을 기산(概算)수량조건(approximate quantity term)이라고 한다.

그러나 신용장상에 물품수량의 과부족용인문언의 명시가 없더라도 과부족 금지문언이 없는 한, 환어음의 발행금액이 신용장금액을 초과하지 않는 범위내에서 5%까지의 과부족이 용인된다. 여기에는 포장단위나 개개품목에 따라 수량이 명기된 경우에는 적용되지 않는다. 그 이유는 벌크화물의 거래에서는 그 성질상 신용장이 요구하는 대로 정확한 수량을 선적한다는 것은 사실상 불가능하기 때문에 분쟁을 예방하고 신용장거래의 원활화를 도모하기 위한 것으로 보아야 한다.

6.3 가격조건

무역거래에서 매매당사자간에 가장 관심을 두는 것은 무엇보다도 좋은 품질의 물품을 적정한 가격으로 매매계약을 체결하고자 하는 것이다. 가격조건(price terms)은 적정한 매매가격을 채산하는 데 있어서 기본적인 조건이며 중요한 조건이다. 가격조건을 약정하는 데는 매매가격의 산출조건, 매매가격의 구성요소, 매매가격의 표시통화 등을 고려하여야 한다.

먼저 매매가격의 산출근거와 관련하여, 매매가격을 매도인과 매수인이 부담해야 할 여러 가지의 원가요소와 물품의 인도장소 등을 감안하여 정하게 된다. 그러나 매매당사자간에 이러한 점을 고려하여 매거래시마다 계약서상에 구체적으로 나열하여 정한다는 것은 번잡하고 불편한 일이다. 따라서 실제거래에서는 국제적으로 무역거래관습상 형성된 정형거래조건(trade terms)에 의하여 매매가격이 산출되고 있다.

다음으로 매매가격의 구성요소와 관련하여, 물품의 수출 또는 수입가격은 여러 가지의 원가요소를 포함하여 가격을 제시하게 된다. 수출가격은 상품을 직접 제조하거나 타사에서 구매하는 생산원가 또는 구매원가, 즉 기본원가와 거래조건에 따른 절차상의 부대비용 및 예상이익을 포함한 가격이 된다. 또한 수입가격은 매도인의 선적상품원가를 기본원가로 하여 수입업자내의 타부문 간접비를 계상한 간접원가와 거래조건에 따른 부대비용 및 예상이익 등의 요소를 모두 포함하여 수입가격의 원가로 한다.

그리고 매매가격의 표시통화와 관련하여, 통화(currency)는 국가마다 고유의 통화를 사용하고 있기 때문에 무역거래에서는 매매당사자간 어느 나라의 어떠한 통화를 사용할 것인지에 대하여 약정해 두어야 한다.

6.4 선적조건

선적(shipment)이라는 의미는 본선적재(loading on board), 발송(dispatch), 운송을 위한 인수(accepted for carriage), 비행일(flight date), 우편수령일(date of post receipt), 접수일(date of pick-up) 및 복합운송을 요구하거나 허용할 경우에는 수탁(taking in charge)의 뜻을 표현하는 것으로 광범위하게 이해되고 있다. 따라서 선적은 계약물품을 선적항의 지정선박에 적재하는 것뿐만 아니라 복합운송이 이루어지는 경우 매도인의 공장 문전에서 또는 특정한 장소에서 운송인에게 인도하는 것을 포함하는 다양한 개념이다.

6.4.1 선적기간

먼저 선적기간의 표시방법으로, 계약서상 선적기일은 일자를 명시하는 방법과 계약 후 30일(Within thirty days from the date of this contract), 신용장 개설 후(Within sixty days from the date of issuance of L/C) 60일 등으로 표시하여 기일을 명시하지 않고 선적시기를 표시하는 방법도 있다. 선적일자의 계산과 관련하여, 신용장거래에서 일자에 관련된 용어(date terms)로 "to", "until", "till", "from"의 용어는 당해 일자가 포함되고 "after"의 용어는 당해 일자가 제외되는 것으로 간주된다. Shipment shall be effected during first half of May, 2005와 같이 어느 달의 전반(first half), 후반(second half)이라는 용어는 그 달의 1일부터 15일 그리고 16일부터 말일까지를 포함하는 것으로 한다. 어느 달의 상순(beginning), 중순(middle) 또는 하순(end)이라는 용어가 사용되었다면 각기 그 달의 1일부터 10일, 11일부터 20일, 그리고 21일부터 말일까지를 포함하는 것으로 간주한다. 무역계약시 신용장거래와 관련하여 "prompt", "immediately", "as soon as possible" 등과 같은 막연한 표현을 사용하여서는 안 된다. 그런 용어가 사용되었을 경우 은행은 그것을 무시하도록 규정하고 있다. 또한 "on or about"란 표현은 선적이 지정일자로부터 5일 전후까지의 기간내(총 11일)에 선적되는 것으로 간주한다.

6.4.2 분할선적

분할선적(partial shipment)은 신용장에 분할선적을 금지하는 문언이 없을 경우에는 분할선적이 허용되는 것으로 간주된다. 할부선적(installment shipment)이 약정된 경우, 한편 분할선적이 금지되는 경우에도, 동일운송수단, 동일항해 분할선적 여부는 본선적재를 표시하는 운송서류에 상이한 발행일자를 나타내거나 상이한 본선적재항을 표시하고 있을 지라도 분할선적으로 간주되지 않는다. 별도의 약정이 없는 한 그 불이행분은 물론이고 그 이후의 모든 할부분에 대하여도 무효가 된다.

6.4.3 환적

선적한 물품을 하역하여 다른 선박이나 다른 운송수단에 재적재하는 것을 환적(transhipment)이라고 한다. 환적에 대하여는 신용장상에 환적이 금지되지 않은 한 운송인이 환적할 권리를 유보한다는 문언이 기재되거나, 복합운송인 경우 전항로를 단일한 동일증권이 커버하고 있는 운송서류를 포함하여 매우 폭넓게 환적된 운송서류를 수리하는 것으로 규정하고 있다. 환적은 금지되지 않는 한 허용된다. 따라서 특히 유리그릇, 도자기 등 깨어지기 쉬운 물품(fragile goods)은 직항선(direct vessel)[24]을 이용하도록 환적금지문언을 신

24) 이는 환적금지(T/S Prohibited)의미뿐만 아니라 관습적 항로(customary route)로

용장상 삽입하는 것이 바람직하다. 복합운송을 포함하는 계약서에서는 환적을 금지한다는 문언이 있을지라도 환적이 허용되는 것으로 본다.

6.4.4 선적일자

선적일자는 일반적으로 운송서류의 일자(B/L date)로 간주하는 것이 무역관습으로 되어 있다. 선적선화증권(Shipped B/L)의 경우에는 선적의 일자를, 수취선화증권(Received B/L)의 경우에는 후일 선적이 완료되었음을 나타내는 문언을 해당 선화증권이나 운송서류면에 운송인 또는 그 대리인이 부기(notation)하고 이 때 기입하는 일자를 선적일로 간주하고 있다. 또한 선화증권의 일자가 실제 선적일의 추정적 증거(prima facie evidence)가 된다.[25)]

6.5 결제조건

무역계약에서 물품의 소유권이전의 대가로 그 대금의 지급을 확약하는 것은 필수적이다. 매수인이 구매상품에 대하여 대금을 지급하지 않고 그 대신에 다른 의무를 이행하도록 약정되어 있는 경우 이는 매매계약으로 간주될 수 없다. 따라서 대금지급에 관한 조건 또는 결제조건은 매매계약에서 반드시 약정되어야 할 중요한 조건이다. 매매당사자는 물품매매계약의 체결에 즈음해서 결제조건으로 결제방식, 결제시기, 결제통화 등에 대하여 구체적으로 약정하여야 한다. 특히 결제방식과 관련하여, 다음과 같이 신용장방식(L/C basis)에 의한 결제, 추심방식(collection basis)에 의한 결제 및 송금방식(remittance basis)에 의한 결제로 구분할 수 있다.

6.5.1 신용장방식에 의한 결제

신용장이란 국제무역거래에서 대금결제의 원활화를 도모하기 위하여 수입업자의 요청과 지시에 의하여 신용장발행은행이 신용장조건에 일치하는 소정의 서류와 상환으로 수출업자인 신용장수익자 또는 그 지시인에게 대금을 지급하거나, 지급, 인수 또는 매입하도록 수권할 것이라는 약정을 말한다. 무역

항해할 것을 표현하고 있다고 보아야 한다. 해난으로 인하여 일시적 양륙후 재선적하는 행위를 "Reshipping"이라 하여 환적에 해당되지 않는다.

25) Warsaw-Oxford Rules, Rule 3.

거래는 격지간에 거주하는 매매당사자간의 거래이기 때문에 국내거래와 그 성격을 달리한다. 즉, 무역계약의 한 당사자인 매도인은 물품을 수입업자에게 인도하기 전에 대금을 회수하고자 할 것이며, 매수인으로서는 물품을 인도받은 후에 수입대금을 지급하고자 할 것이다. 만일 매수인이 먼저 대금을 지급하게 된다면 물품입수불능의 위험이 발생할 것이고, 반면 매도인이 먼저 물품을 발송하게 되면 대금회수불능의 위험이 초래될 수 있을 것이다. 이와 같은 상황에서 매도인과 매수인의 상반된 이해관계를 조화시킬 수 있는 것이 신용장방식에 의한 결제이다. 즉, 신용장은 은행이 매도인에게 대금지급을 보장하게 하고 매수인에게는 약정상품을 화체화시킨 서류제공을 보장하는 두 가지 기능을 갖고 있다. 이 때문에 국제상거래에서 가장 많이 이용되고 있다.

6.5.2 추심방식에 의한 결제

국제무역거래는 그 거래방법에 따라 신용장에 의한 거래방식과 신용장이 수반되지 않는 무신용장거래방식으로 크게 구분할 수 있는데, 이 무신용장거래방식중 가장 대표적인 것이 D/P · D/A 거래방식이다. D/P란 어음지급서류인도조건, 약칭하면 지급인도조건(documents against payment : D/P)으로 수출업자가 수입업자와의 매매계약에 따라 물품을 선적하고 구비된 서류에 일람출급환어음(sight bill of exchange)을 발행 첨부하여 자기거래은행(추심의뢰은행)을 통하여 수입업자거래은행인 수입국의 은행 앞으로 그 어음대금을 추심의뢰하면 추심의뢰를 받은 수입국측 은행(추심은행)은 수입업자에게 어음을 제시하여 그 어음금액의 일람지급을 받고 서류를 인도하는 거래방식을 말한다. D/A란 어음인수서류인도조건, 약칭하면 인수인도조건(documents against acceptance : D/A)으로 D/P 거래와 대금을 추심하는 경로는 같으나 D/P와 다른 점은 수출업자가 일람후정기 또는 확정일출급 환어음을 발행하고 수입업자거래은행인 추심은행은 수입업자에게 제시하여 그 제시된 어음을 일람지급받지 않고 인수만 받음으로써 서류를 인도한 후 만기일에 대금을 지급받는 거래방식이다. 추심거래의 당사자에는 추심의뢰인(principal), 추심의뢰은행(remitting bank), 추심은행(collecting bank) 및 제시은행(presenting bank)이 있다.

6.5.3 송금방식에 의한 결제

송금방식에는 우편송금환(Mail Transfer : M/T), 전신송금환(Telegraphic Transfer : T/T), 송금수표(Demand Draft : D/D)가 있다. 우편송금환의 경우에는 은행이 수취인에 대하여 일정한 금액지급을 위탁하는 지급지시서(payment order)를 우편에 의해 통지하는 방법으로 신속을 요하지 않을 때 사용된다. 전신송금환의 경우에는 우편송금환과 비슷하나 지급지시를 우편이 아닌 전신(cable)에 의해 행한다는 점에서 차이가 있다. 따라서 많은 금액을 신속히 송금하고자 할 경우 유용하다. 송금수표의 경우에는 은행이 발행하는 수표를 수취인에게 송금인이 직접 발송하는 방법으로 소액송금시 유용하다. 수출업자가 이러한 송금수표를 받는 경우 우선 이 송금수표가 신용 있는 은행이 발행한 은행수표(banker's check)인지 여부를 확인하여야 한다.

6.6 보험조건

물품을 운송하는 과정에서는 선박의 좌초, 침몰, 충돌 등과 같은 해상고유의 위험이나 전쟁 등과 같은 인위적 위험을 만날 가능성이 있으며 이러한 위험을 담보받기 위해서 적화보험에 부보하여 만일의 손해발생에 대비하여야 한다. 무역계약시 보험조건을 약정하는 경우에는 보험가입금액, 보험을 부보하는 목적물의 성질, 운송상황 등에 따라 어떠한 담보보건으로 부보할 것인가 하는 것이 중요하다.

매매계약의 체결시에 먼저 당사자간에는 보험자와의 보험계약을 체결하는 보험계약자와 피보험이익을 가지게 될 피보험자에 대한 관계를 분명히 하여야 한다. 계약에 따라 물품운송의 책임을 지는 당사자가 보험자와 보험계약을 체결하는 경우에 그 보험금액과 부보의 범위를 결정하면 된다. 그러나 CIF나 CIP 조건과 같이 보험계약자와 피보험자가 상이한 경우에는 보험금액에 대한 별도의 약정이 필요하다.

CIF 조건의 경우 110 percent of the CIF invoice value와 같이 보험금액도 달라진다. 보통 송장금액에 10%를 가산한 금액이 최소부보금액이 된다.[26] CIP의 경우는 복합운송의 경우가 많으므로 해상보험이 아닌 운송보험에 부보하여야 하며 해상적화보험처럼 보험약관의 정형이 있지 않으므로, 개별적 보험약관에 따라야 하지만 최소부보금액은 역시 송장금액에 10%를 가산한 금액이 된다.

---

26) Incoterms® 2010, CIF A3. b) 참조.

특히 해상적화보험(Marine Cargo Insurance)은 1912년 런던보험업자협회(The Institute of London Underwriters)가 제정하고 1963년에 개정된 협회적화약관(Institute Cargo Clauses : ICC)을 사용하고 있다. 협회적화약관에서는 기본적 손해담보의 범위를 단독해손부담보(Free from Particular Average : FPA), 분손담보(With Average : WA), All Risks 담보(A/R) 등 세 가지로 구분하여 왔다. 그러나 1981년에 와서 ICC가 전면 개편되어 FPA에 대한 ICC(C), WA에 대한 ICC(B), A/R에 대한 ICC(A) 등의 신약관이 채택됨에 따라 현재 구약관과 신약관이 혼용되고 있다. FPA 또는 ICC(C)약관은 담보하는 손해의 정도가 가장 좁아 보험료가 가장 저렴하며[27] A/R와 ICC(A)의 담보범위는 반대로 가장 넓은 반면 보험료는 고율이다.

6.7 포장조건

포장(packing)이란 물품의 운송, 보관, 하역, 판매 등을 하는데 있어 그 물품의 내용 및 외형을 보호하고 상품으로서의 가치를 유지하기 위하여 적절한 재료나 용기로 둘러싸는 기술 작업 및 상태를 말하며 모든 종류의 포장을 통칭하는 용어이다. 특히 수출포장은 적은 재료와 비용으로 안전하고 확실하게 물품을 포장하여 장기간 운송 중에 상품을 보호하는데 그 목적이 있기 때문에 포장은 중요하다. 어떠한 포장을 할 것인가는 일반적으로 계약서에 정해지는 경우가 많으나 무역상품은 기후, 온도의 차가 있는 원거리 지역에 운송되고 때로는 환적되므로 화물을 취급할 때의 파손에 대한 클레임을 고려한 전문적인 포장이 필요하다.

포장의 종류는 다음과 같다.

① 외장(outer packing)

한 포장물의 외부용기에 관한 포장으로서 포장작업중에서 주요한 부분이다.

② 내장(interior or inner packing)

소포장한 물품 몇 개를 1개의 운송용 용기에 넣을 때의 내용물포장(interior packing)과 물품을 용기에 넣을 때의 수분, 광열, 충격을 고려하여 그 예방적 조치로써 사용하는 보호적 내장(inner protection)의 두

27) FPA, ICC(C) 조건이 Incoterms® 2010상 규정된 최소부보조건이다.

가지를 말한다.

③ 개장(unitary packing)

개장이란 하나의 용기에 수용된 물품 하나를 보호하기 위하여 그것을 적절한 소용기나 재료를 가하는 포장을 말한다.

특히 수출품목에 대한 포장을 한 후에는 그 외장에 특정의 기호, 번호, 목적지, 취급주의 문구 등의 각종 표시의 화인(shipping mark)을 하게 되는데, 그 목적은 다른 화물과의 식별을 용이하게 하고 그 화물의 내용을 표시하는 데 있다.

화인에 표시되는 사항은 다음과 같다.

① 주화인(main mark)

일정한 기호로써 외장면에 가장 알아보기 쉬운 곳에 주화인을 한다. 주화인은 삼각형, 원형, 다이아몬드형, 정방형, 마름모형, 타원형 등의 표시로써 하며, 그 안에 수입업자의 상호약자를 기재한다.

② 부화인(counter mark)

주화인의 보조로서 만약에 주화인이 다른 화물과 같은 경우에 부화인으로 식별하도록 한다. 부화인은 주로 수출업자의 약호를 쓰고 있다.

③ 품질표시(quality mark)

내용물의 품질 또는 등급을 기호로써 표시한다. 수출검사를 받았을 때는 검사합격의 표시도 한다.

④ 중량표시(weight mark)

화물의 총 무게와 순 무게를 표시하는데 이는 운임계산과 하역작업에 있어서 편의를 준다.

⑤ 화물의 일련번호(case number)

포장물이 여러 개 있을 때는 포장마다 고유번호를 표시하며 또한 총개수중에 몇 번째임을 표시하기도 한다.

⑥ 항구의 표시(port mark)

한 선박에 여러 나라로 운송되는 화물을 한꺼번에 선적하는 경우(정기선), 화물의 선적 또는 양화작업이 용이하도록 하며 오송(誤送)되는 일이 없도록 수출항과 도착항은 물론 경유항도 표시한다.

⑦ 주의표시(care mark)

화물을 선적·운반함에 있어서 취급항의 주의를 표시하는바 포장의 측면에 표시하기 때문에 side mark라고도 한다.

⑧ 법규에 따라서 화물의 원산국명의 기입을 요구하는 나라에 있어서는 원산지마크(country of origin mark)를, 또 중량, 용적의 기입을 요구하고 있는 나라에서는 중량, 용적을 표시해야 한다.

6.8 분쟁해결조건

무역계약을 체결할 때는 물품매매와 관련된 기본적인 조건이외에도 계약이행 이후에 발생될지도 모르는 분쟁과 계약내용에 대한 법적구제조건들에 대하여도 약정하여 두는 것이 중요하다.

6.8.1 클레임과 중재조항

무역거래에서 클레임(claim)이란 매매당사자가 약정된 계약을 위반함으로써 상대방에게 단순한 불평을 넘어서 권리의 회복을 요구하거나 손해배상을 청구하는 것을 말한다. 무역분쟁이 발생했을 경우를 대비하여 해결방법을 미리 약정해 둘 필요가 있는데 이 경우 중재조항을 미리 약정해 놓으면 간편한 방법으로 분쟁을 해결할 수 있다. 클레임조건은 물품인도 또는 서류도착 후 며칠 이내에 클레임제기를 하여야 하는지 클레임제기기한을 명시해야 한다. 또한 제기한 클레임의 정당성을 입증할 수 있는 공인된 감정인의 감정보고서를 첨부하도록 합의하여야 한다.

일단 클레임이 제기되면 신속히 해결하려는 노력이 필요하다. 매매당사자간의 해결방법으로서 피해자가 클레임을 포기(waiver of claim)하는 방법과 당사자간의 타협 (compromise)과 화해(amicable settlement)로서 원만하게 수습하는 방법을 생각할 수 있다. 먼저 피해자가 클레임을 포기하는 방법은 경미한 클레임에 대해서는 클레임을 포기하고 단순한 경고를 함으로써 다음부터는 그렇게 하지 않도록 주의를 촉구하는 방법이다. 이 경우는 피해자가 일방적으로 가해자에게 클레임제기를 철회(withdrawal)함으로 일단락되는 것이다.

다음으로 당사자간의 타협과 화해로서 원만하게 수습하는 방법이란 매매당사자 쌍방간에 합리적인 선에서 타협을 통하여 클레임 청구내용을 합의하는 것을 말한다. 타협은 양보와 화해를 통하여 이루어진다. 그러나 클레임의 해결을 당사자간에 직접적으로 처리하려고 할 때는 클레임의 제기가 있을 때 그에 대한 반응은 신속히 이루어져야 할 것이다. 클레임의 내용이 부당하게 보이더라도 상대방의 입장에서는 정당하다고 생각되어 클레임을 제기하게 되므로 이에 대해서 즉각적인 회답을 하는 것이 중요하다. 일단 클레임이 제기되면 피해자는 피해감정을 가지게 마련인데, 회신의 지연으로 피해자의 감정을 더욱 악화시킨다면 당사자간의 원만한 해결을 기대하기란 힘들다. 따라서 클레임의 해결은 가능한 쌍방간에 타협과 화해를 통하여 종결짓는 것이 가장 바람직한 것이라고 할 수 있다.

그러나 만일 당사자간에 클레임의 타협이 되지 못하였을 경우에는 제3자를 통하여 알선(intercession ; recommendation)이나 조정(conciliation ; mediation) 또는 중재(arbirtration), 소송(litigation)의 단계로 해결점을 모색하게 된다. 즉, 매매거래상대방이 자신의 견해나 입장만을 주장하여 양보하지 않는 경우, 혹은 쌍방 또는 일방이 감정이 악화되어 적절한 제3자의 냉정한 판단이 필요한 경우 상대방의 무성의로 인해 타협이나 양보를 기대할 수 없는 경우, 그리고 학식과 경험이 풍부하고 또 무역실무에 정통한 제3자를 개재시키면 신속히 해결되리라고 간주될 경우에는 당사자간의 직접적인 해결보다는 제3자에 의한 클레임의 해결이 더 바람직스러울 것이다.

한편 중재에 의하여 클레임을 해결하려면 반드시 양당사자의 중재계약(arbitration agreement)이 있어야만 한다. 이러한 중재계약이 없는 경우 중재에 의한 해결을 일방이 거절하면 성립되지 않는다. 중재계약에는 중재인 또는 중재기관, 중재지, 중재절차, 준거법이 명시되어야 유효하다. 매매계약서에 다음과 같은 중재조항을 삽입하여야 한다. 대한상사중재원이 권고하는 중재조항은 다음과 같다.

"All disputes, controversies, or differences which may arise between the parties, out of or in relation to or in connection with this contract, or for the breach thereof, shall be finally settled by arbitration in Seoul, Korea in accordance with The Commercial Arbitration Rules of The Korean Commercial Arbitration Board and under the laws of Korea. The award rendered by the arbitrator(s) shall be final and binding upon both parties concerned."

(이 계약으로부터 또는 이 계약과 관련하여 또는 이 계약의 불이행으로 말미암아 당사자간에 발생하는 모든 분쟁, 정의 또는 의견 차이는 대한민국 서울특별시에서 대한상사중재원의 상사중재규칙 및 대한민국 법에 따라 중재에 의하여 최종적으로 해결한다. 중재인들에 의하여 내려지는 판정은 최종적인 것으로 당사자 쌍방에 대하여 구속력을 가진다).

이와 같이 당사자간에 맺어진 중재계약은 국내적으로나 국제적으로 그 효력이 인정되어 중재판정의 결과는 최종적이며 일반적으로 외국에서도 집행이 가능하다.

6.8.2 재판관할조항과 준거법조항

무역계약은 당사자자치의 원칙이 존중되기 때문에 분쟁의 해결을 중재에 의하지 않고 법원판결에 의하기로 하거나, 뉴욕협약에 가입되어 있지 않기나, 기타의 사유에 의해 중재합의가 이루어지지 않은 거래에서는 어느 특정국가의 관할법원으로 할 것인가에 대한 재판관할조항(jurisdiction clause)을 설정해 두어야 한다.

그리고 무역계약의 성립과 이행 그리고 그 해석에 관하여 어느 국가의 법을 적용할 것인지, 즉 준거법이 문제가 된다. 준거법을 결정하는 데에는 각 법제의 해석기준이 다르기 때문에 계약당사자가 어느 국가의 법을 준거법으로 할 것인지를 명확히 약정해 두어야 한다.

준거법(applicable law, governing law)이란 준거법 결정원리(choice of law rule)를 적용하여 섭외적 성질을 가지는 법률관계를 규율하기 위해 지정된 법이라 할 수 있다. 그리고 섭외적 법률관계를 규율하기 위하여 준거법을 결정하는 것은 국제사법 (private international law) 또는 저촉법(conflict of law)상의 문제로 일반적으로 어떠한 연결요소를 매개로 하여 이루어진다. 이러한 준거법 결정에 있어서는 당사자간에 유효한 법의 지정이 있는 경우와 그렇지 않은 경우로 구분하여 살펴볼 수 있다.

먼저 당사자간에 유효한 법의 지정이나 선택이 있는 경우의 준거법 결정원칙으로서는 각국의 입법, 판례, 학설 등이 다양하지만 크게 객관주의와 주관주의로 대립하고 있다.

객관주의(비의사주의, objective view ; objectivism)란 계약당사자의 의사와는 관계없이 소송이 제기된 법원이 계약체결지법, 계약이행지법, 채무자의 본국법 등과 같이 계약에 가장 깊은 객관적인 연결요소를 매개로 하여 일률적·정형적으로 준거법을 결정하는 것을 말한다. 이 원칙은 계약을 체결하는 당사자들 스스로의 의사에 의하여 준거법을 결정할 수 있다는 당사자자치의 원칙을 인정하지 않고, 오직 분쟁이 발생하여 소송이 제기된 법원만이 일정한 연결요소를 매개로 하여 가장 밀접한 법을 준거법으로 결정하는 것이 합리적이라는 관점이다. 그러나 이 원칙에 의한 준거법 결정은 합리적이고도 개관적인 연결점을 찾기가 어렵다는 점에서 비판이 많이 제기되어 왔다.

주관주의(의사주의)란 계약법상의 계약자유의 원칙(liberty of contract)을 준용하여 당사자의 자유로운 의사를 존중하는 것으로서 국제사법상 당사자자치의 원칙(Principle of Autonomy by the Parties Concerned)에 의거 당사자가 선택한 법이 준거법으로 결정되어야 한다는 준거법 결정원리이다. 이러한 준거법 결정은 일반계약법에서 보편적으로 받아들여지는 일반원칙(general principle)이며 세계 각국에서 입법, 판례상으로 널리 채택되고 있다. 이와 같은 주관주의가 적용되기 위해서는 당사자간의 명시적 또는 묵시적인 준거법 지정이 전제되어야 한다. 특히 당사자간에서 묵시적 합의가 있었는지 여부는 상황으로 판단하여야 할 사항이며, 당해 계약의 기초가 되는 사실과 법적용에 관한 당사자의 합의를 추정하게 하는 모든 사실을 참작하여야 한다.

다음으로 당사자간에 유효한 법의 지정이나 선택이 없는 경우에는 소송지의 국제사법과 법원의 판단에 위임되고 있다. 일반적으로 국제계약에 있어서 준거법에 관한 당사자의 의사가 불분명한 경우 여러 가지 연결요소를 매개로 하여 당해 계약과 가장 실질적인 관계를 가지는 곳의 법이 준거법이 된다. 이 경우 법원이 연결요소로서 고려하여야 할 사항으로서는 계약당사자의 주영업소재지, 이행지, 계약목적물소재지, 계약의 교섭지 또는 체결지, 어떤 법체계에 기초한 표준계약서나 일반조건협정서를 사용한 경우 당사자에 의한 중재지의 선정, 계약에 사용되어진 언어 등이 있다.

핵심문제

1. 다음 중 매수인 물품판매 후 재고를 반품할 수 있는 청약은?

① offer on sale or return ② offer subject to prior sale
③ offer without engagement ④ offer subject to being unsold

2. 신용조사항목중 대상기업의 부채비율이 높다면 어느 항목에서 나타나겠는가?

① Capacity ② Capital
③ Character ④ Condition

3. 다음 중 무역(매매)계약의 법률적 성질에 해당하지 않는 것은?

① 낙성계약 ② 쌍무계약
③ 유상계약 ④ 요식계약

4. 거래상대방을 선택하는 과정에서 행하는 신용조사(credit inquiry)의 3C's에 들지 않는 것은?

① Capital ② Currency
③ Character ④ Capacity

5. 다음 국제규칙 중 CIF 조건에 관하여 규정하고 있는 것은?

① CISG ② Warsaw-Oxford Rules
③ Hague-Visby Rules ④ York-Antwerp Rules

6. 다음 설명 중에서 그 내용이 틀린 것은?

① 무역계약은 정형화된 양식을 이용해야 한다.
② 무역계약은 상대방의 승낙이 있을 것을 요건으로 한다.
③ 무역계약은 양당사자 모두가 채무를 부담하는 계약이다.
④ 무역계약은 주영업소의 국적을 달리하는 상인간의 물품매매계약이다.

7. 일반적인 무역계약의 체결과정으로 옳은 것은?

① Offer → Inquiry → Acceptance → Counter Offer → Sales Contract
② Offer → Inquiry → Business Proposal → Acceptance → Sales Contract
③ Inquiry → Counter Offer → Firm Offer → Acceptance → Sales Contract
④ Market Research → Credit Inquiry → Circular Letter → Trade Inquiry → Offer → Acceptance → Sales Contract

8. 다음 중 청약의 유인에 해당하지 않는 것은?

① Price-list ② Circular Letter
③ Catalogue ④ Counter Offer

9. 특허침해 문제로부터 매도인의 책임을 면제시키고자 할 때 사용하는 계약조항은?

① Force Majeure Clause ② Infringement Clause
③ Frustration ④ Arbitration Clause

10. 다음 중 유엔통일매매법(United Nations Convention on Contracts for the International Sale of Goods 1980, 약칭 CISG)에 규정되어 있는 내용이 아닌 것은?

① 위험이전의 시기 ② 매매계약의 성립시기
③ 계약위반에 대한 구제 ④ 소유권 이전의 시기

11. 일반협정서에 기재될 조항으로 적절한 것은?

① Mark ② Commodity Description
③ Quality ④ Arbitration

12. 다음 내용 중 무역계약과 관련된 국제법규가 아닌 것은?

① Hamburg Rules
② Revised american Foreign Trade Definitions 1995
③ CISG(1980)
④ Incoterms® 2010

13. 다음 중 거래관련 일반적인 협정의 내용으로 적합치 않은 것은?

① Force Majeure ② Quantity
③ Jurisdiction ④ Arbitration

14. 다음 가운데 무역(매매)계약에 직접적으로 관련되지 않은 것은?

① Incoterms® 2010
② Hague Rules 1924
③ Warsaw-Oxford Rules 1932
④ CISG 1980

15. 다음 용어의 뜻이 맞지 않는 것을 고르시오.

① Engagement Clause - 지급확약문언

② Force Majeure Clause - 불가항력조항

③ Governing Law - 준거법

④ Unknown Clause - 지상약관

16. 신용조회의 3C's 가운데 마켓 클레임, 악의적 클레임을 예방하기 위하여 조사해야 할 내용은?

① character ② capacity

③ capacity ④ condition

17. 청약에 관한 다음의 설명 중 틀린 것은?

① 자유청약에는 보통 그 유효기간이 설정되어 있지 않다.

② 구두청약은 자유청약으로 간주된다.

③ 확정청약은 상대방의 동의 없이 청약자가 임의로 그 내용을 변경할 수 없는 청약이다.

④ 자유청약은 상대방의 승낙(acceptance)이 있다 하더라도 청약자의 최종확인이 없으면 계약이 성립되지 않는 것이 일반적이다.

18. "This firm offer is subject to acceptance reaching your reply here by July 31, 2000"라고 오퍼상에 명시되어 있는 것과 관계가 없는 것은?

① 취소불능청약 ② 청약의 유효기일

③ 조건부청약 ④ 도달주의

19. 교차청약(cross offer)에 대한 설명 중 맞는 것은?

① 동일한 2개의 Selling Offer가 존재하는 청약을 말한다.

② 동일한 2개의 Buying Offer가 존재하는 청약을 말한다.

③ 유엔통일매매법에서는 계약을 성립시키는 것으로 해석한다.

④ 하나의 Selling Offer와 또 하나의 Buying Offer가 동일한 조건으로 행해지는 경우를 말하지만 계약의 성립여부는 불확실하다.

20. 불확정청약(free offer)에 관한 다음의 설명 가운데 옳은 것은?

① 보통 승낙기간이 설정되어 있지 않다.

② 상대방(offeree)의 동의가 없어도 청약자가 임의로 내용을 변경하거나 철회할 수 있고, 취소까지도 가능하다.

③ 상대방이 이를 승낙하면 바로 매매계약 성립의 효력이 발생된다.
④ 구두청약(oral offer)은 불확정청약에 속한다.

21. 다음 중 확정오퍼에 관한 설명 중 옳지 않은 것은?

① 오퍼를 발행한 후에 취소할 수 있다.
② 오퍼를 발행한 후에 철회할 수 있다.
③ 선적기일이 명시되어 있다.
④ 유효기일이 명시되어 있다.

22. CISG 1980에 의하면 청약(offer)과 승낙(acceptance)의 효력이 발생되기 시작하는 시기는?

① offer는 발신주의, acceptance는 도달주의
② offer와 acceptance 모두 도달주의
③ offer와 acceptance 모두 발신주의
④ offer와 acceptance 모두 요지주의

23. 승낙이 청약자에게 도착하는 때에 물품의 재고가 없는 경우에 매매계약이 성립될 수 없다는 조건부 청약은?

① offer on approval
② offer subject to prior sale
③ offer without engagement
④ offer on sale or return

24. 무역계약에 관한 다음 설명 중 옳지 않는 것은?

① 유효기간이 경과하면 확정청약은 자동적으로 효력을 상실한다.
② 확정청약에 대해 유효기간내에 조건부 승낙통지를 하면 이것은 반대청약으로 본다.
③ 확정청약은 그것이 피청약자에게 도달하기 전이라도 청약자가 그 내용을 변경, 취소, 또는 철회할 수는 없다.
④ 구두청약도 확정청약이 될 수 있다.

25. 다음 중 청약의 유인에 관한 설명 중 옳은 것은?

① 확정청약으로서의 효력을 지닌다.
② 승낙이 없어도 계약은 성립된다.
③ 계약체결을 위해서는 청약이 뒤따라야 한다.
④ 구두청약의 일종이다.

26. CISG상의 청약(offer)유효기간의 기산점으로 가장 타당한 것은?
   ① 텔렉스(telex)에 의한 청약의 경우 그것이 상대방에게 발신된 때로부터
   ② 서한(letter)에 의한 청약의 경우 그것이 상대방에 도달된 때로부터
   ③ 전보(telegram)에 의한 청약의 경우 그것이 상대방에 도달한 때로부터
   ④ 서한에 표시된 일자가 없는 경우 피봉에 표시된 날로부터

27. CISG상의 승낙(Acceptance)에 관한 설명 중 옳지 못한 내용은?
   ① 승낙의 내용은 청약의 내용과 원칙적으로 일치하여야 한다.
   ② 승낙은 본질적으로 무조건적이어야 한다.
   ③ 행위에 의한 승낙은 인정되지 아니한다.
   ④ 승낙도 철회될 수 있다.

28. 오퍼상에 "This offer is subject to being unsold"로 명시되어 있다면 다음 중 어느 오퍼에 속하는가?
   ① Firm Offer
   ② Sub-con Offer
   ③ Cross Offer
   ④ Stock Offer

29. 어떤 청약서상에 'This offer is subject to our final confirmation'이라고 언급하였다. 다음의 설명 중 틀린 것은?
   ① 이 오퍼는 피청약자의 승낙으로 구속력이 부여되지는 않는다.
   ② 청약자가 최종승낙자가 되는 오퍼이다.
   ③ 이 오퍼의 성격은 확정청약으로 봐야 한다.
   ④ 이 오퍼는 피청약자가 승낙하더라도 청약자는 오퍼의 내용을 변경할 수 있다.

30. 반대청약(counter offer)에 관련된 다음의 설명중 옳은 것은?
   ① 확정청약에 대한 반대청약은 자유청약이다.
   ② 반대청약이 상대방에 도달한 경우에는 원래청약(original offer)은 반대청약의 범위 내에서 법률상 효력을 잃는다.
   ③ 확정청약에 대해서는 반대청약이 인정되지 아니한다.
   ④ 반대청약을 한 후 다시 원청약을 원안대로 승낙하면 원청약내용 대로의 계약이 성립된다.

31. 다음 중 신용장거래에서 과부족허용한도가 적용되는 품목은?

① 컴퓨터 1000대 ② 자동차 1000대
③ 석탄 1만톤 ④ 60kg짜리 쌀 다섯 가마

32. L/C상에 선적일과 관련하여 "on or about"가 표시되었다면 해당일 전후 며칠을 포함하는가?

① 해당일 전후 3일, 총 7일간
② 해당일 전후 5일, 총 11일간
③ 해당일 전후 7일, 총 15일간
④ 신용장통일규칙상 인정되지 않는 표현이다.

33. 수확예정인 농산물의 거래에 사용할 수 있는 품질결정방법은?

① GMQ ② FAQ
③ DEQ ④ CQD

34. 사과, 바나나 등 과일류의 거래에 가장 적합한 품질조건은?

① SHEX ② GMQ
③ FAQ ④ COQ

35. 무역(매매)계약에서 5대 기본조건에 포함되지 않는 것은?

① 보험조건 ② 선적조건
③ 가격조건 ④ 수량조건

36. 무역계약체결시 계약대상물품의 기능이 복잡한 선박, 철도차량 또는 기계류인 경우 품질을 결정하는데 가장 바람직한 방법은?

① 견본매매 ② 표준품매매
③ 통명매매 ④ 명세서매매

37. 다음 선적조건에 대한 설명 중 옳은 것은?

① 분할선적은 신용장에서 별도로 규정하지 않는 한 허용된다.
② 할부선적인 경우에는 화주의 사정에 의해 조기선적이 가능하다.
③ 선적일은 선화증권의 일자이므로 실제 출항일과 일치하여야 한다.
④ L/C상에 환적금지문언이 있으면 복합운송이 필요하더라도 환적은 허용되지 아니한다.

38. 품질의 결정방법에 대한 연결이 잘못된 것은?

① 섬유 - USQ　　② 냉동어류 - FAQ
③ 곡물 - FAQ　　④ 목재 - GMQ

39. 추심거래에서 계약서상 과부족용인조항(M/L clause)이 없는 경우 어떻게 적용되는가?

① 벌크화물의 거래라면 5%범위내에 용인된다.
② 화물의 종류에 상관없이 5%의 과부족이 용인되는 것으로 본다.
③ 과부족용인약관이 없으면 과부족이 용인되지 않는 것으로 본다.
④ 과부족용인약관이 없더라도 추심은행의 재량에 의해 10%범위내에 인정될 수 있다.

40. 무인화물이란 다음의 어느 것을 말하는가?

① 도착항에서 화물의 수화인이 없는 화물을 말한다.
② 포장의 외면에 화인(marking), 특히 목적항 등의 주요표시가 누락된 화물을 말한다.
③ 과부족용인이 되는 화물을 말한다.
④ 한 컨테이너를 채울 수 없는 소량화물을 말한다.

41. More or Less Clause에 대한 설명 중 틀린 것은?

① 신용장거래에서는 벌크화물에 대하여 ±5%의 오차를 허용한다.
② 개산수량조항이라고 한다.
③ 과부족수량에 대한 대금은 사후에 정산한다.
④ 약정된 기본수량과 비교하여 약간 초과되거나 부족한 수량을 인도하여도 계약위반이 되지 않는다.

42. 톤의 단위 중에서 우리 나라에서 사용하는 것은?

① Long ton　　② British ton
③ Metric ton　　④ Short ton

43. 다음 중 물품과 포장종류가 부적합하게 연결된 것은?

① 화학약품-drum　　② 가죽잠바-carton
③ 개인컴퓨터-pallet　　④ 석유-barrel

44. 다음의 품질조건 가운데 품질검사의 기준시기를 물품의 선적시로 하는 조건은?

① EXW ② TQ

③ RT ④ SD

45. 다음 중 선적기간 계산시 당일을 산입하지 않는 경우는?

① from ② until

③ after ④ to

46. 다음은 과부족용인조항(more or less clause)에 관한 설명이다. 그 내용이 틀린 것은?

① 신용장거래시에는 과부족용인조건이 없더라도 5%의 과부족이 용인되는 것으로 본다.

② 유류, 광물 등과 같은 벌크화물거래에 이용된다.

③ 통상 환어음상에는 선적시의 송장금액에 전액이 발행되지 아니하고 90% 등과 같이 발행하는데 이는 도착물량을 확실히 알 수 없기 때문이다.

④ 신용장방식이외의 거래에서는 계약서상의 금액 또는 수량이나 단가 앞에 about, circa 등의 용어가 사용되면 5% 범위내의 과부족을 용인하는 것으로 본다.

47. 다음 중 수량조건에 대한 설명중 옳은 것은?

① S/T는 Short Ton을 말하며 영국에서 주로 사용되는 중량단위이다.

② 잡화품거래시 사용되는 1 Gross는 10 dozen을 말한다.

③ 모직물 등 직물류거래시 길이(Length)단위로 미국에서는 주로 미터가 사용된다.

④ M/T는 Metric Ton을 말하며 프랑스, 한국 등에서 주로 사용되는 중량단위이다.

48. 선적조건(terms of shipment)에 관한 설명 중 옳지 않은 것은?

① 직항선적(direct shipment)으로 선적조건을 약정하였을 경우에는 환적이 금지되는 것으로 본다.

② 해난 등으로 재선적이 있는 경우에는 환적금지조항의 위반으로 볼 수 없다.

③ 선화증권(B/L)에 실제 선적일의 표시가 없으면 B/L 발행일을 선적일자로 추정하는 것이 일반적인 관습이다.

④ 복합운송을 하는 경우에도 환적금지조항은 유효하다.

Chapter 3
정형거래조건

1 정형거래조건의 의의

1.1 가격조건의 의의

무역계약은 가격조건에 따라 크게 좌우된다. 가격조건은 그 상품의 인도장소와 제비용 및 위험부담의 한계를 규정하고 있으므로 무역거래조건 중 가장 중요한 조건이다. 가격조건의 표시방법은 "US$ 100 per m/t FOB Busan"과 같이 한다. 특히 Dollar는 US, Canada, Australia, Singapore에 공통적인 통화단위이므로 국가명이 가격조건에 명시되어야 한다.

이와 같이 무역은 언어, 관습, 제도 등이 상이한 국가간의 상거래이므로, 거래관습과 조건 특히 가격조건의 정형화·통일화가 1차 대전 이후 국제상업회의소와 국제법률협회에 의해서 본격적으로 이루어지기 시작했다. 가격조건에 관한 국제규칙은 국제상업회의소가 제정한 Incoterms가 골격을 이루고 있다.

1.2 Incoterms의 의의

종래 Incoterms의 정식명칭은 "정형거래조건의 해석에 관한 국제규칙(International Rules for the Interpretation of the Trade Terms)"이었으나, 최근 개정된 INCOTERMS® 2010에서는 그 명칭을 'ICC Rules for the Use of Domestic and International Trade Term'(국내 및 국제거래조건의 사용에 관한 ICC규

칙)으로 규정하였다.

Incoterms의 제정목적은 외국무역에 있어서 가장 많이 사용되는 무역조건의 해석을 위한 일정한 국제규칙을 제공하는 데 있다. 계약당사자들이 그들의 각기 다른 국가에 있어서의 상이한 무역관행을 잘 모르는 경우가 많다. 그래서 이로 인하여 시간 및 금전의 낭비와 더불어 오해, 분쟁 및 소송을 야기시킬 수 있다. 국제상업회의소는 이 문제를 제거하기 위하여 1936년에 무역조건의 해석에 관한 국제규칙을 제정하였고 그 이후 1953년, 1967년 1976년 및 1980년에 보완·개정하였다.

Incoterms는 1936년 ICC가 처음 제정될 당시에는 11개의 가격조건으로 규정되었으나, 1953년에는 분쟁의 소지가 많았던 2개의 가격조건이 삭제되어 9개의 가격조건으로 규정되었다. 그 후 1967년에 동서 국경무역의 발전과 매수인의 최소부담조건의 요구에 따라 2개의 가격조건이 추가되어 다시 11개의 가격조건으로 규정되었고, 1976년에는 항공운송이 발전됨에 따라 1개의 가격조건이 추가되어 12개의 가격조건으로 규정되었으며, 1980년에는 국제복합운송의 발전에 따라 2개의 가격조건이 추가되어 14개의 가격조건으로 규정되었다.

1989년 말에 개정이 확정되어 1990년 7월 1일부터 시행되었던 Incoterms는 전자자료교환(Electronic Data Interchange : EDI) 통신과 국제복합운송이 고도로 발전됨에 따라 종전의 14개 가격조건 중에서 2개의 가격조건(FOR 및 FOA)이 흡수·삭제되고 1개의 가격조건(DDU)이 추가되어 13개의 가격조건으로 규정되어 있었다.

Incoterms 2000은 13개의 정형거래조건을 E그룹, F그룹, C그룹 및 D그룹으로 세분화했다.

2011년 1월 1일 발표된 INCOTERMS® 2010의 개정은 범세계적으로 관세자유지역의 확대, 전자적 통신수단의 사용증대, 물류보안을 위한 규제의 확대 그리고 운송관행의 변화 등에 그 배경을 두고 있다.

INCOTERMS® 2010의 두드러진 특징으로, 최근 FTA의 확대와 전자무역의 확산을 고려하였고, 기존의 13개 조건을 11개로 줄이면서 내용을 보다 분명하고 간단하게 정리하였고, INCOTERMS® 2010은 기존의 국제거래뿐만 아니라 국내거래에도 적용 가능하도록 계약당사자의 의무를 규정한 점을 들 수 있다. 현재는 Incoterms® 2010이 시행되고 있다.

1.3 INCOTERMS® 2010

1.3.1 Incoterms® 2010의 체제

Incoterms® 2010은 기존 Incoterms 2000에서 13개 가격조건, 즉 매도인 자신의 공장 또는 창고 등에서 매도인이 매수인에게 물품을 인도하는 조건(E조건 : Ex Woks(EXW))을 비롯하여, 두 번째 그룹으로 매도인은 매수인이 지명한 운송인에게 물품을 인도하도록 요구되는 F조건들(FCA, FAS 및 FOB), 세 번째 그룹으로 매도인이 운송계약을 체결해야 하지만 선적 및 발송 이후에 발생하는 사고에 기인되는 화물의 멸실 또는 손상의 위험 또는 추가비용에 대해서는 책임이 없는 C조건들(CFR, CIF, CPT 및 CIP), 그리고 매도인이 목적국까지 물품을 운송하는데 소요되는 모든 비용과 위험을 부담하여야 하는 D조건들(DAF, DES, DEQ, DDU 및 DDP)로 구분되어 있었던 조건 중에 DAF, DES, DEQ, DDU 조건을 삭제하고 DAT와 DAP 조건을 신설했다. DAF, DEQ, DDU는 DAP로 흡수되고 DES가 DAT로 변경되어 11개 조건으로 이를 단일 또는 복수의 운송수단에 사용하는 규칙과 수상수송전용조건 2가지로 크게 구분하고 있다.

그룹별	가격조건	
운송방식 불문조건	EXW	Ex Works(공장인도)
	FCA	Free Carrier(운송인인도)
	CPT	Carriage Paid to(운송비지급)
	CIP	Carriage and Insurance Paid to(운송비보험료지급)
	DAT	Delivered At Terminal(터미널인도)
	DAP	Delivered At Place(목적지인도)
	DDP	Delivered Duty Paid(관세지급반입인도)
수상순송전용조건	FAS	Free Alongside Ship(선측인도)
	FOB	Free on Board(본선인도)
	CFR	Cost and Freight(운임포함)
	CIF	Cost, Insurance and Freight(운임보험료포함)

Incoterms® 2010에서도 Incoterms 2000과 마찬가지로 각 상대방에 대한 의무사항을 10개 조항씩 대칭시켜 규정하고 있다.

A. 매도인의 의무	B. 매수인의 의무
A1. 매도인의 일반적 의무 A2. 허가, 승인 또는 통관절차 A3. 운송 및 보험계약 A4. 인도 A5. 위험의 이전 A6. 비용의 분담 A7. 매수인에 대한 통지 A8. 인도증거, 운송서류 또는 상응한 전자통신문 A9. 점검, 포장, 화인 A10. 기타의 의무	B1. 매수인의 일반적 의무 B2. 허가, 승인 또는 통관절차 B3. 운송 및 보험계약 B4. 인도의 수령 B5. 위험의 이전 B6. 비용의 분담 B7. 매도인에 대한 통지 B8. 인도증거, 운송서류 또는 상응한 전자통신문 B9. 물품의 검사 B10. 기타의 의무

1.3.2 Incoterms® 2010의 특징

Incoterms® 2010은 종전과 같이 FOB, CIF와 같이 세 개의 문자가 기본단위로 구성되어 있다. 무역계약에서 매도인으로부터 매수인에게 계약물품의 인도과정에서 발생하는 계약의무, 위험, 비용부담에 관한 국제적인 상관습을 반영하고 있다. INCOTERMS® 2010은 다음과 같은 사항에 유의하여 활용하여야 할 것이다.

1.3.2.1 매매계약서 상에 반드시 'INCOTERMS® 2010'으로 표기

매매계약에서 반드시 'INCOTERMS® 2010'로 표기하여야 한다. 왜냐하면 동일한 정형거래형태가 기존의 INCOTERMS에도 존재하기 때문에 정확한 버전을 표시하지 않을 경우에는 계약당사자 간에 부담해야 할 비용과 위험의 분기점에 관하여 오해와 분쟁이 발생할 수 있기 때문이다. 예컨대, FOB Busan Port(INCOTERMS® 2010)이라고 버전을 명시하여 분쟁을 사전에 예방하도록 한다.

1.3.2.2 적절한 INCOTERMS 조건 채택

매매계약의 당사자는 계약에서 자신이 의도하고 있는 모든 내용을 분명히 하여 계약의 이행과정에서 발생하는 추가의무의 설정과 같은 내용이 오해가 없도록 하여야 한다. 예컨대 INCOTERMS상에서는 계약물품의 인도의무, 위험, 비용부담 및 보험에 관한 의무가 매도인과 매수인 중 어느 쪽에서 부담하여야 할 것인지를 규정하고 있으므로 이를 반영하여 적절한 INCOTERMS 정형거래조건을 채택하여야 한다.

1.3.2.3 물품인도 장소의 구체적 명시

무역계약에서 계약당사자가 물품을 인도하기로 결정한 장소가 항구이거나 또는 내륙의 어느 지점이거나 이에 대하여 최대한 상세히 인도장소를 명시하여야 한다.

1.3.2.4 INCOTERMS의 적용범위

INCOTERMS는 매매계약 이외의 운송, 보험 및 지급계약 등에 대하여는 적용되지 아니하며, 매매계약에 있어서도 소유권의 이전, 계약위반과 권리규제 또는 의무면제의 사유 등에 관하여는 전혀 다루지 아니한다는 점을 유의하여야 한다. 이러한 문제들은 매매계약상의 다른 규정과 그 준거법에 의하여 해결되어야 하기 때문에 계약시 UN통일매매법 등과 같이 당해 거래에 적용이 가능한 준거법(governing law)을 명시적으로 합의해 두는 것이 중요하다. 또한 INCOTERMS는 국제적인 통일법이나 조약과 같은 강행력을 갖지 못하고 각국에서 이를 공식적으로 채택하거나 법률에 의하여 적용되는 것이 아니라, 계약당사자들간의 합의에 따라 적용되는 임의규범이라는 사실을 유의하여야 한다.

1.3.3 Incoterms® 2010의 주요 내용

1.3.3.1 정형거래조건의 구분변경 및 감소

INCOTERMS 2000에서는 13가지 조건을 E, F, C, D, 4개 그룹으로 분류하였으나 INCOTERMS® 2010에서는 이를 단일 또는 복수의 운송수단에 사용가능한 규칙과 수상운송전용조건으로 구분방법을 변경하였다.

단일 또는 복수의 운송수단에 사용가능한 규칙은 하나 또는 하나 이상의 운송방식이 결합된 운송방식으로 운송방식에 상관없이 모든 운송조건에 적용할 수 있다.

수상운송전용조건은 전통적으로 사용 활용도가 대단히 높은 조건으로 대부분의 국제무역에서 활용하고 있다. 수상운송전용조건 중 FOB, CFR,

CIF 조건에서 위험 이전시점에 대한 기존의 'ship's rail' 대신에 'on board'(본선적재)라는 기준을 채택하였다.

INCOTERMS® 2010에서는 기존 정형거래조건의 DAF, DES, DEQ, DDU 조건이 삭제되고 DAT와 DAP 조건이 신설되었다. DAF, DEQ, DDU는 DAP로 흡수되었고 DES가 DAT로 변경되었다. 따라서 정형거래조건이 기존 13개에서 11개로 감소되었다.

1.3.3.2 국제거래뿐만 아니라 국내거래 사용 공식화

INCOTERMS는 국내매매계약에 주로 사용하였으나 INCOTERMS® 2010은 국제거래뿐만 아니라 국내매매계약에도 적용하기 위하여 기존의 공식명칭을 'International Rules for the Interpretation of the Trade Terms'에서 'ICC Rules for the use of Domestic and International trade terms'로 변경하였다.

INCOTERMS의 공식명칭의 변경은 최근 국제무역환경의 새로운 경향이 블록화와 FTA 등이 확산되는 추세이고 특히 EU와 같은 경제권으로 변화됨에 따라 국경의 의미가 퇴색하는 경향을 보이고 있어 국내거래와 국제거래의 차이점이 감소하고 있기 때문이다.

이러한 공식명칭의 변경은 실무상 국내매매계약에서 흔히 INCOTERMS가 사용되고, 또한 미국에서도 기존의 미국통일상법전(Uniform Commercial Code : UCC)의 정형거래조건 대신 INCOTERMS를 사용하는 경향이 증가하고 있다는 점을 반영한 것이다.

1.3.3.3 전자적 통신에 관한 규정 개정 및 신설

기존의 INCOTERMS 2000에서는 EDI 전자서류를 대체할 수 있는 서류를 인도의 증거 또는 운송서류로 특정하였다. 하지만 INCOTERMS® 2010에서는 계약당사자가 합의하고 관행이 있는 경우에 전자서류도 허용됨을 보다 명확히 하였다.

1.3.3.4 보안에 관한 규정 신설

보안에 관한 규정의 신설은 최근 물품 자체의 특성 이외의 문제로 인명과 기타 물품에 위협이 되지 않도록 확인을 요구하는 물품에 대한 보안검색

이 증가하는 추세를 반영하였다.

INCOTERMS® 2010의 각 정형거래조건의 A2/B2에서는 통관의무에 보안에 관한 사항이 포함됨을 명확히 하였고, A10/B10에서는 상대방에게 통관에 필요한 보안에 관한 정보를 제공하거나 그 취득에 협력을 제공하여야 할 의무를 규정하였다. 따라서 INCOTERMS® 2010에서는 매도인 또는 매수인은 보안에 관련된 의무를 부담하여야 한다.

1.3.3.5 THC에 관련된 규정 추가

CPT, CIP, CFR, CIF, DAT, DAP, DDP 조건에서는 매도인이 매수인과 합의한 목적지까지 물품을 운송하기 위한 운송수배를 하여야 하고 운송비를 부담하여야 한다. 전술한 정형거래조건에서 운송비는 매도인이 지급하지만, 운송비는 매도인이 제시한 가격에 포함된 것으로 실제 운송비는 매수인이 지급하는 것이다. 이러한 운송비에는 항구나 컨테이너 터미널 내에서 물품 취급하고 운반하는 비용 즉, THC 비용(Terminal Handing Charge)이 포함되어 있는 경우도 있다. 하지만 부두 또는 컨테이너 터미널에서 운송인이나 터미널 운영자들이 항구 내에서 또는 컨테이너 터미널 내에서 물품을 취급하거나 운반하는 비용을 매수인에게 부과하는 경우가 있다.

이 경우에 매도인은 이미 운송비를 선지급하였음에도 불구하고 매수인에게도 동일한 비용이 중복청구되는 경우가 발생할 수 있으므로 이러한 오해를 제거하기 위하여 INCOTERMS® 2010에서는 A6/B6 규정을 통하여 이를 분명히 하였다.

1.3.3.6 연속매매에 관한 규정

제조물이 아닌 곡물 또는 광물 등의 매매의 경우에는 운송 중에 여러 차례 전매(string sales)될 수 있다. 2차 매도인으로서 운송 중 물품을 인도하는 매도인은 자신이 직접 물품을 선적하여 인도하지 않고, 선적되어 운송 중인 물품을 조달(procure)하여 계약물품의 인도를 이행하게 된다. INCOTERMS® 2010에서는 매도인이 물품을 선적하거나 또는 선적된 물품을 조달하여 인도하는 것도 계약물품을 인도한 것으로 규정하고 있다.

1.3.3.7 INCOTERMS 조건 변형

매도인과 매수인은 INCOTERMS 규정에 조건을 추가하거나 그 조건을 변경하여 사용할 수 있다. 단, 기존조건의 변경으로 계약당사자의 의무와 권리를 표시하는 것에 오해가 발생하지 않도록 특별히 조심하여 그 내용을 분명히 표시하여야 한다고 규정하고 있다. 왜냐하면 조건의 변형으로 인한 위험이 존재하기 때문이다.

1.3.4 실무적용시의 유의점

Incoterms의 사용자들은 실무적용상 다음과 같은 사항들에 특히 유의하여야 한다.

① Incoterms 자체는 국제적인 통일법이나 조약과 같은 강행력을 갖지 못하고 각국에서 이를 공식적으로 채택하거나 법률에 의하여 적용되어지는 것이 아니라, 계약당사자들간의 합의에 따라 적용되는 임의규범이라는 사실을 유의하여야 한다.

② Incoterms는 매매계약 이외의 운송, 보험 및 금융계약 등에 대하여는 적용되지 아니하며, 매매계약에 있어서도 소유권의 이전, 계약위반과 권리규제 또는 의무면제의 사유 등에 관하여는 전혀 다루지 아니한다는 점을 유의하여야 한다. 이러한 문제들은 매매계약상의 다른 규정과 그 준거법에 의하여 해결되어야 하기 때문에 계약시에 국제물품매매계약에 관한 유엔협약(CISG) 등과 같이 당해 거래에 적용이 가능한 준거법(governing law)을 명시적으로 합의해 두는 것이 중요하다.

③ 의무가 추가된 변형조건을 사용하는 경우, Incoterms상에는 매도인이 그 비용만을 부담하는 것인지 또는 비용과 위험 모두를 부담하는 것인지에 대한 언급이 없다는 점을 유의하여야 한다.

④ Incoterms에서 "의무 없음"이라는 표현은 각 당사자의 상대방에 대한 의무가 없다는 의미일 뿐이다. 당사자 자신의 이익을 위한 경우에도 이행할 필요가 없다는 의미는 아니다.

1.3.5 비용부담한계

Incoterms® 2010의 11개 정형거래조건별로 매매당사자의 비용부담한계를 표시하면 다음과 같다.

【거래조건별 비용부담한계】

비용 / 거래조건	⇨ 제조원가	⇨ 포장검사	⇨ 내륙반출	⇨ 수출허가	⇨ 수출통관	⇨ 운임	⇨ 보험료	⇨ 수입허가	⇨ 수입통관	내륙반입
EXW	S	S	B	B	B	B	B	B	B	B
FCA	S	S	S	S	S	B	B	B	B	B
CPT	S	S	S	S	S	S	B	B	B	B
CIP	S	S	S	S	S	S	S	B	B	B
DAT	S	S	S	S	S	S	B	B	B	B
DAP	S	S	S	S	S	S	B	B	B	B
DDP	S	S	S	S	S	S	S	S	S	S
FAS	S	S	S	S	S	B	B	B	B	B
FOB	S	S	S	S	S	B	B	B	B	B
CFR	S	S	S	S	S	S	B	B	B	B
CIF	S	S	S	S	S	S	S	B	B	B

※ S-매도인의 비용부담, B-매수인의 비용부담.

2 정형거래조건의 내용

『단일 또는 복수의 운송수단에 사용가능한 규칙』

2.1 EXW ; EX WORKS(…named place of delivery, 공장인도조건)

공장인도(EXW)조건이라 함은 매도인이 물품을 자신의 영업장구내(premises)에서 매수인에게 인도하는 거래조건을 말한다. 즉, 매도인은 자신의 영업장구내에 있거나 또는 기타 지정된 장소에 있는 작업장, 공장, 창고 등에서 물품을 매수인의 임의처분 하에 인도하여야 한다.

매도인은 물품의 수출통관이나 매수인의 차량에 적재할 책임이 없으며, 물품이 인도된 이후의 모든 절차는 매수인의 위험과 비용부담으로 이를 행한다. 이러한 거래조건을 영국에서는 일명 "현지인도(Loco)" 또는 "현장인도(On Spot)"라고도 부르며, 미국에서는 "지정원산지인도(Ex...point of origin)", "공장본선인도(FOB factory)" 등으로 부르기도 한다.

매도인은 물품의 제조원가와 이윤, 수출포장의 비용, 품질·수량점검비용 기타 자신의 영업장구내에서 물품을 인도할 때까지의 부대비용을 가산한 요소비용을 부담할 뿐이며, 그 후에 물품을 수거용 차량에 적재하고 수입국의 목적지까지 운반하는데 따른 일체의 비용과 위험은 매수인이 이를 부담하여야 한다. 출발시 물품의 적재에 대한 책임을 매도인에게 전가시키려면, 그 취지를 매매계약상에 명확히 하여야 한다.

EXW 조건은 Incoterms® 2010 상의 11가지 정형거래조건 중에서 매도인에 대하여는 최소한의 의무를, 매수인에 대하여는 최대한의 의무를 나타내는 것이다.

EXW 조건하에서는 매수인의 수입허가뿐만 아니라 수출허가 또는 공적인 승인도 취득하여야 하기 때문에, 매도인은 매수인의 비용부담으로 이를 취득하는데 필요한 협조를 다하여야 한다. 그러므로 매수인은 수출통관의무를 수용하기 전에 수출국가의 법령에 따라 외국인에 의한 수출승인이나 수출통관이 금지되어 있는지의 여부를 반드시 확인하여야 한다. 매수인이 수출통관의무를 피하고자 할 때에는 EXW 조건 뒤에 "수출통관필(cleared for export)"이라는 문언을 추가하거나 FCA 조건을 사용하여야 할 것이다.

2.2 FCA ; FREE CARRIER(…named place of delivery, 운송인 인도조건)

운송인인도(FCA)조건이라 함은 매도인이 물품을 수출통관하고, 지정된 장소에서 매수인이 지정한 운송인에게 이를 인도하는 거래조건을 말한다. 따라서 매수인은 물품의 인도지점을 정확히 지정하여야 하며, 매수인이 이를 지정하지 아니한 경우에는, 매도인은 지정된 장소 내에서 자신의 목적에 가장 적합한 지점을 선택할 권리가 있다.

"운송인(carrier)"이라 함은 철도·도로·항공·해상·내수로 또는 복합운송에 있어서 화주와 운송계약을 체결하고, 직접 그 운송계약의 이행을 약속하는 본인(principal) 또는 그 이행을 조달하는 운송대리인(shipping agent)을 의미한다. 매수인이 운송주선업자(freight forwarder) 등 운송인 이외의 자에게 물품을 인도하도록 지시한 경우에는, 매도인은 이러한 자에게 물품을 인도하여도 그 의무를 다하는 것으로 본다. FCA 조건은 "Incoterms 1980"에서 정형화된 복합운송전용의 FRC 조건에 과거의 철도운송용 FOR/FOT 및 항공운송용 FOA 조건을 통합하여 1990년에 정형화한 것으로서, 이 조건은 복합운송뿐만 아니라 철도·도로·해상·항공·내수로운송 등 모든 운송방식에 사용할 수 있다.

FCA 조건하에서 물품에 대한 모든 위험과 비용부담의 분기점(critical point)은 매도인이 합의된 시기에 지정된 장소에서 지정된 운송인에게 물품을 인도한 때이다.

물품이 지정된 장소에서 매도인의 운송수단상에서 양화되지 아니하고, 운송인이나 그 대리인의 임의처분하에 적치된 때부터 그 물품에 대한 위험과 비용부담의 책임은 매수인에게 이전한다.

FCA 조건하에서 매도인은 수출허가와 수출통관을 이행하고 이에 따른 수출세와 부과금을 지급하여야 한다. FCA 조건하에서 매수인은 매도인의 물품인도를 위하여 운송인을 지정하고 운송방식과 물품의 인도기일 및 장소를 통지하여야 한다. 물품의 운송을 위한 운송계약을 체결하고 운송비도 지급하여야 한다.

FCA 조건하에서 매도인은 지정된 운송인까지 이르는 내륙운송구간의 운송계약을 체결하고 반출운송비(pre-carriage)를 부담하여야 한다. FCA 조건하에서는 매도인이 보험담보를 조달할 의무는 없으므로 매수인은 자신의 이익을 위하여 보험계약을 체결할 필요가 있다.

2.3 CPT ; CARRIAGE PAID TO (…named place of destination, 운송비지급인도조건)

운송비지급인도(CPT)조건이라 함은 매도인이 지정된 목적지까지 물품의 운송비를 지급하되, 물품에 대한 모든 위험과 추가적인 비용은 물품이 선적지에서 운송인에게 인도된 때에 매도인으로부터 매수인에게 이전하는 거래조건을 말한다. 목적지까지 여러 운송인에 의하여 운송될 경우에는, 위험은 물품이 최초운송인에게 인도된 때에 이전한다.

CPT 조건하에서 매도인은 CFR 조건에서와 같이 반드시 운송서류를 제공하여야 하는 것이 아니라, 해당되는 운송방식에서 관습적인 경우에 한하여 통상적인 운송서류를 제공하면 된다는 점이 특징적이다.

매도인은 물품의 적재비(loading costs)뿐만 아니라 운송계약의 체결시 운송비에 포함될 수 있는 목적지에서의 양화비(discharging costs)도 지급하여야 한다. 이 조건하에서 매도인은 보험계약에 따른 보험비용을 부담하지 아니한다.

CPT 조건은 모든 운송방식에 사용될 수 있으므로, 운송서류의 양식이 유통성 선화증권, 비유통성 해상화물운송장 또는 내수로 운송서류뿐만 아니라, 기타 운송방식에 따라 항공화물운송장, 철도화물탁송장, 도로화물탁송장 또는 복합운송서류도 제공이 가능하다.

CPT 조건하에서 여러 통의 원본으로 발행된 운송서류의 원본 전통을 제시하도록 하는 규정이 없는 것은 비유통성 운송서류의 경우를 감안한 것일 뿐이며, 유통성 운송서류의 경우에는 역시 원본 전통이 제시되어야 한다.

CPT 조건은 매도인이 목적지까지 보험계약을 체결하지 아니한다는 점을 제외하고는 CIP 조건과 성격이 같다. 그러므로 CPT 조건하에서 매도인의 기타 의무와 매수인의 기타 의무에 관한 내용도 보험계약에 관련한 정보제공의 의무사항을 제외하고, CIP 조건과 기본적으로 동일하다.

2.4 CIP ; CARRIAGE AND INSURANCE PAID TO (…named place of destination, 운송비·보험료지급인도조건)

운송비보험료지급인도(CIP)조건이라 함은 매도인이 지정된 목적지까지 물품의 운송비와 보험료를 지급하되, 물품에 대한 모든 위험과 추가적인 비용은 물품이 선적지에서 운송인에게 인도된 때에 매수인에게 이전하는 거래조건을 말한다.

CIP 조건은 매도인이 목적지까지 운송계약 및 보험계약을 체결하고 이에 따른 운송비와 보험료를 지급한다는 점에서 기본적으로 CIF 조건과 같지만, 물품을 선박이 아닌 운송인에게 인도한다는 점에서 이와 구분된다. 이 조건하에서 매도인은 해당되는 운송방식에서 관습적인 경우에 한하여 통상적인 운송서류를 제공하면 된다.

매도인은 물품을 운송인에게 인도하기까지 일체의 수출비용, 물품의 적재비(loading costs)를 포함하여 목적지까지의 운송계약에 따른 비용과 운송비, 그리고 운송계약시에 부과되는 목적지에서의 양화비(discharging costs) 등을 부담하여야 한다. 아울러 매도인은 목적지까지의 적화보험에 부보한 보험료(premium)도 부담하여야 한다.

CIP 조건하에서는 CPT 조건에서와 같이, 매도인은 운송인에게 물품을 인도하되, 지정된 목적지의 합의된 지점까지 운송계약을 체결하고 운송비를 지급하여야 한다. 이때 운송계약은 통상적인 경로와 조건 및 관습적인 방법(customary manner)에 따라 체결하여야 한다.

CIP 조건하에서는 CPT 조건과 달리, 매도인은 매매계약에서 합의된 대로 보험계약을 체결하고 보험료를 지급하여야 한다.

2.5 DAT ; DELIVERED AT TERMINL
(…named terminal at port or place of destination, 터미널인도조건)

DAT는 운송수단의 종류와 관계없이 사용할 수 있고, 하나 이상의 운송수단으로부터 양하된 물품을 매수인의 임의처분 상태로 놓아두었을 때 인도된다. '터미널'은 부두, 창고, CY(Contatiner Yard) 또는 도로, 철로 또는 공항화물터미널과 같이 지붕의 유무와 상관없이 모든 장소를 포함한다. DAT에서 매도인은 지정된 항구 또는 목적지까지 물품을 운송하기 위한 운송계약을 체결하고 운송비를 부담하여야 한다.

DAT에서 매도인은 지정된 항구 또는 목적지까지 물품을 운반하여 양하까지의 모든 위험을 부담한다. 따라서 당사자들은 지정된 항구 또는 목적지 장소의 터미널, 가능하다면 터미널 내에 특정 지점을 최대한 정확히 명시하여야 한다.

만약 당사자들이 터미널에서 다른 장소로의 물품 운송과 처리에 대한 위험과 비용을 매도인의 부담으로 하기를 원할 경우에는 DAT조건 대신 DAP 또는 DDP 조건을 사용하여야 한다.

DAT에서 매도인은 물품의 수출통관 의무가 있다. 하지만 매도인은 물품의 수입통관, 수입관세 지불이나 수입세관 절차를 진행할 의무가 없다.

2.6 DAP ; DELIVERED AT PLACE (…named placet of destination, 목적지인도조건)

DAP는 운송수단의 종류와 관계없이 사용할 수 있고, 하나 이상의 운송수단이 적용되는 곳에서도 사용할 수 있다.

DAP는 매도인이 물품을 목적지의 지정된 장소에 도착하는 운송수단으로부터 양하준비 상태로 매수인의 임의처분상태로 놓아두었을 때 인도된다.

DAP에서 매도인은 지정된 목적지까지 물품을 운송하기 위한 운송계약 체결 및 운송비를 부담하고, 목적지 지정장소까지 운송하는 데 관련된 모든 위험을 부담하기 때문에 당사자들은 인도장소의 지점을 최대한 정확히 명시하여야 한다.

만약 당사자 간에 별도의 합의가 없다면 매도인에게 물품의 양하비용이 발생하였더라도 매도인은 매수인으로부터 양하비용을 돌려받을 수 없다.

DAP조건은 매도인이 수출통관 의무를 부담한다. 하지만 매도인에게는 물품수입을 위한 수입관세 또는 수입통관 절차이행 의무가 없다. 만약 매도인이 물품수입을 위한 수입통관, 수입관세 지불이나, 수입세관 절차 이행을 원할 경우에는 DDP조건을 사용하여야 한다.

2.7 DDP ; DELIVERED DUTY PAID (…named place of destination, 관세지급인도조건)

관세지급인도(DDP)조건이라 함은 매도인이 물품을 수입통관하고, 최종목적지까지 운반하여 운송수단으로부터 양화하지 아니한 상태로 매수인에게 인도하는 거래조건을 말한다. 이 조건은 그 동안 전통적으로 사용되어 온 "Franco" 또는 개정미국외국무역정의의 "FOB(named inland point in country of importation)" 계통의 거래조건 중에서 매도인이 수입관세를 포함하여 수입국내의 지정장소까지 모든 비용과 위험을 부담하는 조건이다.

DDP 조건은 매도인이 수입허가를 취득하고 수입통관(import clearance)의 절차와 이에 따른 관세, 조세 및 기타 부과금을 부담하고 물품을 지정된 목적지까지 운반하여 매수인에게 인도하여야 한다. 따라서 EXW 조건이 11가지 정형거래조건 중에서 매도인에 대한 최소한의 의무를 나타내는 반면에, DDP 조건은 매도인에 대한 최대한의 의무를 나타낸다.

그러나 DDP 조건은 매도인이 수입지에서 직접 또는 간접적으로 수입허가와 통관절차를 이행할 수 없는 경우에는 사용할 수 없으며, 수입지에 매도인의 지점이나 수입대리점이 있을 경우에 사용하기 적합하다.

DDP 조건하에서 물품에 대한 위험과 비용부담의 분기점(critical point)도 물품이 합의된 시기에 지정된 목적지에서 운송수단으로부터 양화되지 아니하고 매수인의 임의처분 하에 적치된(placed at the disposal of the buyer at the named place of destination) 때가 된다.

매도인이 수입지에서의 수입허가(import licence)와 통관비, 수입국내의 최종목적지까지의 반입운송비(on-carriage)를 모두 부담하여야 한다.

DDP 조건하에서는 매도인이 수출허가뿐만 아니라 수입허가 또는 공적인 승인도 취득하여야 하기 때문에, 매수인은 매도인의 비용부담으로 이를 취득하는데 필요한 협조를 다하여야 한다.

DDP 조건하에서는 전술한 EXW 조건에서와 반대로 물품의 수출통관, 제3국으로의 통과 및 수입통관은 모두 매도인이 이행하여야 한다. 그러므로 매도인은 자신의 요청에 따라 매수인이 수입국가에서 발급되는 서류 또는 이와 동등한 전자통신문을 취득하기 위하여 협조를 제공하면, 이에 소요된 모든 비용과 위험을 부담하여야 한다.

『수상운송전용조건』

2.8 FAS ; FREE ALONGSIDE SHIP (…named port of shipment, 선측인도조건)

선측인도(FAS)조건이라 함은 매도인이 물품을 수출통관하여, 선적항에서 본선의 선측(부두 상 또는 부선 내)에 인도하는 거래조건을 말한다. 따라서 물품이 선적항의 본선 선측에서 인도된 때부터 물품에 대한 모든 비용과 멸실 또는 손상의 위험은 매수인이 부담하여야 한다.

"본선의 선측(alongside the vessel)"이라 함은 본선이 부두에 접안하고 있든 외항에 정박하고 있든 이를 불문하고 본선이 상용하는 양화기(winch), 양화구(tackle), 기타의 선적용구가 도달할 수 있는 장소를 말한다. 이러한 의미의 선측은 물품인도의 이행장소가 되고 당사자가의 책임분기점이 된다. 본선이 외항에 정박하고 있을 때에는 매도인은 본선이 있는 곳까지의 부선료(lighterage)를 부담하여야 한다.

FAS 조건은 본선에 적재하는데 비용이 많이 드는 원목, 원면, 곡물 등의 대량화물(bulky cargo)의 거래에 주로 사용된다.

FAS 조건하에서 매도인은 선측인도를 증명할 수 있는 부두수령증(dock's receipt), 본선수령증(mate's receipt) 또는 이와 동등한 전자통신문을 제공하여야 하며, 자신의 위험과 비용부담으로 수출허가와 기타 공적인 승인을 취득하고 수출통관절차를 이행하여야 한다. FAS 조건하에서 매수인은 자신의 비용부담으로 목적항까지 물품의 운송계약을 체결하고 선박명, 적재장소 및 시기를 매도인에게 통지하여야 한다.

2.9 FOB ; FREE ON BOARD(…named port of shipment, 본선인도조건)

본선인도(FOB)조건이라 함은 매도인이 물품을 지정된 선적항에서 본선 상에 적재함으로써 위험과 비용이 매수인에게 이전되는 거래조건을 말한다. 즉, FOB 조건은 본질적으로 선적항의 본선상에서 인도를 이행하는 계약조건이므로, 물품이 지정된 선적항에서 본선 상에 적재된 때부터 물품에 대한 모든 비용과 멸실 또는 손상의 위험은 매수인이 부담하여야 한다.

FOB 조건은 단지 해상운송 또는 내수로 운송에만 사용될 수 있다. FOB 조건은 CIF 조건과 더불어 오늘날 국제무역에서 가장 많이 사용되고 있다.

FOB 조건은 다음 세 가지의 특징을 지니고 있다.

첫째, FOB 조건에서는 물품의 선적지가 계약당사자간의 물품에 대한 위험과 비용부담의 분기점이 되고, 선적지에서 물품의 인도가 이루어지므로 선적지매매계약에 속한다.

둘째, FOB 조건은 수상운송만을 전제하기 때문에 수상매매계약에 속한다. 특히 매도인이 선적항에서 매수인에 의하여 지정된 본선의 갑판상에 물품을 적재하여 인도하기 때문에 본선인도계약이라고 한다. 물품에 대한 위험과 비용부담의 책임은 물품이 본선 상에 적재된 때에 매수인에게 이전하게 된다.

셋째, FOB 조건은 매도인의 인도대상이 서류가 아닌 물품의 현실적인 인도(actual delivery)이므로 현물인도매매계약에 속한다. 매도인이 매수인이나 운송인에게 물품의 물리적인 점유를 이전하였을 때에 계약상의 인도의무가 완료된다. 물품의 인도와 대금의 지급은 동시이행조건(concurrent condition)이다. 그러나 매도인과 매수인은 국가를 달리하므로 동시이행조건의 실행은 거의 불가능하다. 그래서 매도인은 CIF 조건에서와 같이 신용장에 따라 선적서류와 상환으로 대금을 회수하는 소위 "화환특약부 FOB" 조건을 택하는 것이 일반화되어 있다.

원래 FOB 계약은 18세기 말부터 19세기 초에 영국에서 발생된 것으로 알려져 있으며, 이는 오늘날 그 고유의미의 FOB와 이를 보완한 추가의무부 FOB로 발전되고 있다.

"고유의미의 FOB"(classical FOB)라 함은 매도인이 매수인에 의하여 지정된 선박에 물품을 적재하면 그 후 모든 비용과 위험은 매수인에게 이전하는 것을 말한다. 매도인은 물품을 본선에 적재할 의무만 있으며, 그 물품의 수출허가와 통관절차 그리고 목적항까지의 운송 및 보험계약은 모두 매수인의 의무에 속하는 것이 주요 특징이다.

"추가의무부(FOB with additional duties) FOB"는 운송 및 보험계약 등을 매수인의 부담으로 매도인이 직접 이행하는 것이다. 그리고 미국에서는 영국의 FOB를 도입하여 해상운송뿐만 아니라 광대한 내륙운송에도 사용할 수 있도록 이를 다양화하여 현재 1990년 개정미국외국무역정의(Revised American Foreign Trade Definitions)상에는 여섯 가지의 FOB를 규정하고 있다.

영국계의 고유의미의 FOB와 추가의무부 FOB 조건 및 미국계의 여섯 가지 FOB 조건들은 Incoterms FOB 조건의 성립에 기초를 이루었으나, Incoterms와 정확히 일치하지는 아니하므로 이들 지역으로 FOB 무역계약을 체결할 때에는 항상 유의하여야 한다.

인코텀즈상의 FOB 조건은 매도인이 선적항에서 지정된 본선의 갑판상(on board)에 물품을 인도함으로써 그 의무를 다하는 것이기 때문에, 이 조건하에서 물품에 대한 위험과 비용부담의 분기점(critical point)은 물품이 본선에 적재 된 때가 된다.

매도인은 물품의 수출허가와 통관절차의 비용을 포함한 FAS 조건에서 부담하는 비용 이외에 물품의 선적전 검사(PSI)의 비용, 본선적재비(loading costs) 등을 부담하여야 한다. 매수인은 물품이 본선 적재 된 후에 갑판상으로부터 물품에 대하여 발생하는 모든 위험과 비용을 부담하여야 한다. 물품의 창내적부 · 정돈비(stowage and trimming charge)를 비롯하여 목적항까지의 운임과 보험료, 수입관련의 비용 일체를 부담하여야 한다.

Incoterms의 FOB 조건하에서 매도인의 의무를 본선의 창내까지 확장하려면, 계약 시 "FOB stowed" 또는 "FOB stowed and trimmed(창내적부 · 정돈필 본선인도)"로 약정하여야 한다.

FOB 조건하에서 매수인은 선적항에서 물품이 본선의 갑판상에 인도되면 이를 수령할 의무가 있다. 따라서 매수인은 물품을 수령하지 아니하였다고 하여 대금지급의 의무가 면제되는 것은 아니다.

FOB 조건하에서는 물품이 "지정된 선적항에서 본선상에 적재 된 때" 그 물품의 멸실 또는 손상의 모든 위험도 매수인에게 이전한다. 여기서 물품의 멸실 또는 손상의 "위험(risks)"이라 함은 우연한 사고의 위험만을 의미하므로, 물품의 부적합한 포장이나 화인과 같이 당사자의 과실에 의하여 야기된 멸실 또는 손상의 위험은 포함되지 아니한다.

위험이 매수인에게 이전된 후에도 물품이 계약조건과 불일치하게 인도된 사실에 기인하여 손해가 발생한 경우에는, 매도인은 이러한 손해에 대하여 책임을 부담하여야 한다. 다만, 물품이 계약에 충당되기(appropriated)까지는 위험은 이전하지 아니한다. 예컨대 물품이 같은 품목으로 여러 매수인에게 인도되도록 통합되어 있는 불특정물(unascertained goods)인 경우에는, 그 물품이 계약물품으로서 다른 물품과 명확히 구분되거나 기타의 방법으로 특정되어야 계약에 충당된 것으로 본다.

FOB 조건하에서 매도인이 본선상에 물품을 인도하면, 운송인은 매도인에게 통상적으로 운송서류가 되는 물품수령증을 교부한다. 운송서류는 운송계약의 증거가 될 뿐만 아니라, 운송인에 대한 물품인도의 증거가 된다. 매수인의 요청이 있으면 매수인의 위험과 비용부담으로 운송서류를 취득하는데 협조를 다하여야 한다. 화환신용장거래에서는 유통성 선화증권을 요구하는 경우가 많이 있다. 매수인은 인도의 적절한 증거가 되지 못하는 서류, 예컨대 물품 또는 포장의 하자나 수량부족에 관한 부기가 있는 고장부서류(unclean documents)에 대하여도 이를 수리할 의무는 없다.

FOB 조건하에서는 물품의 수입통관과 제3국으로의 통과를 위하여 필요한 서류 또는 이와 동등한 전자통신문을 취득하는데 매도인이 협조를 제공하도록 하고 있다. 매수인은 이러한 매도인의 협조에 소요된 모는 비용과 위험을 부담하여야 한다.

2.10 CFR ; COST AND FREIGHT (…named port of destination, 운임포함인도조건)

운임포함인도(CFR)조건이라 함은 매도인이 목적항까지 물품을 운반하는데 필요한 운임(freight)을 지급하되, 물품에 대한 모든 위험과 추가적인 비용은 물품이 선적항에서 본선 상에 적재 된 때에 매도인으로부터 매도인에게 이전하는 거래조건을 말한다. 이 조건은 FAS, FOB, CIF 조건과 함께 단지 해상운송 또는 내수로 운송에만 사용될 수 있다.

CFR 조건은 선적항이 지정되지 아니하고 매도인이 목적항까지 운송계약을 체결하고 운임을 지급한다는 점에서 FOB 조건과는 다르지만, 기타 추가적인 비용과 물품의 멸실 또는 손상의 모든 위험은 물품이 선적항에서 본선적재 된 때에 매수인에게 이전한다는 점에서 FOB 조건과 같다.

CFR 조건은 매도인이 목적항까지의 보험료를 부담하지 아니한다는 점에서 CIF 조건과 다르지만, 지정된 목적항까지의 운임이 포함된 복합가격을 형성하고 있으며, 또 서류에 의한 상징적 인도조건이라는 점에서 CIF 조건과 본질적으로 같은 것이다.

CFR 조건하에서 매도인은 물품이 지정된 선적항에서 본선적재 된 때까지 물품의 멸실 또는 손상의 모든 위험을 부담하기 때문에, 위험부담의 분기점(critical point)도 선적항에서 물품이 본선 상에 적재 된 때가 된다.

CFR 조건하에서 매도인은 선적항에서 물품을 본선의 갑판상에 인도한 때까지의 물품에 관련된 모든 비용에 목적항까지의 운임을 추가하여 부담하여야 한다. CFR 조건에 있어서 비용부담의 분기점은 장소적인 측면에서 보면 선적항에서 물품이 본선의 갑판상에 인도된 때가 되지만, 비용한도의 측면에서 보면 매도인이 FOB 조건하에서 모든 비용에 목적항까지의 운임을 합산한 금액을 지급한 때가 된다.

즉, 매도인은 물품을 본선에 적재하기까지의 일체의 수출비용(export costs), 본선의 창내적부·정돈비(stowage and trimming charge)를 포함하여 선적항으로부터 목적항까지의 운송계약에 따른 비용(costs)과 통상의 해상운임(ocean freight), 정기선운송의 경우 함께 부과되는 목적항에서의 양륙비(unloading costs) 등을 부담하여야 한다.

CFR 조건하에서 매도인은 목적항까지의 무고장 운송서류(유통성 선화증권, 해상화물운송장, 내수로운송서류 등)를 지체 없이 제공하여야 하며, 물품의 본선적재비(loading costs) 뿐만 아니라 운송계약의 체결시 정기선 조건에 의하여 운임에 포함될 수 있는 목적항에서의 양륙비(unloading costs)도 지급하여야 한다. 정기선운송의 경우 목적항에서의 양륙비가 운임에 포함되어 있으면 이것도 지급하여야 한다.

CFR 조건의 특징은 매도인이 지정된 목적항까지의 운송계약을 체결하고 운임 (freight)을 지급하는 것이다. 이때 운송계약은 통상적인 항로(usual route)와 통상적인 조건(usual terms)으로 계약물품의 운송에 일반적인 형태의 항해선박(seagoing vessel)이나 내수로 선박으로 체결하여야 한다.

2.11 CIF ; COST, INSURANCE AND FREIGHT (…named port of destination, 운임·보험료포함인도조건)

운임보험료포함인도(CIF)조건이라 함은 매도인이 목적항까지 물품을 운반하는데 필요한 운임(freight)과 보험료(premium)를 지급하되, 물품에 대한 모든 위험과 추가적인 비용은 물품이 선적항에서 본선적재 된 때에 매수인에게 이전하는 거래조건을 말한다.

특히 CIF 조건은 매도인이 단지 런던보험시장의 협회적화약관(ICC)이나 이에 준하는 약관의 최소담보조건(FPA 또는(C)으로 보험에 부보할 것과 매도인이 물품의 수출통관을 이행할 것을 요구하고 있으며, 또 이 조건은 단지 해상운송 또는 내수로 운송에만 사용될 수 있다는 점에 유의하여야 한다.

CIF 조건은 매도인이 지정된 목적항까지 운송계약과 보험계약을 체결하고 운임과 보험료를 지급한다는 점에서 FOB 조건과 구별되지만, 기타 추가적인 비용과 물품의 멸실 또는 손상에 대한 모든 위험은 물품의 선적시에 매수인에게 이전한다는 점에서는 이와 동일하다. 매도인이 목적항까지의 운임이외에 보험료도 부담한다는 점에서 CFR 조건과 구별된다.

CIF 조건은 다음과 같은 여러 가지의 복합적인 특징을 지니고 있다.

첫째, CIF 조건은 수상운송만을 전제하기 때문에 수상매매계약에 속한다.

둘째, CIF 조건은 선적지매매계약에 속한다. 따라서 매도인은 선적 후 물품이 멸실되어 목적항에 도착하지 아니하였더라도, 선적항에서 계약에 일치한 물품의 선적을 입증하는 선적서류를 제공하는 한 대금을 지급받을 수 있다.

셋째, 매도인의 인도방식은 물품의 현실적 인도(actual delivery)가 아닌 서류에 의한 상징적 인도(symbolic delivery)의 방식을 취한다는 특징을 지니고 있다. 즉, 매도인의 위험부담은 FOB 조건과 마찬가지로 선적시에 끝나지만, 물품에 대한 권리는 그 물품을 상징하는 서류를 제공함으로써 매수인에게 이전되며 이때부터 매수인은 대금지급의 의무를 진다. 물품이 정상적으로 인도되었더라도 계약에 불일치한 선적서류(shipping documents)를 제공하게 되면, 매도인은 매수인으로부터 대금을 지급받을 수 없다.

넷째, CIF 조건은 매도인의 비용구간인 선적 시까지의 물품가격에 매수인의 비용구간인 목적항까지의 운임과 보험료가 합산되어 있는 복합가격으로 구성된 매매조건이다.

CIF 조건을 사용할 경우 매도인은 다음과 같은 이점을 누릴 수 있다.

첫째, 매도인은 선적항에서의 선적과 동시에 약정품에 대한 모든 위험으로부터 면제된다.

둘째, 매도인은 목적항에 물품이 도착하기 전에 선적서류와 상환으로 미리 물품대금을 회수하여 현금화할 수 있다.

셋째, 국내에 경쟁력 있는 선사나 보험회사가 있을 때 유리한 비용조건으로 운송계약과 보험계약을 체결할 수 있다.

넷째, 수출국가의 차원에서도 CIF 조건은 FOB 조건에 비하여 보험료와 운임만큼 외화수입을 가져올 수 있다.

CIF 조건하에서 매도인은 물품을 본선에 적재하기까지의 일체의 수출비용(export costs), 본선의 창내적부·정돈비(stowage and trimming charge)를 포함하여 선적항으로부터 목적항까지의 운송계약에 따른 비용(costs)과 해상운임(ocean freight), 정기선 운송의 경우 함께 부과되는 목적항에서의 양륙비(unloading costs) 등을 부담하여야 하며 목적항까지의 해상적화보험에 부보한 보험료(premium)도 부담하여야 한다.

자신의 비용부담으로 평판이 좋은 보험자와 목적항까지의 운송에 수반되는 보험계약을 체결하고 보험료를 지급하여야 한다. 보험계약은 런던보험시장의 협회적화약관(ICC)이나 이와 유사한 약관의 최소담보조건을 택하여 적어도 물품대금의 110% 한도까지 계약상의 통화단위로 부보되어야 한다. 매수인의 요구가 있을 경우에는 매수인의 비용부담으로 가능한 한 전쟁, 동맹파업, 소요 및 폭동위험에도 부보하여야 한다.

또 매도인은 무고장 운송서류(유통성 선화증권, 해상화물운송장, 내수로 운송서류 등) 및 양도 가능한 보험서류(보험증권, 보험증명서 등)를 지체 없이 제공하여야 한다. 나아가 매도인은 물품의 본선적재비(loading costs) 뿐만 아니라 운송계약의 체결시 정기선조건에 의하여 운임에 포함될 수 있는 목적항에서의 양륙비(unloading costs)도 지급하여야 한다.

CIF 조건에서 요구되는 최소한의 부보조건은 다음과 같다.

첫째, 보험증권의 양식은 매수인이나 피보험이익을 갖고 있는 기타 모든 자가 보험자로부터 직접 보험금을 청구할 수 있는 양도 가능한 것이어야 한다.

둘째, 매도인은 협회적화약관중의 "최소담보조건(minimum cover)"으로 부보하면 충분하다. 런던보험업자협회의 협회적화약관(Institute Cargo Clauses : ICC)의 기본약관은 (A), (B) 및 (C) 조건으로 구성되어 있으며, 그 중에 (C) 조건이 최소담보조건이다.

셋째, 보험담보의 기간은 물품이 선적항에서 본선이 적재된 때부터 목적항에 도착한 때까지 계속되도록 부보하여야 한다.

넷째, 매도인은 매수인의 요청과 비용부담이 있을 경우에는 전쟁위험, 동맹파업·소요·폭동위험 등과 같은 추가적인 보험에 부보할 수 있다.

다섯째, 최소한의 부보금액은 매매계약에 약정된 통화로 물품대금의 110% 이상이어야 한다. 여기서 10%의 가산금은 정상적인 거래에서 매수인이 누릴 수 있는 불품에 대한 최소한의 희망이익이다.

CIF 조건하에서 매수인은 목적항에서 수입국내의 도착지점까지 반입운송비(on-carriage)에 대한 책임을 부담하여야 한다. 목적항에서의 반입운송도 매도인에 대한 의무사항(obligation to the seller)이 아니라, 이것은 단지 매수인 자신의 이익을 위하여 필요한 책임일 뿐이다.

CIF 조건하에서 매도인은 선적항의 본선상에 물품을 인도하고 목적항까지의 운송계약을 입증하는 통상적인 운송서류(usual transport document)를 취득하여 매수인에게 제공할 의무가 있다. 운송서류는 유통성 선화증권(negotiable bills of lading)이나 비유통성의 정기선 화물운송장(liner waybills), 해양화물운송장(ocean waybills), 화물부두수령증(cargo quay receipts), 해상화물운송장(sea waybills) 등이 사용되고 있다.

매수인이 운송중에 화물을 제2의 매수인에게 매각하려면, 매도인에게 유통성 선화증권 등 유통성을 부여한 운송서류를 제공하도록 요구하여야 할 것이다.

핵심문제

1. 수상운송에만 사용가능한 조건이 아닌 것은?

① EXW ② FAS
③ CIF ④ CFR

2. 다음의 Incoterms 내용 중 옳은 것은?

① CISG에 체약한 국가의 상인은 Incoterms에 의해 거래를 하여야 한다.
② Incoterms는 임의규정이 아니고 강제규정이다.
③ Incoterms는 강제규정이기 때문에 계약당사자의 계약서상에 적용규정을 명시할 필요가 없다.
④ Incoterms는 당사자간 합의에 의해 계약체결시 배제할 수도 있다.

3. 다음 중 물품에 대한 위험부담의 분기점이 수출국내의 어느 지점이 되는 정형거래조건만으로 묶여진 것은?

① DDP, FCA, FOB ② DAP, CIF, FOB
③ DAT, DAP, CFR ④ CFR, FAS, CIF

4. Incoterms® 2010상 복합운송에 사용할 수 있는 정형거래조건이 아닌 것은?

① CPT ② CIP
③ CIF ④ FCA

5. 다음 중 복합운송(multimodal transport)이 가능한 정형무역거래조건(trade terms)이 아닌 것으로 묶여진 것은?

① CFR, CIF ② CPT, DDP
③ FCA, CPT ④ FCA, CIP

6. CPT 조건과 CFR 조건을 비교 설명한 것 중 옳은 것은?

① CFR 조건은 항공운송형태의 가격조건이다.
② CPT 조건하에서는 물품이 수화인에게 인도되는 시기에 위험이 이전한다.
③ CPT 조건은 항공이나 철도운송에도 이용할 수 있다.
④ 화물을 수출자 소재지의 운송터미널에서 운송인에게 인도하려는 경우에는 CFR 조건을 이용하는 것이 바람직하다.

7. 다음 중 특약이 없는 한 양륙수량조건으로 이해되는 것은?

① EXW ② FCA
③ DAP ④ CFR

8. 다음의 CIF 변형조건중 추가로 부담해야 할 비용이 옳지 않은 것은?

① CIF & E - 외환비용 ② CIF & C - 거래수수료
③ CIF & I - 이자 ④ CIF cleared - 양륙비용

9. 다음 중 CISG를 제정한 국제기구는?

① ICC ② CMI
③ OECD ④ UNCITRAL

10. 다음 중 Incoterms® 2010상의 FOB 조건하에서 매도인의 의무사항은?

① 운송계약을 체결한다.
② 계약물품을 ICD에서 운송인에게 인도한다.
③ 보험계약을 체결한다.
④ 상업송장을 제공한다.

11. CIP 조건에서 매도인의 원가계산항목에 포함되지 않는 것은?

① 수출통관비용 ② 수입지까지의 보험료
③ 수입통관비용 ④ 수입지내륙운송비

12. Incoterms® 2010에 대한 FAS 조건에 대한 설명 중 옳은 것은?

① 위험부담의 분기점은 본선에 물품의 인도가 완료된 때이다.
② 비용의 분기점은 선측에 물품의 인도가 완료될 때까지이다.
③ 매도인은 해상운송 및 보험계약의무가 전혀 없다.
④ 매수인은 물품을 수출통관하여야 하며 수출허가도 받아야 한다.

13. 다음 중 국제상업회의소와 관계있는 것은?

① Incoterms® 2010
② CISG 1980
③ Warsaw-Oxford rules 1932
④ Revised American Foreign Trade Definition

14. 다음 중 Incoterms® 2010상 CIF 조건에서 물품에 대한 위험의 분기점을 나타내고 있는 것은?

① When the goods have been placed on board.
② When the goods have passed over the ship's rail.
③ When the goods have been taken by the carrier.
④ When the goods have been loaded on deck.

15. CIF에 관한 다음의 설명 중 옳지 않은 것은?

① 보험계약자와 피보험자는 동일하지 아니하다.
② 피보험이익과 청구권은 매수인이 가진다.
③ 물품인도방법이 서류도(Symbolic Delivery)방법이므로 선적서류의 인도로 물품인도의무를 이행한다.
④ 물품에 대한 위험부담의 분기점은 물품이 본선의 난간(Ship's Rail)을 통과한 때이다.

16. 다음은 Incoterms 2000에서 CIF 조건과 DES 조건을 비교하여 설명한 것 중 옳은 것은?

① 매도인과 매수인사이의 비용과 위험의 분기점이 동일하다.
② 수상(水上)운송에서만 사용되는 조건이다.
③ 피보험자가 동일한 조건이다.
④ 선화증권으로 물품을 인도하는 상징적 거래에 사용되는 조건이다.

17. 전통적인 거래조건인 "Franco" 조건은 다음의 어느 조건에 해당하는가?

① DDP ② DES
③ EXW ④ DEQ

18. Incoterms® 2010상 위험부담의 분기점이 동일한 조건이 아닌 것은?

① FOB, CIF ② FOB, CIP
③ CIF, CFR ④ FOB, CFR

19. Incoterms® 2010에 의한 FCA 조건의 설명으로서 옳은 것은?

① 해상운송에 의한 무역거래에만 사용 가능하다.
② 항공운송에는 사용될 수 없다.
③ 수출승인(E/L)과 같은 수출절차는 매수인이 이행한다.
④ RO/RO 하역에도 사용할 수 있다.

20. 다음은 국제간 이용되는 가격조건에 관한 내용이다. 잘못 설명된 것은?
① FOB Vessel은 개정미국외국무역정의에서 사용되는 조건이다.
② FOB Airport는 Incoterms® 2010에서 사용될 수 있다.
③ FOB Vessel 조건에서 위험의 분기점은 물품이 본선에 적재 완료된 시점이다.
④ FOB 조건일 경우 Incoterms상 선박의 수배는 매수인이 행한다.

21. 다음 거래조건 중 그 성질이 다른 하나는?
① EXW ② Loco
③ On spot ④ Franco

22. 다음 가운데 물품에 대한 위험부담의 분기점과 수출입에 수반된 비용부담의 분기점이 상이한 것으로만 나열된 것은?
① CFR, CPT, CIP ② FCA, CFR, CIF
③ CIP, DAT, CIF ④ CPT, CIF, DAP

23. Incoterms® 2010에 의한 정형거래조건별 비용부담의 귀속에 관한 다음의 설명 가운데 옳지 않은 것은?
① DDP 조건에서 수입통관비용은 매도인(seller)이 부담한다.
② FAS 조건에서 수출승인(E/L)에 소요되는 비용은 매수인이 부담한다.
③ CIF조건에서 보험료는 매도인이 부담한다.
④ FCA 조건에서 수출통관비용은 매도인이 부담한다.

24. 다음 중 Incoterms를 제정한 국제기구는?
① ICC ② ILA
③ UNCTAD ④ UNCITRAL

25. 선화증권(B/L)을 포함한 선적서류의 인도로 물품인도의무를 이행하는 서류인도 방법(symbolic delivery)을 취하는 정형거래조건으로 묶여진 것은?
① DAT, DAP ② FCA, CIP
③ CIF, CFR ④ CPT, FOB

26. 물품인도방법으로 서류인도(symbolic delivery)방식이 가능한 조건은?
① FCA ② CFR
③ FOB ④ DDP

27. 다음 중 CIF 가격조건에서 매도인의 의무를 설명한 것 중 옳지 않은 것은?

① 수출지에서 필요한 수출통관 및 허가를 취득해야 한다.
② 계약물품에 대하여 최소한의 적화보험에 부보하여야 한다.
③ 수입지에서 필요한 수입신고서를 매수인에게 제공하여야 한다.
④ 본선에 물품의 적재를 마친 후 선박회사로부터 선화증권을 입수한다.

28. 정형거래조건에 관한 다음의 기술 가운데 틀린 것은?

① Incoterms® 2010에 의하면 CIF 조건에서의 물품에 대한 위험부담의 분기점은 선적항에서 물품이 본선적재 된 때이다.
② 미국에서 흔히 쓰여 지는 "FOB vessel" 조건에서의 물품에 대한 위험부담의 분기점은 선적항에서 물품이 본선에 적재 완료된 때이다.
③ EXW 조건에서는 FAS 조건의 경우와 마찬가지로 수출승인(E/L)과 수출통관 등 수출행정절차 이행은 매도인이 행한다.
④ Incoterms® 2010에 의하면 FOB 조건에서는 물품을 선창(hold, hatch)안에 적입(적부, 적치)하는 비용은 매수인이 부담한다.

29. 다음 중 매도인의 입장에서 가장 부담이 큰 조건은?

① EXW ② CIP
③ DDP ④ DAP

30. 항공운송으로 물품을 운송하기로 한 경우에 사용할 수 없는 조건은?

① CIP ② FCA
③ DAT ④ CIF

31. 매수인이 운송인을 지정할 의무가 있는 거래조건은?

① CIF ② CIP
③ FCA ④ DDP

32. Incoterms® 2010에 의한 무역거래조건 중 위험이전시점과 물품인도시점이 같지 않은 것은?

① CFR ② DDP
③ DAT ④ FCA

33. 다음의 정형거래조건중 물품에 대한 위험부담과 비용부담의 분기점이 동일한 조건은?

① CPT ② CIF ③ FOB ④ CFR

Chapter 4
무역계약의 이행 및 구제방안

1 매도인이 이행하여야 할 주요 의무

매도인은 계약과 CISG에 의하여 요구된 바에 따라 물품을 인도하고, 이와 관련된 서류를 교부하며, 또한 물품에 관한 소유권을 이전하여야 하며(제30조), 그리고 이러한 물품은 계약에서 요구되는 수량・품질・상품명세・포장에 일치하여야 한다(제38조 제1항). 따라서 매도인이 이행하여야 할 의무는 물품인도의무, 선적서류제공의무, 소유권이전의무, 물품의 적합성보장의무로 요약할 수 있다. 본 협약에서 이러한 의무는 각각 별개의 독립적인 의무이다. 이에 비해 우리 민법은 물품에 관한 소유권이전의 방식은 물품의 인도나 서류의 인도에 의하게 되므로 물품인도의무나 서류인도의무는 소유권이전의무의 내용에 포함되어 각각의 의무가 서로 연관성이 있다.

1.1 물품인도의무

1.1.1 물품인도시기

1.1.1.1 인도일자가 지정된 경우

물품의 인도일자가 계약에 의하여 지정되었거나 계약에 의하여 결정될 수 있는 경우, 매도인은 그 일자에 물품을 인도하여야 한다(제33조 제a호). 그리고 통상의 관습에 의하여 일자를 결정할 수 있는 경우에는 그 일자에 물품을 인도하여야 한다(제9조). 이러한 일자는 당사자간의 합의로 변경할 수 있으며(제29조), 또한 불가항력으로 인하여 당해 일자에 물품의 인도가 불가능한 경우에는 사전통지로써 변경이 가능하다(제79조).

1.1.1.2 인도시기가 지정된 경우

물품인도가 계약에 의하여 기간으로 지정되었거나 계약에 의하여 결정될 수 있는 경우, 매도인은 그 기간내이면 구체적인 인도시기에 관하여 언제든지 자신이 선택한 때에 물품을 인도하면 된다(제33조 제b호). 이와 같이 인도일자와 별개로 인도기간에 관하여 규정하면서 구체적인 일자의 선택권을 매도인에게 부여한 것은 국제물품매매에는 수출통관절차, 포장, 운송준비 등 여러 가지 절차가 필요하고 그에 따른 사정변경의 여지가 많으므로 통상 물품인도시기가 기간으로 정해진다는 점과 이러한 경우 매도인에게 구체적인 인도시기의 지정권을 주는 것이 당사자의 의사와 현실적으로 부합한다는 점을 종합적으로 고려한 것이다. 참고로 우리 민법에서는 이러한 경우를 규정하지 않고 있는데 CISG와 마찬가지로 해석된다.

1.1.1.3 기타의 경우

계약에 의하여 인도시기가 전혀 지정되지 아니하고 계약의 해석, 관습 등에 의해서도 인도시기를 지정할 수 없는 경우, 매도인은 "계약체결 후 합리적인 시기내" 물푼을 인도하도록 규정하고 있디(제33조 제c호).

1.1.2 물품인도장소

계약당사자가 인도장소를 지정한 경우에는 약정장소에서 약정된 방법에 따라 물품을 인도하면 된다. 또한 확립된 관습이 있는 경우에는 그 관습에 따르면 된다. 그러나 이와 같은 약정이 없는 경우에는 다음과 같이 본 협약에 따른다.

1.1.2.1 매매계약의 내용에 물품의 운송이 포함되어 있으나 물품의 인도장소에 관하여 약정이 없는 경우:

매도인은 최초의 운송인에게 물품을 인도함으로써 물품인도의무가 이행된다 (제31조 제a호). 여기서 최초의 운송인에게 물품인도는 본 협약이 복합운송인 경우를 가정하고 있다고 해석된다.

1.1.2.2 계약내용에 물품인도장소가 정하여져 있지 아니할 뿐 아니라 물품의 운송도 포함되어 있지 않고, 그리고 계약당사자 쌍방이 계약체결시에 물품이 특정한 장소에 존재하거나 또는 그 장소에서 생산된다는 것을 알고 있었던 경우:

물품의 현재장소가 인도장소가 된다(제31조 제b호). 현재장소에서의 인도의 경우 그 구체적인 인도의 방법으로는 매수인의 처분하에 둘 것이 요구된다. 매수인의 처분하에 둔다는 것은 매수인의 점유취득이 가능한 상태에 두는 것을 말하는 것으로 매도인은 점유이전행위 자체를 할 필요는 없고, 물품을 매수인이 처분할 수 있는 상태에 둠으로써 물품인도에 대한 계약의무를 이행한 것이 된다. 즉, 매도인은 물품을 특정하고 포장하는 등 인도에 필요한 준비를 마친 후 매수인에게 통지함으로써 물품인도의무를 다하는 것이다.

1.1.2.3 위 (1)과 (2)에 해당하지 않는 경우:

계약체결 당시의 매도인의 영업소, 만약 영업소가 없는 경우에는 매도인의 상거래소가 인도장소가 된다(제31조 제c호).

1.1.3 물품인도에 부수되는 의무

매도인은 물품인도에 부수되는 의무로 물품특정의무, 운송주선의무 및 부보에 필요한 정보제공의무를 규정하고 있다(제32조).

1.2 선적서류제공의무

매도인이 물품에 관한 서류를 제공할 의무를 부담하는 경우, 매도인은 계약에서 요구된 시기, 장소 내지 방법으로 그것을 제공하여야 한다(제34조). 그리고 매도인이 약정된 시기 이전에 서류를 제공한 경우, 그 시기까지 매수인에게 불합리한 불편이나 비용을 발생시키지 않는다면, 매도인은 서류의 부적합을 보완할 수 있다고 규정하여 인도기일 이전의 하자있는 물품의 인도는 하자의 보완을 허용한 규정과 균형을 유지하고 있다.

1.3 소유권의 이전

CISG는 매도인의 소유권이전의무를 가장 기본적인 의무로 천명하고 있다. 그러나 이는 소유권에 대한 이론과 그 이전방법에 따라 매우 다양한 내용의 의무를 포함하므로 세계 각국은 각기 서로 다른 법체계와 이론을 가지고 있다. 따라서 소유권의 구성과 소유권이전의 방법을 통일적으로 규정한다는 것이 곤란하므로 소유권이전의무의 구체적인 내용을 통일적으로 규정함이 매우 어렵다. 이러한 문제점을 감안하여 CISG는 소유권이전의무를 매도인의 기본적인 의무로 천명하면서도 그 구체적인 내용에 대해서는 언급을 하지 않음으로써 개별적인 구체적인 경우에 있어서의 의무내용을 적용준거법의 법률에 따르도록 하고 있다. 그러므로 매도인은 계약의 준거법이 요구하는 방식과 내용에 따라 매수인에게 소유권을 이전해 주어야 한다.

1.4 물품의 적합성 보장의무

1.4.1 수량

매도인은 계약에서 정한 수량의 물품을 매수인에게 인도하여야 한다. 매수인은 초과수량의 인도를 수령하거나 거절할 수 있다. 만약 초과수량의 물품을 인도한 경우, 매수인은 계약상의 정해진 비율에 따라 대금을 지급하여야 한다(제35조 제1항, 제51조 제1항, 제52조 제2항). 한편 우리나라에서는 약정품의 수량이 부족한 경우, 매수인은 대금의 감액을 청구할 수 있다(민법 제574조). 수량이 초과한 경우, 원칙적으로 대금증액청구권은 인정되지 않고(민법에는 규정되어 있지 않음), 초과 인도된 부분에 대하여 매수인은 보관, 공탁 또는 경매의 의무가 있다(상법 제71조).

1.4.2 품질

물품의 품질은 계약적합의무의 가장 핵심적인 부분을 구성한다고 할 수 있다. 매도인은 계약에서 명시적으로 요구되는 품질의 물품을 인도하여야 한다(제35조 제1항). 그러나 계약에서 품질을 명시적으로 정하지 아니한 경우의 판단기준으로 물품의 통상사용목적 적합여부, 특별사용목적 적합여부, 그리고 견본 및 모형과 일치여부 등 3가지 기준을 제시하고 있다.

1.4.2.1 인도된 물품이 통상사용목적에 적합하지 아니한 경우

매도인은 지정된 종류의 물품이 통상 사용되는 목적에 적합한 물품을 인도하여야 하며 이에 위반한 경우, 계약적합의무를 이행하지 아니한 것으로 된다(제35조 제2항 제a호). 통상 사용되는 목적에 적합하다는 것은 그러한 종류의 물품을 사는 사람들이 일반적으로 그러한 물품을 가지고 있으리라고 기대하는 성능과 품질을 가지고 있다는 것을 의미한다.

1.4.2.2 인도된 물품이 계약체결시 매도인에게 알려진 특별사용목적에 적합하지 아니한 경우

매도인은 계약체결 당시 매도인에게 묵시적 또는 명시적으로 알려진 특별사용목적에 적합한 물품을 인도하여야 한다(제35조 제2항 제b호). 즉, 비록 계약에서 품질이 명시적으로 나타나진 않았다 할지라도 매수인이 그 용도를 표시한 경우 매도인은 그 용도에 적합한 물품을 인도할 의무를 부담한다. 특별사용목적은 매수인의 특별한 용도를 의미하는 것으로 통상사용목적과는 명백히 구별된다. 그러나 매수인이 물품의 특별사용목적을 알렸더라도 상황에 비추어 매수인이 매도인의 기술과 판단에 의존하지 아니한 경우 또는 의존하는 것이 불합리한 경우에는 매도인이 특별사용목적에 적합한 물품을 인도하지 않더라도 부적합물품의 인도를 이유로 한 책임을 지지 아니한다(제35조 제2항 제b호). 매도인은 매수인이 자신의 기술과 판단을 신뢰하지 않았거나 또는 신뢰하는 것이 불합리했다는 것을 입증할 책임을 진다.

1.4.2.3 견본 또는 모형에 적합하지 아니한 경우

견본 또는 모형에 의한 매매에 있어서 매도인은 제시된 견본 또는 모형과 동일한 품질의 물품을 인도하여야 한다. 여기서 견본이란 당해 매매목적물중에서 꺼낸 것을 의미하는데 비하여, 모형이란 매매목적물이 아닌 물품으로서 검사를 위해 제시된 것을 의미한다.

1.4.3 포장

매도인은 계약으로 정해진 방법으로 포장을 해야 하며 포장방법에 관한 합의가 없는 경우에는 같은 물품에 통상 사용되는 방법으로 포장하여야 하며, 그러한 방법이 없는 경우에는 물품의 보존과 보온에 적당한 방법으로 포장하여야 한다(제2항 제d호).

1.4.4 적합성의 결정시기

매도인은 원칙적으로 물품에 대한 위험이전 당시에 존재하는 물품과 계약간의 부적합에 대해서만 책임을 부담한다. 위험이전 당시에 부적합이 존재하는 한 비록 그 사실이 위험이전 이후에 명백히 되는 경우에도 매도인은 그에 따른 책임을 부담한다(제36조 제1항). 다만, 위험이전 이후에 부적합이 발생한 경우라도 그것이 매도인의 의무위반에 기인한 경우에는 매도인은 그에 대한 책임을 진다(제36조 제2항). 매도인의 의무위반에 기인한 경우란, 매도인이 일정기간 동안 물품이 통상사용목적 또는 특별사용목적에 적합한 상태를 유지한다고 보증하였으나 그 기간내에 물품이 부적합하게 되는 경우와 같이 위험이전 이후의 부적합이 매도인의 의무위반을 구성하는 경우를 의미한다.

1.4.5 부적합의 보완

인도시기 이전에 물품을 인도한 경우, 매도인은 그 인도시기까지는 계약부적합을 보완할 수 있다. 그러나 이 경우 매수인에게 불합리한 비용지출과 불편을 부담하게 해서는 안 된다(제37조).

1.4.6 계약적합의무의 면책

묵시적 계약적합의무에 관한 규정은 당사자가 달리 합의한 경우에는 적용되지 아니한다. 또한 매수인이 체결 당시에 물품의 부적합을 알았거나 알 수 있었을 경우 이러한 악의의 매수인은 매도인에게 계약부적합에 대한 책임을 물을 수 없다(제35조 제3항). 한편 특별사용목적에 대한 적합의무가 매수인이 매도인의 기술과 판단에 의존하지 아니한 경우에 면책된다.

본 협약은 이처럼 묵시적 계약적합의무의 면책에 대하여만 규정하고 있고 명시적 계약적합의무의 면책에는 언급이 없다. 이러한 경우의 면책여부는 계약의 합리적 해석을 통하여 해결될 문제이다.

2 매수인이 이행하여야 할 주요 의무

매수인은 계약 및 CISG에 의해 요구되는 바에 따라 물품대금을 지급하고 물품을 수령할 의무를 부담한다(제53조). 그리고 매수인은 물품을 검사하고(제38조), 물품의 불일치를 발견하였을 경우 통지하여야 한다(제39조). 이러한 매수인의 의무는 각국의 입법 예와 해석론에 있어서 논란의 대상이 되어온 매수인의 물품수령의무를 명문화함으로써 당사자간의 협조관계를 강조하고 있다.

2.1 대금지급의무

매수인의 대금지급의무는 매도인의 소유권이전의무에 상응하는 것으로 매도인의 의무중 가장 기본적인 의무이다. CISG는 대금의 결정방법, 지급시기 및 지급장소 등에 관하여 규정을 두고 있으나 구체적인 대금지급방법에 관하여서는 아무런 규정을 하지 않아 당사자의 합의와 무역거래관행에 의하여 대금이 결제될 것을 예정하고 있다.

2.1.1 대금의 결정방법

물품대금은 당사자의 합의에 의하여 정하여 진다. 그러나 계약이 유효하게 성립되었으나 그 대금을 명시적 또는 묵시적으로 지정하지 아니하거나 또는 이를 결정하기 위한 조항을 두지 아니한 경우, 계약당사자는 반대의 어떠한 의사표시가 없는 한 계약체결시에 관련거래와 유사한 사정에서 매각되는 동종의 물품에 대하여 일반적으로 청구되는 대금을 묵시적으로 참조하는 것으로 본다(제55조).

한편 대금이 물품의 중량에 따라 지정되는 경우, 그 중량의 의미가 불분명하면 그 대금은 순중량에 의하여 결정되어야 한다(제56조).

우리 민법에서 매매계약은 매매대금과 매매목적물을 포함한 매매계약 내용에 관한 의사의 객관적 합치가 이루어지는 경우에 한하여 성립되므로 가격이 정하여 지지 아니하는 매매계약은 성립될 여지가 없다. 다만, 물품의 중량에 따라 대금을 정하기로 한 경우는 본 협약이 해석의 기준이 되리라 생각된다.

2.1.2 대금지급시기

매수인은 계약에서 정한 대금지급시기에 대금을 지급하여야 한다. 그러나 어느 특정한 지급시기가 지정되지 않았다면 매수인은 매도인이 계약과 CISG에 따라 물품 또는 선적서류를 매수인의 처분하에 인도한 때에 대금을 지급하여야 한다(제58조 제1항). 따라서 대금지급시기에 관하여 특별한 언급이 없는 한 물품 또는 물품양도증서와 대금지급은 동시이행조건이다.

한편 CIF 계약에서 대금지급의무는 서류교부시에 발생하므로 서류를 교부받은 매수인은 물품이 계약명세, 품질 또는 수량과 상이한지 확인하기 위하여 그가 물품을 검사할 때까지 대금지급을 거절할 권리가 없다. 또한 물품의 멸실이나 손상이 매수인으로 하여금 대금지급의무를 면제시키지 않는다.

FOB 계약에서 매수인은 매도인이 물품인도의무를 이행하면 이와 동시에 대금을 지급할 의무를 부담한다. 즉, 매수인은 매도인이 물품인도의 증거로서 본선수령증을 제공할 때 이와 상환으로 대금을 지급한다. 그러나 오늘날 전문운송인(common carrier)에 의한 운송의 일반화 또는 외국환관리규정상의 문제 등으로 인하여 동시이행조건의 대금결제는 불가능하다. 따라서 CIF 계약과 마찬가지로 매도인이 신용장의 조건에 따라 환어음과 선적서류를 준비하여 거래은행과 화환취결을 통하여 대금을 회수하는 화환특약부 FOB 계약이 오히려 일반적이다. 하지만 CIF 계약과는 달리, FOB 계약에서 매수인의 대금지급의무는 물품의 본선인도시에 발생하며, 다만 대금지급시기가 특약에 의해 그만큼 연기되는 것에 불과하다.

2.1.3 대금지급장소

매수인이 다른 약정장소에서 대금을 지급할 의무가 없다면 매수인은 매도인의 영업장소에서, 또는 대금지급이 물품의 제공 또는 서류의 교부와 상환으로 이루어지는 경우에는 그 제공이 이루어지는 장소에서 대금을 지급하여야 한다(제57조 제1항).

한편 한국에서는 대금지급장소에 관한 특약이나 관습이 없다면, 지참주의(持參主義) 원칙에 의해 매도인의 영업장소에서 지급하는 것이 원칙이다(민법 제467조 제2항). 그러나 일반거래의 사정과 당사자의 의사를 추측해서 매매목적물의 인도와 동시에 대금을 지급하여야 할 경우에는 그 인도장소에서 대금을 지급하여야 한다(민법 제586조). 따라서 우리 민법은 본 협약과 그 기본방향이 유사하다고 할 수 있다.

2.2 물품수령의무

매수인은 계약과 CISG가 정하는 바에 따라 매매목적물을 수령할 의무를 부담한다. 이러한 물품인도수령의무에는 매도인의 물품인도를 가능하게 하기 위하여 합리적으로 요구되는 조치를 수행할 의무, 즉 매도인의 물품인도에 관련된 협력의무가 포함된다(제60조 제a호). 여기서 합리적으로 기대할 수 있는 모든 행위란 매수인이 물품을 수령하기 위하여 대리인을 대기시키거나, 또는 CISG에서 규정하고 있는 매수인이 매도인에게 하여야 할 여타의 협조를 의미한다. 그리고 매수인은 물품을 수령할 의무를 부담한다(제60조 제b호). 즉, 계약상 매도인이 매도인의 영업소 또는 기타의 장소에서 물품을 매수인의 처분하에 둠으로써 인도의무를 다하는 경우, 매수인은 이러한 물품을 수령할 의무가 있다. 매수인은 물품을 수령함으로써 매도인의 계속적인 이행의 제공으로 인한 비용지출을 방지하여야 한다.

한편 한국에서는 채권자가 이행을 받을 수 없거나 받지 아니한 때에는 이행의 제공이 있는 때부터 지연책임이 있다(민법 제400조). 또한 일정한 채권자의 책임을 규정하고 있으나(제401조, 제403조). 매수인의 목적물 수령의무를 인정하고 있는 규정은 없다. 따라서 민법의 해석상 매수인에게 물품인도의 수령의무가 있는지에 대한 학설은 대립하고 있으며, 이에 대한 판례도 아직 없다.

매수인의 물품인도의 수령의무에 관한 규정은 각국마다 상이한 면을 보이고 있으며, 따라서 그 효과의 확보에 관해서는 국제사법의 측면에서 소송수행의 곤란이 있고, 특히 우선적 급부의무를 부담하는 매도인이 매수인에게 대금지급청구가 가능한 요건 내지 효과에 관해서 매우 곤란한 문제가 발생할 수 있다.

2.3 물품검사의무

매수인은 물품을 검사하고, 물품의 부적합을 발견하였을 경우 이를 통지하여야 한다. 여기서의 검사는 물질적 부적합의 검사를 의미한다. 그러나 CISG에서는 검사가 행해지는 장소에 관해서는 규정하고 있지 않다.

2.3.1 검사시기

매수인은 상황에 따라 실행 가능한 최단기일내에 물품을 검사하도록 하여야 한다(제38조 제1항). 여기서 검사의 기준은 상황에 따라 실행 가능한 검사이어야 하나 이는 구체적 상황에 따라 따르다. 즉, 개별적인 거래의 내용과 물품의 성질, 거래의 관행, 검사의 장소・시설・능력, 당해 물품검사에 소요되는 통상적인 기간, 기타 모든 주변사정을 고려하여 객관적으로 결정하여야 한다.

계약이 물품의 운송을 수반하는 경우 물품이 도착지에 도착할 때까지 검사는 연기될 수 있다(제38조 제2항). 이는 일반적으로 매수인은 물품이 도착한 후가 아니면 실질적인 검사를 할 합리적인 기회를 가질 수 없기 때문이다. 물품이 매수인에 의한 검사의 상당한 기회도 없이 매수인에 의하여 운송중에 목적지가 변경되거나 또는 운송되고, 또한 계약체결시에 매도인이 그러한 변경이나 전송의 가능성을 알았거나 또는 알았어야 하는 경우에는, 검사는 물품이 새로운 목적지에 도착한 이후까지 연기될 수 있다(제38조 제3항).

2.3.2 통지시기

매수인이 부적합을 발견하였거나 또는 발견하였어야 한 후 합리적인 시기내에 매도인에게 부적합의 성격을 명시하여 통지하지 아니한 경우 매수인은 부적합을 채용할 권리를 상실한다(제39조 제1항). 여기서 부적합을 발견할 수 있었을 때란 매수인과 비슷한 지위에 있는 자로서 그와 같은 입장에 있었다면 응당 발견할 것으로 판단되는 시기를 말한다. 만일 매수인이 통지를 태만히 하면, 부적합을 채용할 권리를 상실한다. 즉, 매수인은 그 부적합에 대하여 손해배상청구, 물품의 보완청구, 계약해제 또는 대금의 감액청구가 불가능하다.

만약 매매목적물에 즉시 발견할 수 없는 부적합이 있는 경우에는 하자발견을 위한 합리적인 기간이 보다 길어지게 될 것이지만 그 합리적인 기간은 아무리 늦어도 매수인이 물품을 실제로 수령한 날짜로부터 2년을 넘지 못한다(제39조 제2항).

한편 우리나라에서는 합리적인 기간을 기준으로 하고 있는 협약과는 달리 하자통지의 기간을 구체적으로 명시하여 즉시 발견할 수 있은 하자의 경우에는 매수인이 물품을 수령한 즉시 통지할 것을 규정하고, 즉시 발견할 수 없는 하자의 경우에는 수령 후 6개월내에 통지할 것을 규정하고 있다(상법 제69조 제1항).

2.3.3 통지의 방법

매수인의 부적합통지의무이행에는 특별한 형식이 요구되지는 않으므로 상황에 상응한 적절한 방법으로 하면 된다(제27조). 그러므로 즉시 발견할 수 있는 하자이든 숨은 하자이든 그 통지에는 발견할 부적합은 물론, 발견할 수 있었던 것을 포함하여 매도인에게 부적합의 특징, 성질을 명확히 지적할 필요가 있고(제39조 제1항) 아울러 부적합통지와 매도인 또는 그 대리인이 그 물품부적합을 확인하게끔 그 취지도 최고하여야 한다.

우리 상법의 통지방식에는 제한이 없고 서면, 구두, 전화로도 가능하며 통지는 매도인이 사후대책을 강구할 수 있도록 하자의 종류와 수량부적합 정도를 알리면 충분하며 모든 사항을 구체적으로 상세하게 통지할 필요는 없다고 해석되므로, 협약에서 통지는 우리 상법에 비해 그 방법이 보다 엄격하다고 할 수 있다.

3 매도인의 계약위반에 따른 매수인의 구제방안

CISG는 매도인의 계약위반에 따른 매수인의 일체의 구제수단을 통합하여 규정하고 있다. 또한 물품의 부적합에 따른 매도인의 담보책임을 따로 규정하지 아니하고 매도인의 계약위반에 관한 구제방안이라는 제목으로 일괄하여 규정하고 있다. 이에 비해 우리 민법은 이행지체, 이행불능, 불완전이행 등의 채무불이행책임과 매도인의 하자담보책임을 별도로 규정하고 있다.

한편 매수인은 다른 구제권리의 행사로 인하여 손해배상을 청구할 어떠한 권리도 상실하지 않는다(제45조 제2항). 즉, 매수인이 매도인에 대하여 의무의 특정이행을 요구함과 동시에 이행의 지연이나 그 이행과정의 결함 등에서 발생한 손해를 배상해 주도록 요구할 수 있고, 계약을 해제하면서 계약으로 발생된 손해배상을 아울러 요구할 수 있다.

그리고 법원이나 중재판정부가 계약위반의 경우 채무자에게 이행기간의 유예를 허용하는 국내법은 CISG 제45조 제3항(제61조 제3항)에 의해 명백히 배제되고 있다. 이는 계약이행의 유예기간이 국제무역의 현실에 비추어 적절하지 않을 뿐 아니라 특정 국가의 법원이 자국민에게 편파적인 결정을 할 수 있는 소지가 있다는 이유에서 이 규정을 두게 되었다.

3.1 특정이행청구권

3.1.1 특정이행청구권의 행사

CISG는 매매법의 기본원칙을 계약의 현실적 이행에 두고 있다. 따라서 매수인은 매도인에게 그 의무의 이행을 청구할 수 있다(제46조 제1항)는 일반원칙을 규정하고 있다. 매도인에 대해서도 매수인의 계약위반에 따라 이와 같은 권리구제의 수단이 유사하게 확보되어 있다(제62조). CISG는 대륙법계의 법이론을 도입하여 의무이행청구권을 인정하는 대신에 영미법계와 타협방안으로, 각국의 법원은 협약이 적용되지 아니하는 유사한 매매계약에 대하여 국내법에서 특정이행을 명하는 판결을 하게 될 경우가 아니라면 특정이행을 명하는 판결을 할 의무를 지지 않는다(제28조)고 규정하고 있다. 이는 계약당사자들이 특정이행을 피할 수 있는 여지를 남겨 두었으나, 한편으로는 CISG가 의도하는 국제적 통일성이라는 목표와는 상충하고 있다는 비판이 있다.

3.1.2 이행청구권의 제한

3.1.2.1 모순되는 구제수단의 활용

매수인은 본협약과 모순되는 구제수단을 사용하는 경우에는 특정이행을 강제할 수 없다(제46조 제1항). 예를 들어 매수인이 계약해제를 선언하였을 경우 특정이행청구권은 상실된다. 그러나 매수인은 특정이행청구권을 행사하더라도 이행지체 등으로 인한 손해배상을 청구할 수 있다.

3.1.2.2 대체물인도청구권

물품의 부적합이 계약의 본질적인 위반이 되는 경우, 그 통지시 또는 그 상당한 기간내에 대체물을 청구할 수 있다(제46조 제2항). 그러나 매수인은 이미 수령한 물품을 반환할 수 없거나 수령 당시와 동등한 상태로 반환할 수 없는 경우에는 대체물인도청구권을 상실하게 된다(제82조 제1항).

3.1.2.3 수리 또는 보완

인도된 물품의 부적합 정도가 그렇게 크지 아니한 경우에는 대체물의 인도를 요구하는 것은 매도인에게 불합리한 부담이므로 매수인으로서는 기계의 조정이나 고장의 수리 등을 요구하는 것이 더 효율적인 수단이 될 수 있다(제46조 제3항). 다만, 제반 사정에 비추어 수리가 불합리하다고 판단되는 경우에는 수리를 요구할 수 없다. 특히 매도인의 수선설비가 멀리 있는 경우에는 매수인이 직접 수리하는 것이 더 쉬울 수노 있으므로 본 조항은 합리적이고도 융통성 있게 적용되어야 할 것이다.

3.1.2.4 이행청구권의 예외조항

① 매수인이 물품의 수령을 지연한 경우 또는 대금의 지급과 물품의 인도가 동시에 이행되어야 하는 상황에 매수인이 그 대금을 지급하지 아니한 경우, 그리고 매도인이 물품을 점유하고 있거나 또는 기타의 방법으로 그 처분을 지배할 수 있는 경우에는 매도인은 물품을 보존하기 위하여 그 사정에 합리적인 조치를 취하여야 한다. 매도인은 자

신의 합리적인 비용을 매수인으로부터 보상받을 때까지 물품을 유치할 권리가 있다(제85조).

② 매수인은 물품을 수령하였으나 그 물품을 거절하기 위하여 계약 또는 CISG에 따른 어떠한 권리를 행사하고자 할 경우, 매수인은 자신의 물품을 보존하기 위하여 그 사정에 합리적인 조치를 취하여야 한다. 매수인은 자신의 합리적인 비용을 매도인에게서 보상받을 때까지 물품을 유치할 권리가 있다(제86조 제1항). 매수인 앞으로 발송된 물품이 목적지에서 매수인의 임의처분하에 놓여졌고 그리고 매수인이 물품을 거절하는 권리를 행사할 경우, 매수인은 매도인을 위하여 물품을 점유하여야 한다. 다만, 이것은 대금의 지급이 없이 그리고 불합리한 불편이나 불합리한 비용이 없이 행하여 질 수 있는 경우에 한한다. 이 규정은 매도인이나 또는 매도인을 위하여 물품을 관리하도록 수권된 자가 목적지에 있는 경우에는 이를 적용하지 아니한다. 매수인이 본 항의 규정에 따라 물품을 점유하는 경우에는 매수인의 권리와 의무에 대해서는 전항의 규정을 적용한다(제86조 제2항).

③ 물품이 급속히 변질하기 쉬운 것이거나 또는 그 보존에 불합리한 비용이 요구되는 경우에는 상기, ① 또는 ②에 따라 물품을 보존하여야 할 의무가 있는 당사자는 이를 매각하기 위한 합리적인 조치를 취하여야 한다. 보존의 의무가 있는 당사자는 가능한 한, 상대방에게 매각의 의도에 관하여 통지를 하여야 한다(제88조 제2항).

3.2 추가기간의 지정

매수인은 매도인의 의무이행을 위하여 합리적인 추가기간을 지정할 수 있다(제47조 제1항). 이 추가기간의 지정은 물품의 일부인도불이행에도 행사할 수 있다. 그리고 매수인은 추가기간내에는 계약위반에 대한 다른 구제수단을 행사할 수 없게 된다. 그러나 매수인은 이행지연으로 인한 손해배상청구권은 행사할 수 있으며, 그가 요구하였던 이행을 취소할 수 없다(제47조 제2항).

이러한 추가기간의 지정은 다만 인도불이행의 경우에만 적용되며, 매수인이 정한 기간내에 물품을 인도하지 아니한 경우 매수인은 그 계약해제권을 가진다. 매수인은 추가기간을 정함에 있어서 확정적이고도 최종적인 인도날짜를 특정하여야 한다.

인도기일의 최종적인 시간적 한계를 정하는 예
⇒ The last date when we can accept delivery will be July 1, 2005.

3.3 인도기일 후의 보완

매매거래가 당사자간의 협력과 양보를 바탕으로 한 상호관계임을 고려하여 매도인이 약정된 물품인도일 이후에도 일정한 요건아래 이행의 치유가 가능하도록 규정(제48조)하여 계약유지의 이념을 나타내고 있다. 따라서 매도인은 하자있는 물품대신 적합한 대체물품을 제공하거나 혹은 하자있는 부분을 수리하는 방법에 의하여 치유할 수 있는 권리를 규정하고 있다.

3.4 계약해제권

3.4.1 행사의 요건

매수인은 매도인의 계약위반이 본질적 위반을 구성하는 경우에는 매도인에 대한 통지로써 계약을 해제할 수 있고(제47조 제1항 제a호), 매수인이 정한 추가기간내에 매도인이 목적물을 인도하지 아니하거나 그 기간내에 그 의무를 이행하지 아니할 것을 밝혔을 때 계약을 해제할 수 있다(제47조 제1항 제b호).

3.4.2 행사의 방법

계약해제의 의사표시는 어떠한 경우라도 상대방에게 통지가 행하여진 경우에 한하여 효력이 있다(제26조). 통지부도달의 위험은 발신주의에 따라 매도인이 부담한다.

3.4.3 행사의 제한

해제권의 행사는 매수인이 추가기간을 정하거나 매도인이 보완기간을 정하여 불이행을 보완할 의사를 밝혔을 때에는 일정한 요건하에 당해 기간중 제한된다. 또한 매수인이 물품검사 및 하자통지의무에 위반하거나, 물품수령 후 2년이 경과한 경우, 그리고 물품의 원상회복의무를 이행할 수 없는 경우에는 해제권을 행사할 수 없게 된다.

그리고 CISG는 이러한 개별적인 제한이외에 일정한 시간적 제한을 가하고 있다.

첫째, 인도의 지연을 이유로 계약을 해제하고자 하는 경우에는 매수인이 인도된 사실을 알게 된 때로부터 상당한 기간내에 한한다.

둘째, 인도의 지연이외의 이유로 계약을 해제하고자 하는 경우에는

① 매수인이 그 위반을 알았거나 알았어야 할 때,
② 매수인이 정한 추가기간이 경과한 때나 매도인이 추가기간내에 의무이행을 하지 않겠다는 의사를 밝혔을 때,
③ 매도인이 제시한 추가기간이 경과하거나 매수인이 이를 승낙하지 않겠다는 의사를 밝혔을 때 등으로부터 각각 상당한 기간내에만 계약의 해제가 가능하다.

상당한 기간 내지 합리적 기간의 산정은 개별적인 거래의 내용과 물품의 변질가능성과 같은 목적물의 성질, 거래관행, 시장의 상황 등 모든 사정을 고려하여 종합적으로 결정하여야 한다.

3.4.4 일부인도 및 일부부적합

일부인도 및 일부부적합 등에 따른 계약해제 계약의 목적물이 그 일부만 인도되었거나 전부가 인도되었을 경우라도 그 일부가 계약에 부적합한 경우에는 그 비율에 따라 계약의 일부해제권이 매수인에게 인정된다(제51조 제1항).

3.5 대금의 감액

물품이 계약에 부적합한 경우 매수인은 대금을 감액할 권리가 인정된다. 그러나 매도인이 물품의 하자를 치유하였거나 매수인이 치유제의를 부당하게 거절한 경우 대금의 감액은 인정되지 않는다. 매수인은 인도시에 하자물품의 가액이 계약에 적합한 물품의 가액에 대한 동일한 비율로 대금을 감액할 수 있다(제50조).

3.6 손해배상청구권

매도인이 계약의무를 위반한 경우 매수인은 제74~77조에서 규정한 손해의 배상을 청구할 수 있다(제45조 제1항). 이 손해배상청구권은 다른 권리의 행사에

의하여 박탈당하지 아니하며 이들 권리와 양립하는 권리이다. 예를 들어 손해배상청구권은 특정이행청구권, 대금감액청구권 등과 함께 행사할 수 있고, 나아가 계약해제와 함께 행사할 수 있다. 또한 이들 권리를 행사하기 위해서는 매도인의 계약위반이라는 객관적 사실의 존재가 있으면 충분하고 매도인의 과실 등을 입증할 필요가 없다.

3.6.1 손해배상액의 산정

계약위반에 대한 손해배상액은 상대방이 입은 이윤의 상실을 포함한 손실과 동등한 액으로 한다. 손해배상액은 위반당사자가 계약체결시에 알았거나 알았어야 할 사실에 비추어 계약위반의 결과로 예견하였거나 예견하였어야 할 손실액을 초과할 수 없다(제74조). 이러한 원칙은 마치 상대방이 적법하게 계약을 이행한 것과 똑같은 입장에 피해당사자를 두기 위하여 마련된 것이다.

한편 계약해제 후 상당한 기간 내에 합리적인 방법으로 매수인이 대체물을 구입하였거나 매도인이 물품을 전매한 때에는 손해배상을 청구하는 당사자는 계약대금과 대체물구입대금의 차액뿐만 아니라 제74조에 따른 배상도 청구할 수 있다(제75조). 제74조에 따른 배상이라 함은 중대한 하자가 있는 물품을 수령한 후로부터 해제시까지 지출한 비용 등 부가적 손해에 대한 배상을 말한다.

계약해제 후 대체거래가 없었거나 대체거래가 있었더라도 그것이 상당한 기간내에 합리적 방법으로 행해진 것이라고 인정될 수 없는 경우 또는 해제한 당사자가 점차 동종거래를 한 결과 어느 것이 해제된 계약의 대체거래에 해당하는지를 알 수 없는 경우에는 계약대금과 해제시 물품시가의 차액이 손해액 산정의 기초가 된다. 그러나 손해배상을 청구하는 일방이 물품수령 후에 계약을 해제한 때에는 해제시의 시가에 대신하여 물품수령시의 시가가 적용된다(제76조 제1항). 여기서 시가라 함은 물품의 인도가 이루어져야 할 장소에서 지배적 가격을 말한다(제76조 제2항).

3.6.2 손해경감조치의무

계약위반을 주장하는 당사자는 그 위반에서 발생하는 손실을 경감하기 위하여, 그 상황에 합리적인 조치를 취하여야 한다. 그러한 조치를 취하지 아니한 경우에는 위반한 당사자는 경감되었어야 하는 손실에 해당하는 금액을 손해배상액 중에서 감액할 것을 청구할 수 있다(제77조).

4 매수인의 계약위반에 따른 매도인의 구제방안

CISG는 매도인의 계약위반에 대한 매수인의 구제와 대응해서 매수인의 의무를 이행하지 않은 경우 매도인의 권리구제에 관하여 규정하고 있다.

4.1 특정이행청구권

매도인은 매수인에 대하여 대금지급, 인도의 수령 또는 기타 매수인의 의무를 이행하도록 청구할 수 있다(제62조). 매도인에게 인정된 이와 같은 권리구제수단은 매수인이 제46조에 따라 매도인으로 하여금 계약의 이행을 요구할 수 있는 것과 대응하여 인정하고 있다. 이와 마찬가지로 매도인이 이행을 청구하려면 계약해제권의 행사 등과 같이 이와 양립하지 않는 권리구제수단을 행사하지 않았어야 한다. 그러나 손해배상의 청구는 이행청구권과 양립가능하기에 매도인은 이행청구와 더불어 손해배상도 청구할 수 있다.

그러나 실제로 비협조적인 매수인에게 물품수령을 강요하기 위하여 제62조에 의한 물품의 수령 및 대금지급을 주장하는 매도인은 그리 많지 않을 것이다. 지급을 강요하려면 매수인으로 하여금 물품을 수령하고 그 물품의 점유를 요구하게 될 것이며, 이와 같은 경우 예상되는 비용과 파손, 분실 등의 위험까지 감안해 볼 때 권리구제수딘으로서는 바람직하시 않을 것이기 때문이다. 경우에 따라서는 대금지급소송이 장기간 계속될 때 매도인은 비협조적인 매수인의 물품을 장기간 보관하고 있기보다는 그 물품을 재매각하여 위험액수를 재빨리 감소시킨 다음, 손해가 발생했을 경우 손해배상을 청구하는 것이 보다 실리적일 것이다.

4.2 추가기간의 지정

CISG는 매수인이 대금지급을 불이행한 경우 바로 매도인으로 하여금 계약해제권을 행사하도록 하기보다는 그 불이행이 본질적이 아닌 한, 계약유지의 이념을 살려 다시 한 번 합리적인 기간을 지정하여 그 이행을 요구하도록 하고 있다. 만약 매수인이 이와 같은 추가 지정된 기간 내에 그 이행을 하지 않는 경우 매도인은 매수인의 계약위반이 본질적이라는 것을 입증하지 않고서도 계약해제를 행사할 수 있다(제63조).

매도인이 이행추가기간을 통지한 경우는 매수인이 그 추가 지정된 기간 내에 대금을 지급하고 물품을 수령할 의무를 이행하지 아니하였을 때에 한하여 계약을 해제할 수 있다. 즉, 이행추가기간통지-해제의 권리구제수단은 매수인의 의무 중 가장 중요한 대금지급 및 물품수령의 경우에만 적용된다. 그러므로 다른 채무불이행, 즉 물품명세확정권(제65조)의 경우에는 그 위반이 본질적인 경우에 한해서 계약을 해제할 수 있다. 또한 매도인의 추가기간지정통지는 상대방에게 추가적이고도 최종적인 이행 기간을 준다고 그 취지를 분명히 한 경우에 한하여 계약해제의 전제가 될 수 있다.

4.3 계약해제권

매도인에 의한 계약해제권은 매수인이 대금지급의무를 이행하지 않은 경우에 행사함이 일반적이다. 매도인의 계약해제권에 관한 본협약 제64조는 매수인의 계약해제권에 관한 제49조의 내용과 동일하다. 계약을 해제한 매도인은 물품을 인도할 필요가 없다.

4.4 물품명세확정권

물품명세확정권이란 계약상 매수인이 물품의 형식·규격 등 기타 특징에 대하여 특정하기로 되어 있는 경우 매수인이 합의된 기일 또는 매도인에게서 요청받은 후 상당한 기간내에 그러한 특정을 하지 아니한 경우 매도인은 매수인의 요구사항을 참작하여 스스로 특정할 수 있는 권리를 말한다(제65조). 국제물품매매에서 물품의 구체적인 내용 중 기본적인 사항만을 특정한 다음 구체적인 항목은 추후 매수인이 알려 주도록 하는 내용의 계약을 체결하였다가 그 후 시장상황의 변동에 따라 매수인이 그 물품의 인도를 원하지 않게 되자 그 구체적 명세의 제공을 거절함으로써 계약의 파기를 시도하는 경우가 있다. 이와 같은 경우 매수인이 누락된 물품명세의 제공을 거절함으로써 그의 의무를 이탈하는 것을 방지하기 위하여 규정되었다.

본 조항에 따라 누락된 명세가 보완되면 그 계약이 손해배상을 산정(제74조)하기에는 너무 추상적이라는 주장을 사전에 방지하고, 매도인에게는 그 물품을 매각하여 손해금액을 확정할 수 있게 한다(제75조). 본 조항은 또한 매도인이 창고에 보관중인 물품을 선택하는 것과 같이 재고상품 매매계약의 경우 쉽게 적용될 수 있고, 매수인의 특별명세에 따라 제조되는 물품의 경우에도 그 물품이 쉽게 재매각될 수 있는 경우에는 적용된다. 다만, 쉽게 재매각될 수 없는 특수한 명세에 따른 물품의 제조를 요구하는 계약으로서 매수인이 매도인에게 더 이상 그 물품을 사용할 수 없다고 통지한 경우에는 어려운 문제가 제기된다.

Ⅲ 핵심문제

1. 다음은 국제무역계약서상에 일반적인 준거법(applicable law)으로 가장 널리 이용되고 있는 Vienna Convention(CISG 1980)에 관한 설명이다. 그 내용이 틀린 것은?

① CISG는 원칙적으로 협약에 비준한 체약국의 매매 당사자간에 적용된다.

② CISG가 적용되기 위해서는 매매가 국제성을 가져야 하고, 적용배제 선언이 없어야 하며, 그리고 어느 한 당사자가 체약국이 아닌 경우에는 비체약국의 국제사법에 의하여 체약국의 법률을 준거법으로 지정하고 있어야 한다.

③ CISG에도 물품매매에 관해서 매도인과 매수인의 의무가 규정되어 있으나 그 내용이 포괄적인 내용이므로, CISG와 Incoterms를 적용하도록 한 경우, 양자에 충돌이 생길 때에는 국제관습의 성격을 지닌 Incoterms가 우선 적용된다고 볼 수 있다.

④ CISG에는 물품에 대한 위험이전에 관한 규정과 더불어 소유권이전에 관한 규정을 설정하고 있다.

2. Vienna Convention의 적용이 제외되는 거래가 아닌 것은?

① 주식의 매매　　② 선박의 매매

③ 자동차의 매매　　④ 가공무역

3. 국제물품매매계약에 관한 유엔협약(Vienna Convention 1980)상 매도인의 계약위반이 있는 경우, 매수인이 다른 구제수단과 병행하여 사용할 수 있는 구제수단은?

① 손해배상청구권　　② 특정이행청구권

③ 계약해제권　　④ 대체품인도청구권

4. 국제물품매매계약에 관한 유엔협약(Vienna Convention 1980)상 매수인이 사용할 수 있는 구제수단들 중 근본적인(중대한) 계약위반을 요건으로 하는 구제수단은?

① 하자보완청구권　　② 추가이행기간설정권

③ 대금감액권　　④ 대체품인도청구권

5. 다음은 비엔나협약에서 명시하는 취소에 관한 내용이다. 그 내용이 잘못된 것은?
   ① 취소가능의 청약(free offer)은 승낙(acceptance)의 통지가 발송된 후라도 그 취소가 가능하다.
   ② 청약에 승낙기간이 명시되어 있는 경우에는 그 기간안에 청약의 취소를 할 수 없다.
   ③ 상대방이 취소불능청약임을 표시하고 있는 청약은 취소할 수 없다.
   ④ 상대방이 취소불능청약임을 믿는 것이 합리적일 경우에는 청약의 취소를 할 수 없다.

6. 물품의 인도장소와 방법에 관한 Incoterms® 2010과 Vienna Convention(1980)에서 규정한 것 중 틀린 것은?
   ① Incoterms® 2010에 의하면 FOB와 CFR, CIF의 경우에는 수출국내 선적항에서의 본선의 난간을 통과시켜 본선 내에서 인도
   ② Incoterms® 2010에 의하면 FCA와 CPT, CIP의 경우에는 지정된 운송인(carrier)이나 운송주선업자에게 물품을 인도
   ③ 비엔나협약에 의하면 복합운송의 경우 물품을 최종 목적지에 인도
   ④ 비엔나협약에 의하면 인도장소가 지정되어 있지 아니한 때에는 매도인은 언제든지 매수인이 물품을 임의처분할 수 있는 상태에 적치

7. Vienna Convention(CISG 1980)에서 일방의 계약위반에 대하여 상대방에게 계약해제권을 부여하는 위반내용은?
   ① Fundamental Breach　　② Substantial Breach
   ③ Serious Breach　　④ Material Breach

8. 다음 중 Vienna Convention(CISG 1980)에 의한 매수인의 계약위반에 대한 매도인의 구제방법이 아닌 것은?
   ① 물품명세확정권　　② 대금감액청구권
   ③ 특정이행청구권　　④ 추가기간 지정권

9. Vienna Convention(CISG 1980)에 대한 설명으로 맞지 않는 것은?
   ① 유엔국제무역법위원회(UNCITRAL)가 제정하였다.
   ② 비준하지 않은 상태에서도 그리고 무역계약서에 준거법으로 명시하지 않아도 적용할 수 있다.
   ③ 매도인의 계약위반에 대한 매수인의 구제방안을 규정하고 있다.
   ④ 경매, 항공기, 선박의 매매, 주식과 같은 유통증권의 매매에는 적용되지 않는다.

10. 다음 중 Vienna Convention(CISG 1980)에 규정되어 있지 않는 것은?

① 계약의 성립 ② 계약의 유효성
③ 당사자의 의무 ④ 계약위반과 구제

11. 다음은 Vienna Convention(CISG 1980)에 규정된 매매당사자간의 계약해제에 관한 설명이다. 그 내용이 가장 적절하지 못한 것은 ?

① 계약해제권은 매수인에게 뿐만 아니라 매도인에게도 발생된다.
② 매도인이 매수인에 의하여 지정된 추가기간 내에 약정품을 인도하지 않거나 또는 매도인이 그 지정된 기간 내에 인도하지 않겠다는 뜻을 선언한 경우 매수인의 계약해제권이 인정된다.
③ 매수인이 매도인에 의하여 지정된 추가기간 내에 대금의 지급 또는 물품의 인도수령의무를 이행하지 아니하거나, 또는 매수인이 그 지정된 기간 내에 이를 이행하지 아니하겠다는 뜻을 선언한 경우 매도인의 계약해제권이 인정된다.
④ 약정된 이행기간이 도래하기 이전에 당사자의 일방이 본질적인 계약위반을 자행할 것이 명백하게 예견되는 것만으로는 계약해제를 선언할 수 없다.

12. Vienna Conventions 1980상 위반 당사자(매도인 또는 매수인)의 계약위반에 대해 매수인과 매도인 모두 행사할 수 있는 구제방법이 아닌 것은?

① 계약해제권 ② 손해배상청구권
③ 추가이행기간지정권 ④ 물품명세확정권

13. Vienna Conventions 1980상 매도인의 계약위반에 따른 매수인의 권리구제에 관한 설명으로 옳지 않은 것은?

① 계약해제권은 매도인의 의무불이행이 근본적 위반에 해당하는 경우에만 행사할 수 있다
② 물품을 원상회복하여 반환할 수 없는 경우에는 대체물인도청구권은 상실한다.
③ 하자보완청구권은 통지를 필요로 하며 합리적인 기간내에 이행하여야 한다.
④ 추가이행기간의 지정과 해제 절차는 인도불이행한 경우에만 적용된다.

14. Vienna Convention(CISG)상 매수인이 매도인에게 행사할 수 있는 다음 구제방법 중 근본적인(중대한) 계약위반을 요건으로 하는 구제수단은?

① 대금감액권 ② 하자보완청구권
③ 대체물품인도청구권 ④ 추가이행기간설정권

15. Vienna Convention(CISG)상 매수인의 계약위반에 대한 매도인의 구제방법이 아닌 것은?
① 계약해제권　② 매도물품대체권
③ 물품명세확정권　④ 추가이행기간설정권

16. Vienna Convention(CISG)의 적용요건에 해당하지 않는 것은?
① 당사자가 상이한 국가에 영업소 내지 일상의 거주지를 가지고 있을 것
② 계약관계의 법률성이 명시적일 것
③ 당사자의 본거지가 있는 국가가 체약국일 것
④ 협약의 적용배제에 관한 당사자간의 합의가 없을 것

17. Vienna Convention(CISG)상 청약이 확정력을 갖추기 위해 최소한의 계약조건은?
① 물품, 수량, 인도장소　② 물품, 수량, 가격
③ 물품, 가격　④ 물품, 수량, 분쟁해결

18. CISG(Vienna Convention 1980)상 매매당사자의 의무에 관한 다음 설명 중 옳지 않은 것은?
① 매도인은 물품의 소유권을 이전할 의무는 부담하지만 물품관련서류를 교부해야할 의무는 없다.
② 매도인은 물품인도의무를 부담하지만 인도수령의무를 부담하지는 아니한다.
③ 매수인은 대금지급의무뿐 아니라 물품검사의무도 진다.
④ 매도인은 계약에 적합한 물품을 인도할 의무가 있다.

19. 다음은 위험이전에 관한 CISG(Vienna Convention 1980)와 Incoterms에 관한 설명이다. 옳지 않은 것은?
① 위험이전에 관한 규정내용에 있어서 CISG와 Incoterms가 충돌(상충)된다면 CISG의 규정을 우선 적용한다.
② CISG 및 Incoterms는 모두 위험이전시기에 있어 '인도주의' 입장을 취하고 있다.
③ 위험이전시기에 있어 '소유권 주의'를 배제한 것은 국제물품거래에서 소유권 이전시점을 명백히 규정하기 어렵기 때문이다.
④ 국제물품거래에서 위험이전시기가 중요한 것은 운송인, 보험자 등 제3자가 책임질 수 없는 물품손해가 발생할 수 있기 때문이다.

20. CISG(Vienna Convention 1980)에서는 청약을 변경하는 승낙도 그 청약의 조건을 실질적으로 변경하지 아니하는 경우, 승낙을 의도하고 있다면 승낙으로 인정한다. 다음 중 청약의 조건을 실질적으로 변경하는 것으로 볼 수 없는 것은?

① 물품의 포장과 관계된 내용
② 인도의 장소와 관계된 내용
③ 분쟁의 해결과 관계된 내용
④ 물품의 수량과 관계된 내용

Chapter 5
무역계약의 종료

1 무역클레임

1.1 무역클레임의 개념

무역거래에서 클레임(claim)이란 매매당사자간의 어느 일방이 매매계약내용을 불이행함으로써 상대방에게 손해를 입힌 경우 손해를 입은 당사자가 상대방에 대하여 손해배상을 청구하는 것이라고 정의할 수 있을 것이다. 그러나 불평이나 불만도 클레임으로서의 요건을 갖추어 구체성을 가지게 되면 정식의 클레임으로 될 수 있는 소지를 항상 내포하고 있기 때문에 무역거래에서 상대방의 불평이나 불만에도 항상 주의를 기울여야 할 것이다.

무역클레임은 매매당사자 중에 피해자(claimant)가 가해자(claimee)에게 제기하게 된다. 일반적으로 피해자가 매수인이 되고, 가해자가 매도인이 되는 경우가 대부분이다.

무역클레임은 그 성격에 따라 다음 세 가지로 구분할 수 있다.

① **일반적 클레임** : 일반적 클레임이란 거래를 수행하는 과정에서 일어나는 클레임으로서 매매당사자중 일방의 과실 또는 태만에 의하여 발생되거나 당사자 이외의 제3자에 의해서 야기된다. 제3자에 의해서 클레임이 발생할 경우, 예를 들어 클레임의 발생 원인이 제조업자나 공급업자 또는 운송업자 등의 귀책사유일 경우에는 가해자는 해당 클레임에 대한 책임자를 색출하여 그 책임자에게 자기가 제기받은 클레임을 전환할 수 있다.

② **market 클레임** : market 클레임이란 매수인에게 거의 손해를 입히지 않는 정도이거나 또는 그 손상이 경미하여 평소 같으면 클레임이 되지도 않을 정도의 적은 과실을 감가의 구실로 하는 클레임을 말한다. 이러한 종류의 클레임은 상담의 성립 후에 시가가 하락하는 경우 무역도덕심이 낮은 매수인에 의해서 가끔 남용되고 있다. 요컨대 수입대금을 할인하려는 매수인의 요구가 클레임으로 위장된 것이다.

③ **의도적 클레임** : 의도적 클레임이란 매매당사자의 순전한 악의에 의한 것으로, 예컨대 매수인이 처음부터 교묘한 계획으로 의도적으로 매도인의 계약이행에 지장을 초래하게 한데서 기인한 클레임을 말한다.

1.2 무역클레임의 발생원인

성실을 바탕으로 거래를 행하게 되면 클레임이 발생할 여지가 없다고 쉽게 장담할 수 있을지 모르나, 매매거래에서는 항상 상대방이 존재하고 있기 때문에 어느 일방이 성실성에 입각하여 거래를 한다고 해도 여러 가지 상황에 의한 클레임이 발생할 수 있다.

무역거래에서는 다음과 같은 이유에 의해서 클레임이 발생하고 있다. 즉, 신용조사의 불비, 언어 및 관습의 상이, 무역실무지식의 결여, 계약서의 불비, 시장의 변동, 국제상관습과 국제조약에 대한 무지, 상대국의 법규에 대한 무지, 도량형 및 규격의 상위, 불가항력 사태의 발생 등에 의해서 무역클레임이 발생하고 있다.

클레임이 발생하는 원인 면에서 보면, 품질불량으로 인해서 클레임이 제기되는 경우가 많으며, 금액 면에서는 계약불이행으로 인해서 제기되는 클레임이 품질수량보다 높은 비율을 차지하고 있다. 규모면에서도 대형화해 가는 추세를 보이고 있다.

무역클레임의 발생 원인을 보면 대체로 다음과 같이 구분할 수 있다.

① **품질** : 품질불량(inferior qality), 품질상위(different quality), 규격상위(different specification), 등급저하(inferior grade), 손상(damage), 변질(deterioration) 및 변색(discloration) 등

② **수량** : 적화부족(short shipment), 착화부족(short landing), 중량부족(under weight), 감량(diminution) 등

③ **가격 및 결제** : 초과지급(over payment), 대금미지급(non-payment), 수선비(repairing charge), 재포장비(repacking charge), 벌과금(penalty) 등

④ **운송 및 인도** : 선적지연(delayed shipment), 선적불이행(non-shipment), 하역불량 (bad handing), 적부불량(bad stowage), 환적(transshipment), 분실(missing) 및 유실 (drifting away), 발화(pilferage) 등

⑤ **포장** : 포장불량(inferior packing), 포장불충분(insufficient packing), 불완전포장(incomplete packing) 등

⑥ **서류** : 송장과오(error in invoice), 기재사항상이(misdescription), 서류미비(lack of documents) 등

⑦ **기타** : 신용장발행지연(delayed issue of L/C), 계약불이행(breach of contract), 계약취소(cancellation of contract) 등

2 무역클레임의 제기

2.1 클레임의 제기와 청구내용

클레임은 규정된 기일 내 클레임 통지(claim notice)를 일단 발송하고 클레임의 내용이 확정되는 대로 필요서류를 제시하여 클레임의 정당성을 입증하여야 한다.

클레임의 제기는 계약서상에 기간이 명시되어 있으면 반드시 그 기간 내에 해야 한다. 만약 명시되어 있지 않으면 즉시 또는 합리적인 기간 내에(within a reasonable time) 제기해야 한다. Warsaw Oxford Rules에 의하면 상품검사 후 3일내 발신주의에 의한 통지를 하도록 규정하고 있다.

클레임의 청구내용을 클레임 진술서에 명확하게 밝히고 그 손해를 입증하기 위하여 손해명세서에 손해를 산출하고 객관적인 증거를 위하여 검사보고서를 첨부하여 클레임을 청구하게 되는데 그 클레임의 청구내용은 물품의 대체 또는 추가송부요구, 대금의 감액 또는 반환요구, 손해배상금의 지급[28]요구, 차기 거래분의 가격할인요구 등이며 클레임의 내용[29]이 근본적인 계약위반이라면 계약의 해제를 선언하기도 한다.

2.2 클레임의 처리

2.2.1 클레임 내용의 검토

상대방으로부터 클레임 통지를 받았을 때는 먼저 클레임 제기시기의 정당성, 클레임에 대한 내용과 요구사항의 파악, 요구의 정당성과 강도를 측정한다. 전술한 바와 같이 진정한 클레임도 있겠지만 마켓 클레임, 또는 의도적 악성클레임의 경우 클레임을 전면 거부하고, 클레임의 내용이 막연하고 믿을 만한 것이 못되면 단순한 불평으로 인정하고 사과정도의 회신으로 그칠 수도 있

28) 창고료, 통신료, 운송료 등 제비용 또는 예상이익 포함
29) 불일치의 정도

을 것이며 그 내용이 신빙성이 있는 경우 그 발생원인을 정확하게 규명한다.

2.2.2 제3자의 원인

만일 클레임의 원인이 운송기관에 있다고 판명되면 그 운송기관에 직접 배상을 청구하거나 그 해당 운송기관이 보험회사와 그 배상액에 대해서 협의, 조정하여 해결한다. 일단 보험회사가 관계된 경우에는 매도인은 FOB 거래이든 CIF 거래이든 관계없이 제반서류를 매수인에게 송부하여 보험회사와 매수인간의 합의 및 해결을 하도록 하여야 한다.

2.2.3 매매당사자의 원인

또한 만일 손상의 원인이 매도인 및 매수인에게 공히 있다고 판명되면 그 내용을 모든 자료와 함께 자세히 설명하여 납득시켜 서로 양해가 될 수 있는 선에서 합의하여 해결하도록 하여야 한다. 조사결과 그 원인이 매도인 자신에게 있다면 전면승인하고 그렇게 된 상황을 자세히 설명하고 사과하는 동시에 구체적으로 손해액에 대한 보상방안을 제시하고, 차후 이러한 일이 발생하지 않도록 각별히 주의하겠다는 내용의 회신을 작성하여야 할 것이다.

당사자간의 해결방법에는 경고(warning), 청구권의 포기(waiver of claim) 또는 화해(amicable settlement, compromise)가 있는 바, 경고와 청구권의 포기는 클레임 제기자가 구상액이 작거나 다른 조건에 의하여 만족하여 일단 제기한 클레임을 철회하는 것을 말한다. 화해는 당사자 쌍방이 직접 또는 중개인의 교섭을 통하여 청구액의 범위 및 구상액을 합의하는 것을 말한다.

2.3 무역클레임의 예방

2.3.1 신의성실과 권리남용의 금지의 원칙

신의성실의 원칙(Grundsatz von Treu und Glauben)이란 사회공동생활의 일원으로서, 서로 상대방의 신뢰를 배반하지 않도록 성의를 가지고 행동한다는 원칙을 말한다.

상거래라는 것은 상호간의 신뢰를 기초로 하여 성립하는 것으로서, 거래의 상대방에 대하여 서로가 신의를 존중하며 성실하게 처리함에 따라서 신뢰성,

즉 신용을 얻을 수 있는 것이다. 원래 무역에서도 국내의 상거래와 같이 상호간의 신용을 바탕으로 하는 거래이므로 그 이념은 변함이 없도록 성의를 다하여 노력하는데 있다. 이 의미에 있어서도 신용할 수 있어도 신용할 수 있는 상대방을 선택함과 동시에 스스로 상대방에 대하여 그 신용을 실추하지 않도록 세심한 주의를 하여 매매계약의 완전이행에 대한 열의를 가지는 것이 불가결의 요소가 된다.

신의성실의 원칙과 관련하여 권리남용금지의 원칙도 무역거래에서 적용되고 있다. 권리의 남용이라 함은 외형상 권리의 행사와 같이 보이지만, 구체적 사정에 비추어 보면 권리의 사외성에 반하고 이를 시인할 수 없는 경우를 말하며, 권리의 행사로서 인정하지 않는다.

예컨대 상대방에 손해를 줄 목적으로 권리를 행사한다든가 또는 부당한 이익을 취득할 목적으로 권리를 행하는 경우가 이에 속한다. 무역클레임 가운데서 이른바 마켓클레임이 이에 속한다. 따라서 무역계약의 당사자 일방이 권리를 남용한 경우에는 권리의 행사로서 시인될 수 없을 뿐만 아니라, 도리어 위법한 행위로서 손해배상책임을 발생시킨다는 점에 주의하여야 한다.

2.3.2 거래처의 선정과 신용조사

무역클레임의 원인 중 신용거래의 본질에 대한 이해부족과 경험미숙이 원인이 되는 경우가 상당수를 차지하고 있다고 분석되고 있다. 국내의 상거래와 달리 대외무역은 상대방이 멀리 떨어져 있는 각각 언어, 법제, 풍속, 관습 등이 다른 나라들에 거주하고 아무리 교통수단의 발달로 세계가 좁아졌다고 하여도 직접 면접하여 확인할 수 있는 기회가 적은 외국에 있는 거래선과 상거래를 하는 것이므로 그만큼 신용위험(credit risk)의 발생이 빈번하다. 따라서 거래처의 선정시에 상대방의 신용도가 얼마나 되는 지를 철저히 조사하는 것이 필수적이다. 신용조사의 효과적인 이행을 위해서도 신용조사자는 다음과 같은 사항을 준수하여야 할 것이다. 진실성, 공정성, 청렴성, 성실성, 전문성, 협동성 등이다.

2.3.3 계약서작성시 주의사항

국제매매거래에 있어서는 격지성 때문에 내용이 특수하고 복잡하여 구두의 이해만으로는 충분치가 않은 경우가 많다. 따라서 장래의 거래를 신속하고 원활하게 행하고 또 오해나 분쟁을 피하기 위해서도 계약교섭이 성립한 뒤에는 곧바로 거래당사자들 사이에 매매계약의 제조건을 정한 계약서를 교환하는 것이 중요하다.

2.3.4 생산자의 선정

경우에 따라서는 수출업자가 직접 생산하지 않고, 다른 생산업자를 선정하여 물품을 수출할 수도 있다. 이때 생산업자를 잘못 선정하면 조악품이 수출된다거나 또는 그로 인한 선적지연이 발생하여 클레임이 제기될 가능성이 있다. 따라서 수출업자는 생산업자의 선정에 신중하여야 하고 납품계약을 체결하여 수입업자로부터 제기되는 클레임을 생산업자에게 전가시킬 수 있도록 하여야 한다.

2.4 무역클레임의 해결

2.4.1 클레임 해결을 위한 기본적 요소

첫째, 합리성의 추구를 들 수 있다. 클레임의 합리적인 해결은 가장 기본적인 원칙이라 할 수 있다. 클레임을 합리적으로 해결하기 위해서는 상거래상의 형평의 원칙이 존중되어야 한다. 매도인과 매수인은 일단 서로의 이해로 인해 대립하고 있지만, 이러한 대립이 상호간의 신뢰를 바탕으로 지양될 때에 비로소 원만히 무역계약이 체결되고 이행될 수 있는 것이다. 따라서 무역클레임의 해결에 있어서도 선의와 신의성실이 요청되는 것은 당연하다 할 수 있다.

둘째, 고도의 지식과 기술이 필요하다. 즉, 합리적 무역클레임의 해결을 위해서는 무역물품, 무역관습 및 무역절차에 관한 전문적인 지식과 기술이 총동원되어야 한다.

셋째, 당사자간의 해결을 위한 적극적인 노력이 요망된다. 모든 클레임은 어떠한 방법보다 당사자간의 노력으로 원만하게 해결되는 것이 가장 이상적이다.

넷째, 신속성과 경제성의 추구이다. 클레임이 제기된 후, 오랫동안 그대로 방치한다면 양당사자 모두에게 불리한 결과가 야기될 수 있으므로 클레임의 해결에 있어서는 신속성의 원칙도 필수적이다. 또한 클레임을 해결할 경우 최소의 손실을 위해 노력하여야 하고, 될 수 있는 한 적은 비용으로 해결할 수 있도록 경제성의 원칙도 고려해야 할 것이다.

2.4.2 해결형태

무역클레임의 해결형태로서는 클레임의 철회, 클레임의 거절, 클레임의 수락을 들 수 있다. 클레임의 철회는 클레임을 제기하는 쪽, 즉 피해자가 자신이 제기한 클레임을 스스로 철회 혹은 취소함으로써 클레임 자체를 백지화하는 것이다. 클레임을 거절하는 경우에는 클레임 제기의 부당성을 충분히 입증할 만한 증거와 이유가 확보되어야만 한다. 만약 그렇지 못할 경우는 피해자가 그 거절을 양해하지 않아 소송 등으로 발전할 수 있다. 클레임의 수락은 가해자가 피해자로부터 제기당한 클레임을 수락하는 것으로 전면적 수락과 부분적 수락이 있다.

2.4.3 해결내용

클레임이 발생한 경우, 언제든지 클레임의 원인을 조사하여 책임의 소재를 밝히는 것이 중요하다. 클레임 가운데는 피해자의 잘못된 생각이나 오해에 근거하는 것을 위시하여 의도적인 마켓클레임과 필요이상으로 과대한 클레임도 있으므로 신중하게 취급하지 않으면 안 된다. 그리고 그 책임의 소재에 있어서도 생산업자나 포장업자 또한 운송회사, 선박회사 등에 있는 경우도 있으며, 때로는 보험회사에 의해 커버되어야 하는 경우도 있다. 따라서 클레임의 책임 외에 속하는 것에 대해서는 그 책임전가 측과의 교섭도 필요하게 된다.

무역클레임의 청구내용은 금전의 청구, 금전이외의 방법에 의한 손해배상 청구 또는 양자를 합해서 청구하는 것으로 대별할 수 있다.

첫째, 금전의 청구로는 대금지급의 거절, 손해배상금의 청구, 해약변상금의 청구, 대금감액의 청구 등이 있다.

둘째, 금전이외의 청구로는 잔여계약의 해제, 계약이행의 청구, 물품의 인수거절, 대체품의 청구, 부족분의 추가송부 등이 있다.

셋째, 금전의 청구와 금전이외의 청구를 합하여 클레임을 청구하는 경우도 있다. 예컨대, 대체품을 송부하되 상기를 놓치거나, 현지의 수요자에 대한 인도의 지연에 따른 과징금으로서 손해배상금을 함께 청구하는 등이다.

무역클레임의 해결은 사적자치의 원칙에 따르는 것이며, 공서양속에 반하지 않는 한, 양당사자간에 자유로이 결정할 수 있다고 생각되고 있기 때문에 그 실태는 천차만별이라 할 수 있다. 그러나 실행실태로서는 금전적 결제가 되는 송금(또는 송금수령)과 물품의 무환수출로 되는 예가 대부분이다. 또한 경미한 클레임으로 상호의 신뢰관계가 손상되지 않은 경우에는 그 후의 계속적인 거래에 있어서 가격인하 또는 그 이외의 방법으로 표면화하지 않고 해결되는 예도 많다.

여기서 주의해야 할 점은 손해배상이라 함은 본래 계약위반 또는 계약불이행에 따라서 손해를 입는 것을 계약대로 이행된 것과 같은 상태로 배상받는 것을 목적으로 하고 있는 것이지, 결코 피해자가 손해배상에 의해서 이익을 취한다는 의미는 아니다. 따라서 일정범위의 손해에 한해서 배상청구가 인정되는 것이다. 일방 당사자의 계약위반 또는 불이행에 의하여 타방 당사자가 손해를 입었다고 하는 것은 반드시 거기에 어떤 인과관계가 존재하고 있다.

2.4.4 해결방법

매매당사자간의 해결방법으로서 피해자가 클레임을 포기(waiver of claim)하는 방법과 당사자간의 타협(compromise)과 화해(amicable settlement)로서 원만하게 수습하는 방법을 생각할 수 있다.

먼저 피해자가 클레임을 포기하는 방법은 경미한 클레임에 대해서는 클레임을 포기하고 단순한 경고를 함으로써 다음부터는 그렇게 하지 않도록 주의를 촉구하는 방법이다. 이 경우는 피해자가 일방적으로 가해자에게 클레임제기를 철회(withdrawal)함으로 일단락되는 것이다.

다음으로 당사자간의 타협과 화해로서 원만하게 수습하는 방법이란 매매당사자 쌍방간에 합리적인 선에서 타협을 통하여 클레임 청구내용을 합의하는 것을 말한다. 타협은 양보와 화해를 통하여 이루어진다.

그러나 클레임의 해결을 당사자간에 직접적으로 처리하려고 할 때는 클레임의 제기가 있을 때 그에 대한 반응은 신속히 이루어져야 할 것이다. 클레이의 내용이 부당하게 보이더라도 상대방의 입장에서는 정당하다고 생각되어 클레임을 제기하게 되므로 이에 대해서 즉각적인 회답을 하는 것이 중요하다.

일단 클레임이 제기되면 피해자는 피해감정을 가지게 마련인데, 회신의 지연으로 피해자의 감정을 더욱 악화시킨다면 당사자간의 원만한 해결을 기대하기란 힘들다. 따라서 클레임의 해결은 가급적 쌍방간에 타협과 화해를 통하여 종결짓는 것이 가장 바람직한 것이라고 할 수 있다.

만일 당사자 간에 클레임의 타협이 되지 못하였을 경우에는 제3자를 통하여 알선(intermediation, recommendation)이나 조정(conciliation, mediation) 또는 중재(arbirtration), 소송(litigation)의 단계로 해결점을 모색하게 된다. 즉, 매매거래상대방이 자신의 견해나 입장만을 주장하여 양보하지 않는 경우, 혹은 쌍방 또는 일방이 감정이 악화되어 적절한 제3자의 냉정한 판단이 필요한 경우 상대방의 무성의로 인해 타협이나 양보를 기대할 수 없는 경우, 그리고 학식과 경험이 풍부하고 또 무역실무에 정통한 제3자를 개재시키면 신속히 해결되리라고 간주될 경우에는 당사자간의 직접적인 해결보다는 제3자에 의한 클레임의 해결이 더 바람직스러울 것이다.

① 알선(Intermediation) : 거래당사자 사이에서 해결될 수 없을 때 당사자중의 어느 일방이 제3자에게 의뢰하여, 다른 당사자에게 원만한 해결을 위해서 권고해 줄 것을 요청하는 방법이다. 상공회의소, 국제상사중재협의회, 대사관, 영사관과 같은 공적 기관에 의뢰하는 경우가 많다. 그러나 알선기관은 단순히 해결방안이나 조언을 제시할 뿐이며 당사자들이 알선에 응하지 않으면 해결되지 않는다.

② 조정(Mediation) : 알선에 의하여 클레임이 해결되지 못하면 양당사자가 공정한 제3자를 조정인으로 하여 조정인이 제시하는 해결안에 대하여 합의함으로 클레임을 해결하는 방법이다. 조정은 중재의 전단계로 중재기관을 이용할 수도 있지만, 기타의 제3자적 기관을 이용할 수도 있다. 조정안에 의해 당사자가 수락을 하면 일단 구속력을 가지게 된다. 조정안의 수락여부는 당사자의 자유의사에 속한다. 만일 조정을 하는데 조정인 선정일로부터 일정기관이내에 조정이 실패하면 조정절차는 자동적으로 폐기되고 중재의 단계로 넘어가게 된다.

③ 중재(Arbitration) : 조정과 마찬가지로, 당사자의 합의에 의하여 중재인(arbitrator)을 선정하여, 중재인이 행한 판정, 즉 중재판정(award)에 복종함에 의해서 분쟁을 해결하는 방법이다. 현재, 세계 대부분 국가의 국내법에서 상사중재에 관한 법률을 제정하고 있으며 원칙적으로 중재판정에 양당사자는 복종하지 않으면 안 된다. 중재판정은 법원의 최종

판결과 마찬가지로 취급되어 상소할 수 없으며 중재에 위탁된 사건은 소송을 할 수 없다. 중재가 조정과 다른 점은 조정은 당사자의 자유의사에 따라서 승낙 여부를 결정할 수 있으나 중재의 경우에는 당사자가 중재판정을 거부하지 못하며 동시에 강제집행력을 갖는다는 점이다.

④ 소송(Litigation) : 법원의 재판에 의하게 되면 비용과 시간이 가장 많이 소요되므로 극히 예외적인 경우에 사용된다. 당사자의 일방이 상대방에게 강제를 가하기 위하여 국가기관인 법원에 제소함으로써 국가공권력 발동을 요청하는 것을 말한다. 무역과 같은 국제거래는 상대방과 법역을 달리하기 때문에 자국의 기판력(旣判力)이 상대국에 미치지 않게 되고 따라서 강제력을 보장받기 위해서는 반드시 상대국의 법원에 제소하여야만 실효를 거둘 수 있게 된다.

3 상사중재

무역거래에서 분쟁이 발생하는 경우 소송보다는 중재에 의하여 해결하는 경우가 많다. 중재란 중재합의에 의하여 사법상의 권리 기타 법률관계에 관한 분쟁을 법원의 소송절차에 의하지 않고 사인인 제3자를 중재인(arbitrator)으로 선정하여 그 분쟁의 해결을 중재인의 결정에 맡기는 동시에 최종적으로 그 결정에 복종함으로써 분쟁을 해결하는 제도를 말한다. 중재는 소송제도와는 차이가 있는데 소송제도와 비교하여 그 장·단점을 살펴보면 다음과 같다.

3.1 중재제도의 장점

① **중재계약의 자율성** : 중재는 분쟁의 당사자가 법원의 판결에 의존하지 아니하고, 그들의 자율의사에 의한 중재합의에 따라 자신이 선임하는 중재인에게 분쟁을 해결할 것을 신청하여 그 판정의 결과에 복종하기로 하는 자주적인 분쟁해결방법이다.

② **신속성** : 보통 소송은 3심제이며 패소한 당사자가 상소 수단을 남용하여 절차를 지연시킬 위험이 있으나 중재는 단심제(單審制)이므로 분쟁이 신속히 종결된다.

③ **중재인의 전문성** : 국제상거래는 상관습에 지배를 받는 경우가 많으므로 일반 법만을 전공한 일반 법관에게 국제상거래에 관한 분쟁해결을 맡기는 것보다는 상거래와 관습에 정통한 중재인에게 판정을 맡기는 것이 현실적이고 합리적일 수 있다.

④ **비공개** : 소송에 있어서는 재판절차나 판결문이 각각 공개되기 때문에 사업의 내막과 경영상의 기밀이 외부에 누설될 위험이 있으나 중재에 있어서의 심문절차 및 판정문은 비공개를 원칙으로 하며 특히 국제상사분쟁의 경우에 있어서 거래의 기밀이 대외적으로 누출되는 폐단을 방지할 수 있으므로 대외신용의 계속유지가 보장된다.

⑤ **저렴한 비용** : 중재는 분쟁을 신속하게 해결하며 중재비용은 소송에 비해 매우 저렴하다.

⑥ **중재판정효력의 국제성** : 재판은 국가공권력의 발동이므로 원칙적으로 국

경을 초월하여 그 효력을 미칠 수 없으나, 중재판정은 자주적인 분쟁해결 방법이기 때문에 국가의 주권 문제와는 아무런 관계없이 국제적으로 그 효력을 미칠 수 있다.

3.2 중재제도의 단점

① **법률문제** : 중재인은 사실문제(matter of facts)에 대하여는 그 전문가로서의 지식을 충분히 발휘하여 분쟁내용을 신속·정확하게 판정할 수 있으나, 중요한 법률문제가 개재되어 있을 경우에는 일반적으로 그 판단능력이 미흡하다는 단점이 있다.

② **예측가능성의 결여** : 중재인의 판정기준이 중재인의 자의나 주관에 따라 좌우될 가능성이 있으므로 그 판정의 공정성을 객관적 존재에 의하여 주장하거나 증빙한다는 것은 어려운 점이 있다. 동종의 사건도 중재인이 다름에 따라 각각 다른 판정이 내려질 가능성이 있다.

③ **상소제도의 결여** : 재판의 경우, 3심 제도는 패소한 당사자의 정당한 요구에 응하여 재판의 정당성을 보장하고 사법제도에 관한 신뢰를 확보하기 위한 제도이다. 그러나 중재에 있어서는 판정을 취소할 만한 중대한 결함이 없는 한, 판정에 대한 불복신청이 인정되지 아니한다. 이것은 사건을 신속히 처리하려는 중재제도의 본질적 요구인 동시에 그 장점의 하나이다.

핵심문제

1. 다음 중 국제상사중재판정의 집행효력을 규정하고 있는 법규는?
   ① United Nations Contracts for the International Sale of Goods 1980
   ② Incoterms® 2010
   ③ New York Convention 1958
   ④ Uniform Rules for Collections 1995

2. 다음의 클레임 통지기간에 관한 설명 중 옳지 않은 것은?
   ① 드러난 하자 …… 우리 상법에 의하면 즉시 통지해야 함
   ② 잠재하자의 경우 …… CISG(1980)에 의하면 매수인에게 물품이 교부된 후 2년 이내에 통지해야 함.
   ③ 드러난 하자 …… 와르소우-옥스포드규칙(1932)에 의하면 물품검사 후 3일 이내에 통지해야 함
   ④ 드러난 하자 …… CISG(1980)에 의하면 그 하자를 발견하였거나 발견했어야 할 날로부터 7일내에 통지해야 함

3. 다음은 중재제도의 장점을 설명한 것이다. 옳지 않은 것은?
   ① 소송에 비하여 비용이 절약된다.
   ② 상사분쟁의 신속한 해결방법이다.
   ③ 상관습에 따른 합리적인 판정이 용이하다.
   ④ 중재심문은 공개적으로 진행되어 공평을 기할 수 있다.

4. 일반적으로 국제매매에서 계약의 위반으로 다루지 않는 것은?
   ① 이행좌절　　② 이행지체
   ③ 불완전이행　　④ 이행거절

5 다음의 중재계약에 관한 설명 중 옳지 않은 것은?
   ① 중재계약은 분쟁발생 후에도 체결될 수 있다.
   ② 중재계약에는 중재 장소, 중재법, 중재기관 등이 명시된다.
   ③ 중재계약은 형식적 요건은 반드시 서면에 의한 합의가 있어야만 한다.
   ④ 중재계약은 중재인을 지정하여야 유효한 계약이 된다.

6. 유엔통일매매법(United Nations Convention on Contracts for the International Sale of Goods 1980 : CISG)상 매도인의 하자보완권(the right to cure)에 관한 설명으로 옳지 않은 것은?

① 매수인의 하자보완청구가 없는 경우에도 매도인이 하자보완을 할 수 있다.
② 매수인에게 불합리한 불편을 주지 않아야 한다.
③ 매수인이 선지급한 비용을 매도인으로부터 보상받는데 대한 불확실성이 없어야 한다.
④ 매도인이 하자를 보완하였다면 매수인의 손해배상청구권은 소멸된다.

7. 다음 중 상사중재의 특징에 속하지 않는 것은?

① 중재는 3인 이상의 중재인이 선정되어야 유효하다.
② 당사자간의 중재합의가 있어야만 중재에 붙일 수 있다.
③ 중재판정의 결과는 외국에서도 집행될 수 있다.
④ 법원의 확정판결과 중재판정은 동일한 효력을 지닌다.

8. 조정(conciliation)에 관한 설명 중 옳지 않은 것은?

① 당사자의 조정신청이 있어야 조정이 가능하다.
② 중재의 바로 전 단계에서 행해질 수 있는 무역분쟁해결방법이다.
③ 조정인이 제시하는 조정안에 대해서는 당사자가 구속된다.
④ 조정의 결과 승낙된 조정안은 법원의 확정판결과 동일한 효력이 있다.

9. 무역계약의 이행과정에서 당사자들의 통제범위를 넘어서는 사건으로부터 당사자들의 책임을 면제시키고자 할 때 사용하는 조항은?

① Force Majeure Clause ② Paramount Clause
③ Jurisdiction Clause ④ Arbitration Clause

10. 다음 중 중재조항의 3가지 주요 요소가 아닌 것은?

① 중재인 ② 준거법
③ 중재장소 ④ 중재기관

11. CISG(유엔통일매매법, 1980)상의 매수인을 위한 구제권리가 아닌 것은?

① 특정이행청구권 ② 하자보완청구권
③ 물품명세확정권 ④ 대금감액청구권

12. 외국에서 내린 중재판정의 승인 및 집행에 관한 유엔협약은 다음의 어느 것인가?

① New York Convention 1958 ② Hamburg Rules 1978
③ Vienna Convention 1980 ④ York-Antwerp Rules 2004

13. 다음 중 유엔통일매매법에 적용될 수 있는 경우는?

① 개인용, 가사용 물품의 매매 ② 해외 자회사와의 매매
③ 경매에 의한 매매 ④ 선박, 항공기의 매매

14. 유엔통일매매법상 매도인과 매수인에게 공통으로 부여되어 있는 구제권리가 아닌 것은?

① 특정이행청구권 ② 하자보완권
③ 계약해제권 ④ 손해배상청구권

15. 중재에 대한 설명으로 옳은 것은?

① 중재인은 자기가 내린 중재판정을 철회, 변경할 수 있다.
② 중재인은 중재인의 자격은 변호사 자격을 가진 자로 제한된다.
③ 중재판정에 불복하는 경우 대법원에 재심청구소송을 낼 수 있다.
④ 중재판정은 법원의 확정판결과 동일한 효력을 가진다.

16. 마켓 클레임(market claim)에 관한 설명 중 가장 타당한 것은?

① 품질불량을 이유로 제기하는 클레임이다.
② 시장상태가 불황인 경우 이를 극복하기 위하여 제기하는 클레임이다.
③ 물품인수 후 그 대금의 지급을 지연시킬 목적으로 제기하는 비정상적 클레임이다.
④ 클레임을 제기할 만한 사유가 없음에도 가격인하나 계약해제 등을 목적으로 상대방의 사소한 과오를 구실로 하여 제기하는 클레임이다.

17. 다음 중에서 중재의 장점에 해당되지 않는 것은?

① 비용의 절약 ② 중재심리의 비공개
③ 3심제에 의한 법적 안정성 확보 ④ 분쟁의 신속한 해결

18. 중재계약의 형식에 관한 설명 중 타당하지 않은 것은?

① 계약중에 중재조항을 기재하면 된다.
② 구두상으로 합의에 도달하면 된다.
③ 중재를 합의한 서면에 기명·날인하여야만 된다.
④ 교환된 서신 또는 전보에 중재조항이 기재되면 된다.

19. 유엔통일매매법상 매도인의 위반이 근본적 계약위반에 상당하여야만 행사 가능한 매수인의 구제 권리는?

① 계약해제권·손해배상청구권　② 대체품인도청구권·계약해제권
③ 이행정지권·계약해제권　④ 운송유지권·이행정지권

20. 다음 중 그 기술이 옳은 것은?

① 우리나라는 New York협약국의 체약국이므로 외국중재판정의 승인 및 집행이 가능하다.
② 중재계약이 있더라도 특정한 경우에는 법원에의 직소(直訴)가 인정된다.
③ 중재계약에 의한 중재판정은 최종적이지만 1회에 한하여 국제상사법원에 재심을 청구할 수 있다.
④ 무역클레임을 해결하기 위해서는 제3자를 개입시켜 해결하는 것이 가장 바람직하므로 중재에 의한 해결이 가장 많이 이용된다.

21. 다음 중 중재계약의 내용으로 옳지 않은 것은?

① 중재계약은 계약자유의 원칙을 갖는다.
② 중재계약에 의한 중재판정은 최종적이다.
③ 중재계약은 구두계약도 가능하다.
④ 중재판정은 국내·국제적인 효력을 갖는다.

22. 유엔통일매매법상 승낙의 방법으로 인정될 수 없는 것은?

① 피청약자가 매도인인 경우 승낙기간내 물품을 발송하는 경우
② 피청약자가 무행위 또는 침묵하는 경우
③ 피청약자가 매수인인 경우 승낙기간내 대금을 지급하는 경우
④ 피청약자가 전화(phone)로 승낙하는 경우

23. 유엔통일매매법상의 손해배상청구권에 관련된 설명으로 틀린 것은?

① 이익의 손실도 청구할 수 있다.
② 자신이 실제로 입은 손실만을 청구하여야 한다.
③ 위반당사자가 계약체결시 예견한 손실을 초과하여 청구할 수 있다.
④ 손해배상청구권자는 위반한 상대방을 위하여 손해를 줄이도록 노력하여야 한다.

24. 유엔통일매매법에 대한 설명으로 옳지 않은 것은?

① 물품에 대한 소유권 이전시기를 규정하고 있다.
② 물품에 대한 위험이전시기를 규정하고 있다.
③ 당사자의 구제권리를 규정하고 있다.
④ 계약의 성립시기를 규정하고 있다.

25. 중재(Arbitration)의 장점이라 볼 수 없는 것은?

① 절차의 비공개
② 신속한 해결
③ 3심제에 의한 공정한 해결기회의 부여
④ 판정결과의 외국에서의 집행력 부여

26 유엔통일매매법상의 매도인을 위한 구제권리가 아닌 것은?

① 계약해제권
② 손해배상청구권
③ 물품명세확정권
④ 대체품인도청구권

27. 교차청약(cross offer)의 효력에 관한 설명으로 옳은 것은?

① 교차청약은 국제상인간에 이루어진 경우에는 계약의 성립으로 인정된다.
② 교차청약은 Internet으로 이루어진 경우에는 계약의 성립으로 인정된다.
③ 교차청약의 효력에 관한 통일된 국제적인 관습이나 법규는 전혀 없다.
④ 교차청약의 경우 일방당사자의 확인(confirm)행위는 무의미하다.

28. 유엔통일매매법상의 계약의 해제에 관한 설명으로 옳지 않은 것은?

① 상대방의 위반이 근본적 위반에 상당하면 계약의 해제를 선언할 수 있다.
② 이행지체의 경우 추가기간을 설정한 후 상대방의 불이행시에 계약을 해제할 수 있다.
③ 계약이 해제된 경우 손해의 발생여부와 상관없이 손해배상을 청구할 수 있다.
④ 계약을 해제한 후에도 물품을 보완하여야 한다.

29. 중재에 관한 다음의 설명 가운데 가장 타당한 것은?

① 중재절차는 재판과 마찬가지로 공개하는 것이 원칙이다.
② 당사자간에 중재부탁합의 또는 중재계약이 있는 경우에만 중재가 가능하다.
③ 중재판정의 효력은 중재국과 외교관계가 있는 경우에만 가능하다.
④ 중재에 붙여진 사건이라도 재판절차에 제소할 수 있는 양립성이 인정된다.

30. 매매당사자의 고의나 과실이 없는 후발적 사고로 인해 계약목적의 달성이 어려워지는 것을 대비하기 위하여 계약서상에 명시하는 조항은?

① jurisdiction clause
② applicable law
③ arbitration clause
④ frustration

31. 당사자의 일방이 범한 계약위반이 그 계약 하에서 상대방이 기대할 권리가 있는 것을 실질적으로 박탈할 정도의 손해를 상대방에게 주는 경우, 이를 (　　)이라 한다.

① 근본적 위반(fundamental breach)
② 중요한 위반(major breach)
③ 심각한 위반(serious breach)
④ 개념적 위반(conceptual breach)

32. 유엔통일매매법상 매도인의 예상되는 위반(anticipatory breach)이 있는 경우 매수인이 행사할 수 있는 권리가 아닌 것은?

① 이행정지권　　② 계약해제권
③ 운송유지권　　④ 대금감액청구권

33 중재판정의 집행력에 관한 국제협약으로서 유엔에서 제정한 것은?

① Hague Rules 1924
② Incoterms® 2010
③ New York Convention 1958
④ Vienna Convention 1980

34. 유엔통일매매법상의 계약해제권에 관한 설명으로 옳은 것은?

① 계약해제를 선언한 후에는 취소할 수 없다.
② 분할이행계약에서 당해 분할분이 해제되는 경우 장래 분할분은 자동적으로 해제된다.
③ 매도인이 초과수량을 인도한 경우 매수인은 당해 계약을 해제할 수 있다.
④ 이행정지권을 행사한 후에는 계약해제권을 사용할 수 없다.

35. 대금, 지급, 물품의 품질 및 수량, 인도의 장소 및 시기, 상대방에 대한 당사자 일방의 책임의 범위 또는 분쟁의 해결에 관한 추가적 또는 상이한 조건은 청약의 조건을 ( ) 변경하는 것으로 본다.

① 실질적으로(materially)
② 개념적으로(conceptually)
③ 근본적으로(fundamentally)
④ 심각하게(seriously)

36. 유엔통일매매법상 지연된 승낙(late acceptance)의 효력에 관한 설명으로 옳지 않은 것은?

① 승낙이 지연된 경우에도 계약이 성립될 수 있다.
② 통신전달과정에서의 지연인 경우 청약자의 무행위 또는 침묵은 계약의 성립으로 인정되지 아니한다.
③ 피청약자의 과실로 지연된 경우 청약의 무행위 또는 침묵은 계약의 성립으로 인정되지 아니한다.
④ 승낙이 지연된 경우 청약의 무행위 또는 침묵은 계약의 성립으로 인정되지 아니한다.

Chapter 6
국제운송계약

1 국제해상운송

1.1 개품운송계약과 용선계약

1.1.1 개품운송계약

개품운송계약(contract of affreight in a general ship)은 개개의 운송물품을 계약의 목적으로 하는 계약으로서 선사가 다수의 화주로부터 화물을 집화하여 혼재운송을 하기 위하여 체결하는 운송계약이다. 이것은 정기선(liner)에 의한 운송방식에 의하여 이루어진다.

1.1.2 용선계약

용선계약(contract of charter party)은 선박의 일부 또는 전부를 계약의 목적으로 하는 운송계약으로 부정기선(tramper)에 의하여 행하여진다.

【개품운송계약과 용선계약의 비교】

	개 품 운 송 계 약	용 선 계 약
계약의 목적	개개의 운송물품	선박의 일부 또는 전부
운송방법	정기선(liner)	부정기선(tramper)
적용법규	성문법(statute law)	보통법(common law)
책임관계	운송인 면책확대 불인정	운송인 책임 수정가능
당 사 자	선주와 송화인	선주와 용선자
화 주	불특정 다수 화주	특정 화주
화 물	잡화와 같은 비교적 적은 화물	대량벌크화물(원유, 철강, 석탄, 곡물 등)
계 약	선화증권(B/L)	용선계약서(C/P)
운 임 율	공표운임율(tariff rate)	수급에 의한 시세(open rate)
운임조건	Berth(Liner) Term	FI, FO, FIO

1.2 선화증권

1.2.1 선화증권에 관한 국제규칙

1.2.1.1 선화증권법(The Bills of Lading Act 1855)

이 법에서는 배서에 의한 선화증권의 양도로 소유권이 이전됨을 규정하고, 선화증권상에 명시된 권리의무가 선화증권의 양도로 양수인에게 이전됨을 규정하고 있다.

1.2.1.2 하터법(Harter Act 1893)

하터법은 전통적인 책임주의를 벗어나 상업과실과 항해과실을 구별하는 새로운 과실책임주의를 채택하여, 전자인 화물의 적당한 선적, 적부, 보관, 주의 및 인도에 관한 과실을 운송인의 책임으로 하고, 후자인 항해와 선박의 취급에 관한 과실에 관해서는 선주의 면책으로 규정하였으며(동법 제1조), 선주가 선박의 감항성의 유지를 위하여 상당한 주의를 다할 의무 및 화물을 신중하게 취급·적부·관리하고, 적당하게 인도를 해야 할 선장 또는 선원 등의 의무를 경감 또는 면제하는 등의 특약을 무효로 규정하고 있다(동법 제2조).

반면에 항해 또는 선박의 취급에 관한 과실, 즉 항해과실에 대하여 당연히 면책되고, 그 밖에 불가항력, 화물의 성질에 의한 고유의 하자 또는 성질, 포장의 부적합 등으로 인하여 생긴 손해 및 인명과 화물의 구조를 위한 이로로 인하여 생긴 손해에 대하여도 면책된다(동법 제3조). 또 선주는 화물의 식별에 필요한 화인, 포장의 개수, 용적, 중량 및 외관상태 등을 기재한 선화증권 또는 선적서류를 발행할 것을 요하고, 이와 같은 서류는 그것에 기재된 대로 물품이 수령되었다는 추정적 증거가 된다(동법 제4조).

따라서 하터법은 선주의 항해과실에 대한 면책이 면책약관의 효과로서가 아니고 법적인 효과였다는 것, 그리고 선박의 감항성유지에 관한 주관주의의 채용 및 상업과실에 대한 면책약관의 금지를 강행법적으로 확립하였다는 데에 그 의의가 있다.

1.2.1.3 헤이그규칙(Hague Rules 1924)

이 규칙에서는 운송인의 과실을 항해과실과 상업과실로 구분하고, 상업과실 및 선박의 감항성 유지의무에 관해서는 운송인의 책임으로 하며, 항해과실에 대해서는 운송인의 면책으로 하고 있다(제3조 제1-2항 및 제4조 제2항 제a호). 또 항해과실을 포함하여 운송인의 면책사유를 열거하고, 그 경우에는 화주가 반증을 하지 않는 한 원칙적으로 면책된다(제4조 제2항). 이외의 운송인의 책임을 감면하는 조항을 삽입하여도 운송인은 그 책임을 면치 못하며, 보험의 이익을 운송인에게 양도하는 조항 또는 이와 유사한 모든 조항은 면책약관과 같이 무효로 하지만(제3조 제8항), 선화증권의 약관에 운송인의 책임을 증가시킬 수 있도록 하고 있다.

따라서 이 규칙은 운송인의 최소한의 의무, 최대한의 면책 및 책임한도를 명확하게 한 것이라고 할 수 있다. 또 이것은 운송인의 책임의 최저액을 정하고 있다. 송화인이 물품의 포장 및 단위를 선적전에 통고하여 선화증권에 기재되어 있는 경우를 제외하고 운송인은 물품의 멸실 또는 손상에 대하여 포장 또는 단위당 100Sterling Pound를 지급해야 한다.

운송인은, ① 물품의 식별을 위하여 필요한 주요 화인, ② 포장 또는 개품의 수, 용적, 중량, ③ 외부에서 인정될 만한 상태를 기재한 선화증권을 교부해야 한다(제3조 제3항). 이와 같은 선화증권은 반증이 없는 한, ①, ② 및 ③의 규정에 따라서 당해 증권에 기재되어 있는 대로 물품을 운송인이 수령한 것으로 추정한다(제3조 제4항).

1.2.1.4 헤이그 비스비규칙(Hague-Visby Rules 1968)

헤이그 비스비규칙은 1924년 규칙의 일부가 수정되거나 새로운 내용이 추가되었는데 그 주요 조항은 다음과 같다.

① 적용범위

헤이그규칙은 체약국에서 발행된 선화증권에 적용한다고 규정되어 있으나, 개정의정서에는 선화증권이 체약국에서 발행된 경우, 운송이 체약국의 항으로부터 개시된 경우와 선화증권상에 규칙의 규정 또는 규칙의 규정을 국내입법화하고 있는 국가의 법률에 의하여 해당 운송계약관계가 규율된다고 규정되어 적용범위가 현저히 확대되었다(제5조).

② 선화증권기재의 증거력

이 의정서는 선화증권의 유통성을 강화하기 위하여 헤이그규칙상의 추정적 증거력의 원칙에 추가하여 선의의 선화증권 소지인에 대한 관계에서는 선화증권기재의 절대적 증거력을 부여하고 있다(제1조 제1항).

③ 운송인의 책임제한

헤이그규칙은 운송인의 책임에 관하여 선화증권에 가액의 기재가 없는 경우에 포장 또는 단위에 대해 영국화 100파운드 또는 그 밖의 통화인 경우에는 이와 동액을 한도로 하는 유한책임을 인정하고, 그 파운드가 어떠한 내용의 금화인가에 관하여는 규정하지 않고, 또 각국이 100파운드를 자국의 통화로 환산하는 시기에 관하여도 규정하고 있지 않다. 따라서 이 규칙을 채택한 각국 간에 운송인의 책임한도액이 통일되지 않았다. 이러한 문제를 해결하기 위해 개정의정서는 포장·단위당 10,000포앙카레 프랑과 화물의 총중량 킬로그램 당 30포앙카레 프랑의 총액 가운데 더 많은 금액을 운송인의 책임한도액으로 하는 새로운 규정을 두었다(제2조). 손해의 총액은 계약에 따라 화물을 선박으로부터 양륙한 장소 및 일시를 기준으로 하고, 화물의 가액은 상품거래소가격(Commodity Exchange Price), 그것이 없는 경우에는 일반시장가격(Current Market Price), 그것도 없는 경우에는 통상가액을 기준으로 한다고 규정되었다. 또한 개정의정서에는 포장·단위 기준의 적용과 관련하여 컨테이너, 팔레트, 또는 이와 유사한 운송용구에 든 화물에 관하여 컨테이너조항(Container Clause)을 신설하고 있다.

운송인의 책임에 관한 규칙상의 항변과 책임제한 등의 이익을 불법행위를 이유로 한 소송에서도 주장할 수 있도록 하고, 또 운송인의 대리인 또는 사용인 등 이행보조자도 이를 원용할 수 있도록 규정을 신설하였다(제3조).

제소기간에 관한 규칙 제3조 제6항 제4호의 개정(의정서 제1조 제2항) 및 제3조 제6항의 2(의정서 제1조 제3항)의 신설 등이다.

1.2.1.5 함부르크규칙(Hamburg Rules 1978)

내용의 중요한 부분만 간단히 언급하면 다음과 같다.

① 선박의 감항성에 관한 주의의무

헤이그규칙에서는 운송인이 부담하는 기본적 의무의 하나로서 선박의 감항성에 관한 주의의무가 규정되어 있었다. 그러나 함부르크규칙에서는 아무런 규정이 없지만, 제5조 제1항에는 "물품이 제4조에 규정된 운송인의 관리하에 있는 사이에 물품의 멸실, 손상 또는 인도의 지연을 원인으로 한 사고가 발생한 때는 운송인이 그 멸실, 손상 또는 인도의 지연에 의해서 발생한 손해에 관하여 책임을 부담한다. 다만, 운송인이 자기 및 그 사용인 또는 대리인이 그러한 사고 및 그 결과를 방지하기 위하여 합리적으로 요구되는 조치를 취한 것을 증명한 때에는 그렇지 아니하다"고 규정되어 과실책임의 원칙을 표명하고, 선박의 감항성에 관한 규정이 없어도 불감항에 의해서 손해가 발생한 때에는 이 일반원칙에 따르게 된다. 따라서 함부르크규칙은 항해전 및 항해의 개시시에 감항성에 대한 상당한 의무를 다하는 것만으로 만족하지 않고, 물품이 운송인의 관리하에 있는 동안에는 운송인이 감항성에 관한 주의의무를 계속하지 않으면 안 된다.

② 항해과실면책의 폐지

헤이그규칙에서는 운송인의 상업과실을 강행법적으로 책임지운 반면에 과실책임주의의 예외로서 항해과실을 운송인의 면책으로 규정하였으나, 함부르크규칙에서는 운송인의 책임으로 규정하였다.

③ 화재면책의 폐지

헤이그규칙 하에서 실질적으로 면책되고 있던 선박에서의 화재가 함부르크규칙에서는 면책의 규정을 두고 있지 않다. 따라서 화재의 책임에 관해서도 운송인의 책임에 관한 일반원칙에 따른다. 다만, 화재가 운송인측의 과실 또는 부주의로 발생한 경우에 진화 및 화재의 결과의 방지 또는 완화를 위하여 합리적으로 요구되는 모든 조치를 취한 경우, 운송인측에 과실 또는 부주의가 있었다는 것을 배상청구자가 증명해야 한다. 선박에서의 화재가 사실상 면책으로 취급받아 왔던 이유 중의 하나가 그 원인의 규명, 즉 과실의 유무 및 과실책임자의 판정이 아주 곤란하다는 것이었는데, 헤이그규칙에서는 그 곤란함을 화주측에 부담시키고 있으므로 사실상 운송인의 면책이나 다름이 없다.

④ 면책리스트폐지

헤이그규칙의 제4조 제2항 제(c)호에서 제(q)호까지 열거되어 있던 면책리스트가 폐지되고, 함부르크규칙에서는 제5조의 운송인 책임의 일반원칙에 의해서 규율되고 있다. 제5조 제1항은 운송인의 책임이 과실책임이라는 취지를 규정하였지만, 동항 단서의 표현이 너무 엄격하기 때문에 선진국이 그것에 난색을 표시하고 대안으로서 "다만 운송인이 멸실, 손상 또는 지연이 자기, 그 사용인 또는 대리인의 과실 또는 태만에서 발생하지 않은 것을 증명한 경우에는 그렇지 아니하다"는 문언을 제안하여 본항이 과실책임인 것을 한층 명확하게 하였다. 그러나 개도국측이 받아들이지 않자, 결국 "본협약하에서 운송인의 책임이 추정과실의 원칙(principle of presumed fault or neglect)에 의거할 것을 공통으로 양해한다. 이것은 거증책임이 원칙으로 운송인에게 있지만, 어떤 경우에는 협약의 규정이 이 원칙을 수정하는 것을 의미 한다"라는 "공통의 양해사항"을 부속문서로서 채택하는 것으로 귀착되었다. 선진국이 그러한 제5조 제1항 단서를 원하였던 것은 사고를 방지하기 위하여 "합리적으로 요구되는 모든 조치를 취한 것"의 증명이 와루쇼 협약과 유사한 것으로 운송인에게 일반의 과실책임보다도 엄격한 책임이 부과되기 때문이다.

⑤ 지연손해에 대한 운송인의 책임 명문화

헤이그규칙에서는 지연손해에 관하여 명문의 규정이 없었기 때문에 지연으로 생긴 화물의 변질과 같은 물리적 손해에 관해서는 이를 화물의 취급에 대한 주의의무를 규정한 헤이그규칙 제3조 제2항에 의하여 배상받을 수 있었으나, 시장가격의 하락과 같은 간접손해에 대해서는 명백하지 못하여 각국은 이를 국내법에서 명시하는 나라들도 있었다. 따라서 이러한 불명료한 점을 시정하고, 또 도로, 철도, 항공 등 다른 운송수단에 의한 국제운송에서도 모두 인도지연에 관한 규정을 두고 있는 것을 고려하여 함부르크규칙에서는 인도지연을 운송인의 책임으로 규정하고, 그 의미에 관해서도 규정을 두고 있다. 즉, 인도지연은 화물이 명시된 기간 내에 또는 그러한 합의가 없는 경우에는 당해 사안의 사정을 고려하여 성실한 운송인에게 요구되는 상당한 기간 내에 양륙항에 인도되지 않을 경우에 생긴다고 규정하고 있고, 상당한 인도기간경과 후 60일 이내에 인도가 되지 않는 경우에 화주는 그 화물이 멸실된 것으로 취급할 수 있도록 하고 있다.

⑥ 운송인의 책임한도액 인상

운송인의 책임한도액은 화폐단위로서 SDR을 채용하고, 화주는 "포장당 또는 선적단위당 835SDR 또는 kg당 2.5SDR, 이 중 높은 금액"을 청구하도록 하고 있다. 이 한도액은 헤이그 비스비의정서 보다 25% 증가된 것이다.

⑦ 운송인의 책임기간의 연장

함부르크규칙은 헤이그 규칙의 전통적인 "from tackle to tackle"의 원칙을 폐기하고, "수령에서 인도까지(from receipt to delivery)"로서 운송인의 책임기간을 확장하였다. 그러나 장소적인 제한을 가하여 선적항에서의 수령 이후부터 양륙항에서의 인도까지로 하고 있다.

⑧ 파손화물보상장의 효력에 관한 규정의 신설

송화인과 선사의 사이에 어쩔 수 없는 편법으로 관행화되고 있는 파손화물보상장이 송화인이외의 선의의 선화증권 소지인에게 대항할 수 없다는 것을 당연시하고, 함부르크규칙 제17조 제2항에 그 취지를 명문화하였다(다만, 선의의 소지인에게 한정되지 않는다).

1.2.2 선화증권의 기능과 성질

1.2.2.1 선화증권의 기능

선화증권이란 운송계약의 증거, 화물의 수령 및 화물의 권리를 표시하는 서류이다. 화주와 운송인간에 체결된 운송계약의 증거인 선화증권은 운송인이 화물을 수령·선적하여 이를 해상운송을 거쳐 선화증권의 정당한 소지인에게 인도할 것을 약정하는 유가증권이다

선화증권은 증권상에 기재된 화물의 권리를 구현하기 때문에 오늘날 무역에서의 상징적 인도에 중요한 역할을 하고 있다.

선화증권은 법적인 관점에서 보면 여러 가지의 기능을 하고 있다.

① 선화증권은 운송계약의 자체는 아니지만 운송계약의 유력한 증거(an evidence of contract of carriage)이다. 왜냐하면 보통의 경우 운송계약은 선화증권이 발행되기 이전에 체결되기 때문이다.

② 선화증권은 선적된 화물의 수령증(a receipt for the goods shipped)으로서 선적되는 시점에 있어서 물품의 수량과 상태를 확인하는 것이다.

③ 선화증권은 권리증권(document of title)이라는 것이다. 즉, 선화증권을 소유하고 있는 것은 물품을 소유하고 있는 것과 법적으로 동일하다. 따라서 선화증권의 소지인은 양륙항에서 물품을 인도받을 수 있고, 물품이 운송되고 있는 사이에도 선화증권을 양도함에 의해서 물품을 인도할 수가 있다.

1.2.2.2 선화증권의 성질

① 유가증권으로서의 성질

유가증권이란 재산적 가치가 있는 사권이 표창되어 있는 것으로서 권리의 발생, 행사 및 이전이 증권에 의하여 이루어지는 것을 말한다. 선화증권은 선적되는 화물을 대표하고 그 인도청구권이나 처분권 등이 법적으로 보장되어 있기 때문에 유가증권으로서 다음의 성질을 갖고 있다.

a. 선화증권은 상법이나 기타 준거법에 명시된 법적 기재사항을 기재하여야 유가증권으로서 효력이 있는 요식증권이다.

b. 선화증권은 운송계약에 따라 운송인이 화물을 수령하였다고 하는 원인이 있어야 발행되는 것이기 때문에 요인증권이다.

c. 선화증권은 그 권리의 내용이 증권상에 기재된 문언에 의하여 결정되기 때문에 문언증권에 속한다.

d. 선화증권은 배서나 인도에 의하여 권리가 이전되는 유통증권이다.

e. 선화증권을 정당한 소지인에게 인도하는 것은 이에 기재된 화물을 인도하는 것과 동일한 효력이 있다는 의미에서 인도증권이다.

f. 지시식 선화증권과 무기명식 선화증권은 배서에 의하여 자유로이 양도할 수 있는 지시증권성이다.

g. 선화증권을 작성한 경우에는 화물에 관한 처분은 선화증권으로만 하여야 하기 때문에 처분증권이다.

h. 화물의 인도는 선화증권과 상환으로만 청구할 수 있기 때문에 선화증권은 상환증권에 속한다.

i. 선화증권의 제시가 있어야 운송인이 화물을 인도하기 때문에 제시증권이라고 한다.

② 증거증권으로서의 성질

선화증권은 송화인과 운송인 사이에 해상운송계약이 체결되었으며, 또 증권상에 기재된 대로의 화물이 운송인에게 인도되었음을 추정적으로 증명한다는 의미에서 증거증권성이 있다.

③ 면책증권으로서의 성질

선화증권은 운송인이 정당한 선화증권을 제시하는 자에 대하여 운송화물을 인도함으로써 그 책임을 면한다는 의미에서 면책증권으로서의 성질을 갖는다.

1.2.3 선화증권의 종류

1.2.3.1 적재에 대한 기재문언에 의한 분류

선적선화증권(Shipped B/L)은 화물이 실제로 본선에 적재되었음이 기재된 것으로 보통 증권면에 "shipped on board vessel"로 표기되며, "on board notation"으로 표기되기도 한다.

수취선화증권(Received for shipment B/L)은 화물이 선사가 지정한 장소에서 운송인에게 인도되면 화주에게 발행되는 선화증권으로서, 증권면에는 "Received … for shipment"로 기재된다. 신용장통일규칙에서는 선적선화증권을 요구하고 있으므로 수취 선화증권은 물품의 본선적재일의 표시(on board notation)가 있어야 수리한다고 규정하고 있다.

1.2.3.2 Remarks의 유무에 따른 분류

무고장 선화증권(Clean B/L)은 증권상에 포장이나 수량 등에 관한 유보사항이 기재되지 않은 것으로 보통 "Shipped on board in apparent good order and condition"으로 기재되어 있다.

고장부 선화증권(Foul(Dirty) B/L)은 선적된 물품의 포장상태가 불완전하거나 수량이 부족하면 비고(Remarks)란에 기재되는데, 이런 사실이 기재된 선화증권을 말한다. 화주는 고장부 선화증권으로 수출대금을 회수할 수 없기 때문에 파손화물보상장(Letter of Indemnity : L/I)을 선사에 제공하고 무고장 선화증권을 교부받아 수출대금을 회수하는 수도 있다.

1.2.3.3 수령인의 표시방법에 따른 분류

기명식 선화증권(Straight B/L)은 선화증권의 수화인(Consignee)란에 특정인이 기입된 것을 말한다. 일반적으로 항공화물운송장(Air Waybill)이나 해상화물운송장(Sea Waybill)은 기명식으로 발행된다.

지시식 선화증권(Order B/L)은 선화증권의 수화인란에 특정인을 기입하지 않고 "Order of A", "Order" 또는 "Order of X Bank" 등으로 기입되어 있으며, 화주는 백지배서만 하면 이 증권의 소지인이 화물에 대한 소유권을 갖도록 할 수 있는 선화증권이다.

1.2.3.4 운송지역에 따른 분류

해양 선화증권(Ocean B/L)은 국외의 해상운송의 경우에 발행되는 선화증권이다. 보통, 무역에 사용되는 선화증권이 거의 해양 선화증권이다.

내국 선화증권(Local B/L)은 통운송의 경우 제2운송인이 자신의 운송구간에 대하여 발행하는 선화증권 또는 해외운송에 접속되는 국내운송에서 사용하는 선화증권이다.

1.2.3.5 유통성 여부에 따른 분류

유통성 선화증권(Negotiable B/L)은 선화증권에 "(or his or their) assigns"라는 문구가 기재된 것으로 B/L의 배서 또는 인도에 의하여 제3자에게 유통가능한 선화증권이다. 기명식 B/L이나 해상화물운송장 그리고 항공화물운송장은 유통가능 선화증권이 아니다.

비유통성 선화증권(Non-negotiable B/L)은 선화증권의 양도에 의해 소유권이나 물품의 인도청구권이 이전되지 않는 것이다.

1.2.3.6 특수신용장

① 통선화증권(Through B/L)은 운송화물을 목적지까지 운송하는 선주가 다른 선사의 선박을 이용하거나 해운과 육운을 교대로 이용하여 운송될 경우 최초의 운송업자가 전구간의 운송에 대하여 책임을 지고 서명하여 발행한 선화증권이다. 미국에서는 해상과 육상운송을 겸한 선화증권을 Overland B/L이라고 한다.

② 복합운송 선화증권(Combined Transport B/L)은 복합운송인이 전구간의 운송에 대하여 책임을 지고 발행하는 선화증권이다.

③ 약식 선화증권(Short Form B/L)은 Long Form B/L의 이면약관이 생략된 선화증권이다.

④ 적색 선화증권(Red B/L)은 선화증권과 보험증권을 결합시킨 것이다.

⑤ 기간경과 선화증권(Stale B/L)은 선화증권의 제시 시기가 필요이상으로 지연된 선화증권을 말한다.

⑥ 환적 선화증권(Transhipment B/L)은 운송경로의 표시에 있어 운송도중에 환적이 되었음이 B/L상에 나타난 선화증권을 말한다.

⑦ 부서부 선화증권(Counter-sign B/L)은 선화증권상 운임의 도착지 지급 또는 다른 채무가 있을 경우 수화인은 운임과 채무액을 선사에 지급하고 화물을 인수하게 되는데 이 때 선사는 결제가 완료되었음을 증명하기 위해 선화증권에 부서를 한다. 이와 같이 부서된 선화증권을 부서부 선화증권이라 한다.

⑧ Groupage B/L은 운송인이 다수 화주의 화물을 집화한 운송주선업자에게 1건으로 발행한 선화증권으로 Master B/L이라고도 하며, House B/L은 각기 다른 화주의 화물을 혼재하는 운송주선업자가 개별화주 앞으로 발행한 것이다. House B/L은 법리적으로 선화증권이 아니다.

1.2.4 선화증권의 기재사항과 발행

1.2.4.1 선화증권의 기재사항

① 법정기재사항

상법 제814조에 규정된 법정기재사항은 선박의 국적, 명칭과 톤수, 운송품의 종류, 중량과 용적, 포장의 종류, 개수와 기호, 운송물의 외관상태, 송화인·수화인의 성명 또는 상호, 선적항과 양륙항, 운임, 선화증권의 발행일자 및 장소, 발행통수 등이다.

② 임의기재사항

본선항해번호(Voyage No.), 통지처(Notify Party), 운임지급지와 지급조건, 선화증권 번호(B/L No.), 컨테이너 번호 및 봉인(Sealing)번호, 일반약관 등이다.

1.2.4.2 선화증권의 발행 및 배서형식

① 발행형식

a. 선화증권은 기명식, 지시식, 소지인식, 기명소지인식 및 무기명식으로 발행된다.

b. 기명식은 수화인란에 특정인의 이름을 기입하는 것이다.

c. 지시식은 “Order of Shipper” 또는 “Order”와 같은 단순지시식, “Order of A”와 같은 기명지시식, “A or Order”와 같은 선택지시식이 있다.

d. 소지인식은 “Bearer”로 기입되며, 기명소지인식은 “A or Bearer”로 표기된다.

e. 무기명식은 일명 백지식이라고도 하며, 수화인란을 Blank로 두는 것인데 이 경우 소지인식과 같이 취급한다.

② 배서형식

피배서인의 표시방법에는 기명식, 지시식, 백지식, 선택무기명식이 있다.

a. 기명식(full endorsement)은 피배서인(endorsee)의 이름을 명기하고 배서인(endorser)이 서명하는 경우이다. 연속된 배서에 의하여 권리가 이전된다.

b. 지시식은 피배서인으로 “Order of A”, “A or Order”와 같이 기재한다.

c. 백지식(Blank endorsement)은 배서인만 서명한 것이다. 이 경우 배서연속의 문제는 발생하지 않는다.

d. 소지인식(선택무기명식)은 배서를 요하지 않고 단순히 선화증권의 인도만으로 이전효과가 발생한다.

1.2.5 선화증권의 면책약관

각국에서 사용하고 있는 선화증권 이면약관상의 주요 면책조항은 다음과 같다.

① 천재 및 해난의 면책

운송인이나 그 사용인이 예견 또는 방지할 수 없는 해상고유의 위험(좌초, 침몰, 충돌 등)에 기인하는 손해, 천재지변(결빙, 낙뢰) 등에 기인한 손해에 대하여 운송인은 무과실을 입증하지 않고 면책된다.

② 전쟁위험의 면책

전쟁행위, 나포, 어뢰, 폭발 등에 기인하는 손해에 대하여 운송인은 책임을 지지 않고 면책된다.

③ 제3자의 행위에 기인하는 위험의 면책

검역, 억류 등의 법규에 기인하는 손해와 파업 등에 기인하는 손해에 대하여 운송인은 책임을 지지 않고 면책된다.

④ 과실약관

대부분 선화증권에는 항해 또는 선박의 관리에 있어서 도선사, 선장, 항해사, 기관사, 선원, 하역노동자, 기타 선박 또는 그 선사의 사용인의 태만 또는 과실 등에 기인하는 손해는 책임을 지지 않는다는 항해과실면책조항이 삽입되어 있다. 그러나 상업과실에 기인한 손해는 면책문언에 상관없이 운송인이 책임을 져야 한다.

⑤ 잠재하자약관

각국의 법규는 선박의 감항성담보의 주의의무를 운송인에게 부과하고 있다. 선화증권통일조약도 선박의 감항성을 갖추기 위하여 운송인이 상당한 주의를 기울일 것을 요구하고 있으며 선화증권의 이면약관중에도 감항성담보를 위해 운송인이 주의의 결여로 발생한 것이 아닌 한 선박의 감항성에 의하여 발생 또는 초래되는 멸실 또는 손상에 대하여 책임을 지지 않는다는 조항이 삽입되어 면책된다.

⑥ 이로약관

운송인은 인명 및 재산 혹은 선박구조, 피난 및 필수물자의 적재를 위해서 항로외로 항해하거나 예정항이 아닌 다른 항구에 기항할 수 있다는 조항을 두고 있다. 선화증권통일조약 제4조 제4항은 운송인이 인명과 재산의 구조나 합리적 이유에 기인한 이로를 면책으로 규정하고 있다.

⑦ 부지약관

운송인은 선적할 때 포장 수 및 화물의 개수를 선적지시서와 대조하여 확인한 후 선화증권을 발행하는 것이 아니라 송화인이 제시한 정보를 믿고 화물의 외관상 양호한 상태로 인도했다는 취지를 기재하여 선화증권을 발행하므로 선화증권이면에 화물의 내용, 중량, 용적, 수량, 품질 및 가격에 대하여는 운송인이 책임을 지지 않는다는 취지의 부지약관(Unknown Clause)을 명기하여 면책된다.

⑧ 갑판적 화물

운송인은 이면약관에 갑판상에 적재한 화물, 생동물, 과실, 야채, 어류 및 부패성 화물, 유리제품, 도자기류, 주물 등 이러한 화물에 발생한 멸실 또는 손상에 대해서는 운송인은 책임을 지지 않는다라는 면책조항을 삽입한다.

⑨ 고가품

귀중품이 운송될 때에는 단순한 운임외에 종가(Ad Valorem)에 의한 운임을 별도로 지급해야 운송인이 이를 특별히 보호·관리할 의무가 생긴다. 그렇지 않을 경우 운송인은 선화증권통일조약상의 운송인의 책임한도액인 포장당 100파운드이상의 책임을 지지 않는다. 선화증권의 이면약관 중에 고가품에 대한 운송인의 면책약관이 있다.

1.2.6 해상화물운송장과 전자식 선화증권

1.2.6.1 해상화물운송장

해상화물운송장(Sea Waybill)은 해상운송인이 화물의 수령을 증명하고 운송계약조건을 알기 위한 목적으로 송화인에 대하여 발행되는 서류이지만 선화증권과는 달리 물품의 인도청구권을 상징하는 권리증권이 아니기 때문에 양도성이 없다.

해상화물운송장의 장점으로는, ① 화물인도의 신속성, ② 서류의 분실에 수반한 위험의 해소, ③ 화물처리업무의 합리화 촉진, ④ 경비절감 등을 들 수 있고, 단점으로는 유통성 권리증권이 아니기 때문에 서류에 의한 물품의 전매불가 등을 들 수가 있다.

오늘날 운송기술의 발달로 신속한 운송수단이 등장하면서 화물의 운송기간이 단축되었지만, 선적서류의 처리속도가 늦어 목적지에 화물이 먼저 도착하는 경우가 발생하게 되었다. 이러한 상황에서 선화증권이 도착할 때까지 기다리면 창고보관료 등의 도착화물에 대한 위험부담이 높아진다. 관습적으로 화주는 화물선취보증장(L/G)으로 화물을 우선 수령하지만 이 방법은 절차가 까다롭고 과도한 비용이 들뿐만 아니라 그 분실이나 사기로 인한 피해가 클 수 있다. 이러한 이유로 1970년대 후반부터 해상화물운송장의 사용량이 증가하기 시작하였다.

이에 따라 국제해사위원회(Comit Maritime International : CMI)는 1990년 6월에 해상화물운송장에 관한 CMI 통일규칙(CMI Uniform Rules for Sea Waybill)을 채택하고 이를 공표하였다.

CMI 통일규칙상의 중요한 내용을 살펴보면 다음과 같다.

① 적용범위

선화증권과 기타 이와 유사한 권리증권에 의하여 표창되지 않는 운송계약에 채택될 경우에 문면에 의한 계약의 여부를 불문하고 적용된다(제1조).

② 대리권

운송계약을 체결함에 있어서 송화인은 자신의 명의로 또는 수화인의 대리인 또는 그를 대신하여 이를 체결하는 것이며, 또 송화인은 그가 운송계약을 체결할 권한이 있다는 것을 운송인에게 보증하는 것이다. 수화인이 운송계약에 관한 소송을 제기하거나 또는 소송을 받을 수 있도록 운송계약에 적용되는 법률에 의하여 필요한 경우에만 적용된다. 수화인은 선화증권 또는 이와 유사한 권리증권에 의하여 커버된 운송계약에 있어서 부담하는 그 이상의 책임을 부담하지 아니한다(제3조 제1항 및 제2항).

③ 권리 및 책임

운송계약은 이에 강행적으로 적용될 수 있는 또는 운송계약이 선화증권이나 이와 유사한 권리증권에 의하여 증빙된 경우에 적용될 수 있는 어떠한 국제협약 또는 국내법의 적용을 받는다. 그러한 국제협약 또는 국내법은 운송계약에 이와 일치하지 않는 아니한 어떠한 것이 있더라도 이에 적용된다(제4조 제1항).

④ 화물의 명세

송화인은 화물에 관련하여 자신이 제공한 명세사항의 정확성을 보증하고, 또 어떠한 부정확성으로 인하여 발생하는 모든 멸실, 손상 또는 비용에 대하여 운송인에게 배상하여야 한다. 운송인에 의한 유보조항이 없는 경우 화물의 수량 또는 상태에 관하여 해상화물운송장 또는 이와 유사한 서류상에 있는 모든 기재는, 운송인과 송화인간에서는 기재된 대로의 화물수령의 추정적 증거가 되고, 운송인과 수화인간에서는 수화인이 선의로 행동하는 경우 기재된 대로의 화물수령의 결정적인 증거가 되며, 이의 반증을 허용하지 않는다(제5조).

⑤ 운송물의 지배권

송화인은 운송인에게 운송계약에 관한 지시를 행할 권리가 있는 유일한 당사자이다. 해당 법률에 의하여 금지되지 않는 경우, 송화인은 목적지에 화물이 도착한 후 수화인이 화물의 인도를 청구하기 전까지는 언제라도 그 수화인의 명칭을 변경할 권리가 있다. 다만, 송화인은 이로 인하여 발생하는 모든 추가적인 비용에 대하여 운송인에게 배상한다는 약정으로써 서면이나 기타 운송인이 인수할 수 있는 어떠한 수단에 의하여 운송인에게 합리적인 통지를 하여야 한다(제6조 제1항).

송화인은 운송인에 의한 화물의 수령시까지 행사한다는 조건으로 운송물의 지배권을 수화인에게 이전하는 선택권을 갖는다. 이러한 선택권의 행사는 해상화물운송장 또는 해당되는 경우에 서류상에 명기되어 있어야 한다. 이러한 선택권이 행사된 경우 수화인은 지시를 행할 권리를 갖게 되며, 그러한 이상의 권리를 갖지 못한다(제6조 제2항).

⑥ 인도

운송인은 합당한 동일성을 증명하는 제시가 있는 때에 수화인에게 화물을 인도하여야 한다. 운송인은 수화인임을 주장하는 당사자가 실제로 당사자인지를 확인하기 위하여 상당한 주의를 다하였다는 것을 입증한 경우에는 인도착오에 대한 어떠한 책임도 부담하지 아니한다(제7조).

⑦ 효력

이 규칙 또는 권리 및 의무의 규정에 의하여 운송계약에 삽입되어 있는 규정의 어떠한 내용도 국제협약 또는 운송계약에 강행적으로 적용되는 국내법의 규정과 불일치하는 경우, 그 규칙 또는 규정은 그 범위 내에서 무효로 된다(제8조).

1.2.6.2 전자식 선화증권

최근 무역거래에서 서류를 전자적인 메시지에 의하여 대체하려고 하는 움직임이 서서히 높아지고 있다. 이것은 컴퓨터간의 통신에 의해서 이루어지며, 보통 전자자료교환(Electronic Data Interchange : EDI)이라고 불리어진다.

EDI란 "전자적인 정보교환을 의미하지만, 기업간에 거래에 관한 정보를 통신회선을 개입시켜 컴퓨터간에 교환하는 것" 또는 "거래관계가 있는 복수의 기업간에 컴퓨터를 통신회선에 연결하여 업무의 데이터를 교환하는 것"을 말한다.

이와 같이 전자식 선화증권(Electronic B/L)이란 선화증권을 발행하는 대신에 그의 내용을 컴퓨터에 보존하고, 선사와 송화인 또는 양수인(수화인)이 상호간 EDI 메시지를 전송하여 권리의 증명으로서 개인키를 사용함에 의해 물품에 대한 지배·처분권의 이전과 물품의 인도를 행하는 방법을 말한다. 컴퓨터 통신기술의 발달과 도입에 따른 EDI 방식의 무역시대에 전자식 선화증권의 유통성을 보장하기 위하여 국제해사위원회(CMI)는 1990년 6월에 개최된 제34회 총회에서 "전자식 선화증권에 관한 CMI 규칙"을 채택하였다.

① 개인키에 의한 권리의 전자적 이전

전자식 선화증권에 관한 CMI 규칙에 규정되어 있는 전자식 선화증권은 중앙등록기관으로서 해상운송인을 이용하여 전송되고, 현행의 선화증권 소지인이 갖는 것과 동일한 권리를 향유할 자격을 가진 당사자가 해상운송인에 대하여 행한 전자지시 시스템에 기초하고 있다. 해상운송물의 인도청구권의 이전은 선화증권을 발행하지 않고, 운송인이 동증권의 내용을 구성하는 정보를 전자적 방법에 의하여 보존하고, 암호번호를 인식하고 있는 권리자의 지시에 따라 양수인에게 전송하는 방법으로 행해진다.

이 시스템은 서면형식의 선화증권을 발행하지 않고 이것과 동일한 정보를 포함하고 있는 전자서류를 중앙등록기관인 운송인에 의해 송화인의 전자주소에 전송되는 것으로 시작하여 최종적인 양수인에 도달하는 일련의 권리의 전자적 이전이 행해지지만, 이것의 중심은 권리를 표창한 전자식 선화증권의 발행·양도를 가능하게 하는 개인키(Private Key)이다. 개인키란 운송인이 송화인으로부터 화물을 수령한 후 UN 표준메시지에 의해서 구성된 선화증권에 해당하는 정보를 화물수령 메시지로서 전자적 방법으로 송화인에게 전송할 때에 함께 송부된 비밀코드이다.

개인키는 숫자·문자를 조합시킨 것으로 운송인에 대한 운송물에 관한 지시메시지의 진정성과 완전성을 보증하기 위하여 사용되며, 권리가 양도될 때마다 변경되며, 그리하여 개인키의 소지인만이 권리양도의 지시를 할 목적으로 운송인과 연락을 취할 수 있는 방법이다. 즉, 개인키가 포함되어 있는 화물의 수령메시지(또는 양도메시지)는 유통성 선화증권의 기능을 하며, 개인키의 유효한 소지인에게만 화물에 접근(예컨대, 화물인수청구권, 처분권의 취득)할 수 있다.

② CMI 전자식 선화증권의 특징

CMI 규칙에 의한 전자식 선화증권의 특징은 다음과 같다.

a. EDI에 의해 서면형식의 선화증권의 유통과정을 모방하고 있다는 것

b. 기본적으로는 EDI 메시지에 의한 통지와 그것에 대한 확인시스템이라는 것

c. 전자식 선화증권의 중앙등록기관으로서 해상운송인이 설정되었다는 것

d. 개인키 시스템을 도입하여 전자식 선화증권의 유통성을 보증하고 있다는 것

e. CMI 규칙은 조약 또는 강행법규가 아니기 때문에 당사자의 계약자유의 원칙에 기초해서 해당 규칙에 따라 거래를 한다는 합의가 이루어진 경우 적용된다는 것이다

f. CMI 규칙에 의한 전자식 선화증권 메시지의 전송에는 이것에 저촉되지 않는 한 당사자간의 행동규범으로서 UNCID(Uniforn Rules of

Conduct for Interchange of Trade Data by Teletransmission : 전송에 의한 무역자료교환의 취급에 관한 통일규칙)가 채택되고, 선화증권의 포맷으로서 UN Layout Key(유엔출력부호)가 사용되며, "행정, 상역 및 운송을 위한 전자식 자료교환에 관한 유엔규칙(United Nations Rules of Electronic Data Interchange for Administration, Commerce and Transport : UN/EDIFACT)" 표준이 적용되는 것 등이다.

③ CMI의 전자식 선화증권의 문제점

서류의 선화증권상의 기재내용에 해당하는 수령 메시지에 나타나고 있는 권리의 수락과 서명에 해당하는 개인키의 취득이라고 하는 권리이전의 방식을 갖고, 종래의 선화증권의 유통성을 창출할 수가 있느냐의 문제가 남는다. 이것은

a. 선화증권의 기재내용은 운송인이 관리하기 때문에 정말로 개인키를 포함한 수령메시지가 양수인에 의해서 운송물에 관한 결정적인 증거로 되는가 하는 것

b. 개인키에 의해서 행하여지는 권리이전의 때에 운송인에 의한 현재의 소지인의 개인키의 파기와 권리의 양수인에게로의 새로운 개인키의 발급 사이에 있어서 시간적 차이가 발생하는 경우 종래와 같은 동시석인 권리의 이전이 되지 않는 것

c. 개인키의 선의의 양수인에게 종래의 선화증권과 같은 운송인에 대한 화물인도청구권을 비롯한 운송계약상 권리가 이전되도록 되어 있는 경우, 중앙등록기관의 승인이 없는 것에도 불구하고 제3자에게 개인키가 사기적으로 이전될 가능성을 배제할 수 없다는 것이다.

CMI 규칙은 강행규칙이 아니기 때문에 수령메시지와 개인키로 구성된 전자식 선화증권이 종래의 서면형식의 선화증권과 동일한 효과를 갖는다는 규정만으로는 서면형식의 선화증권과 동일한 법적효력을 부여한다는 것에 문제가 있고, 이것을 위하여 관련법의 제정이 필요하다. 또 CMI 규칙에는, 운송계약약관 등은 전부 전송하는 것이 아니다. 기존 서면형식의 선화증권에 기재된 약관을 참조하도록 한 형식으로 정보를 전송하도록 되어 있고, 또 당사자간은 해당계약이 국내법에 의해 요구되는 서면에 의한

것이 아니라는 것을 항변으로 주장할 수 없다고 되어 있다. 이러한 점에서 볼 때 각국의 선화증권에 관한 국내법이 이 규칙의 효력을 인정하지 않을 우려가 있다.

1.2.7 BOLERO 시스템의 개요

1.2.7.1 개념

BOLERO(Bill of Lading for Europe)시스템은 국제물품 매매, 운송, 보험 및 결제 등 무역거래에서 전통적으로 사용해 온 종이서류를 인터넷을 통한 전자메세지(electronic message)로 대체하는 상업적 시스템을 말한다.

1.2.7.2 추진연혁

①	1994	유럽위원회에서 추진하던 BOLERO Pilot 프로젝트를 세계적인 은행간 결제 시스템인 SWIFT와 해운업계 상호보험회사인 TT CLUB에서 50%씩 출자하여 인수
②	1995	BOLERO Project에 관심을 기울인 기업을 중심으로 범 산업적 Bolero Association Limited 발족
③	1996	Bolero Project 착수
④	1997.7	노르웨이 국영 석유회사 Statoil, 일본이 미츠이물산과의 실험결과 발표
⑤	1997.12	Bolero Project의 연구결과를 토대로 실증사업계획 수립
⑥	1998.04	SWIFT와 TT Club의 투자에 의해 Bolero International Limited 설립
⑦	1999.09	bolero.net 상용서비스 개시

* 2002년 5월 현재 우리나라 가입기업 : 우리은행, 외환은행, 삼성전자, 포스코, 현대상선, 조양상선, 한진해운, 대한해운, 거양해운 등

1.2.7.3 BOLERO의 조직과 기능

① Bolero International Ltd(BIL)

- SWIFT와 TT Club이 50 : 50 비율로 출자한 합작투자회사
- Bolero시스템의 운영을 담당
- CMI 규칙에서 운송인이 수행하던 개인키의 발행과 취소 및 권리자의 확인업무를 중앙등록시스템을 통하여 수행

- 사용자가 BIL에 가입하기 위해서는 BIL이 제공하는 서비스, 보안, 사용자 지원 서비스 및 BIL이 요구하는 사항의 수용 여부 등을 열거하고 있는 운용서비스계약(Operational Service Contract)을 체결

② Bolero Association Ltd(BAL)

- Bolero 시스템의 모든 사용자들로 구성된 조직
- Bolero 시스템의 사용자가 되고자 하는 회사나 개인의 신원(identity) 확인을 위한 자료를 수집함으로써 사용자의 시스템 등록과정에 중요한 역할 수행
- BAL은 개개 사용자의 대리인으로서 개개 사용자를 대리하여 기존의 사용자 및 미래의 잠재적인 사용자 또는 기타 일체의 사용자와 Bolero Rulebook에 기초한 시스템의 사용계약을 체결함.

1.2.7.4 Bolero의 계약구조

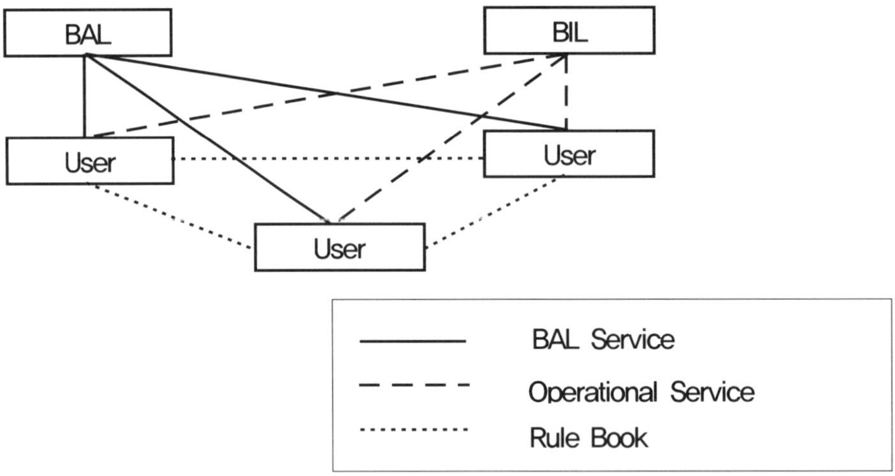

1.2.7.5 Rulebook

① 구성

ⓐ 정의, ⓑ 전자적 증거의 지위문제, 메시지의 송·수신에 관한 추정문제 및 메시지에 대한 책임문제, ⓒ 볼레로 선화증권의 권리등록과 관련한 특칙, ⓓ 운용절차(Operational Procedures)라고 명명된 별도의 문서에

포함되어 있는 운용규칙으로 구성

② 기본전략

전통적 선화증권하의 당사자의 권리가 전자문서 하에서도 그대로 존속하는 것이며 기존의 계약관계를 가능한 침해하지 않는 것

③ 중심내용

- BBL(Bolero Bill of Lading)의 생성, BBL의 권리, 점유이전, 운송계약의 경개(更改) 등으로 구성
- 또한 BBL의 관련 당사자, 즉 송화인, 운송인, 소지인, 질권자, 수화인 등의 기능과 권리뿐만 아니라 BBL 사용자가 아닌 당사자에게 물품이 전매될 경우 종이선화증권으로의 전환에 대해서도 규정

④ 의의

- Bolero 사용자는 누구나 Bolero 시스템의 사용허가를 받기 전 Rulebook에 서명해야하는데, 이때 서명의 의미는 전자문서의 문서성을 인정하겠다는 약속이며 Bolero의 전자서명의 유효성을 인정하겠다는 동의의 표시임
- Rluebook은 EDI하의 쌍무적인 교환약정과는 달리 BAL의 구성원인 일체의 사용자가 Rulebook에 동의한다는 의미의 서명을 의무화함으로써 모든 사용자를 구속하는 계약 또는 다자간 교환약정임

1.2.7.6 주요 특징

① 글로벌성을 띠고 있으며 일개회사에 과도한 지분소유를 배제
② 볼레로가 제공하는 서비스에 국한해서는 Rulebook에 의하여 구속력을 가도록 함
③ 기존의 제도적 환경과 연계시킴
④ 신뢰할 수 있는 제3자(Trusted Third Party), 즉 서비스 제공자를 개입시켜 시스템 장애 발생시 Bolero사에 손해배상청구가 가능하도록 함

1.2.8 송장과 기타 선적서류

1.2.8.1 송장의 기능

송장(invoice)이란 매매 또는 위탁계약에 의하여 물품의 인도가 이루어질 때, 그 물품의 송화인이 수화인에 대하여 화물의 특성, 내용의 명세, 계산관계 등을 상세히 명확하게 알리기 위하여 작성하는 서류이다.

외국무역에 사용되는 송장은 국내거래에 사용되는 화물의 단순한 안내서에 지나지 않는 송장과는 그 성질을 달리한다. 무역송장의 특성은

① 거래상품에 관한 중요사항을 기입한 화물의 명세서
② 그 상품의 대금 및 제 비용 등 주요 가격구성요소를 표시한 계산서 겸 대금청구서
③ 수화인의 입장에서 보면 수입화물에 대한 매입서

따라서 당해 계약내용의 존재와 계약이행의 사실을 입증하는 유력한 자료가 되며 또한 세관신고의 증명자료도 된다. 송장은 선화증권과는 달리 그 자체는 아무런 청구권이 없는 것이지만 오랜 상거래 관습상 중요서류이다.

1.2.8.2 송장의 종류

선적서류에 사용되는 송장은 물론 선적송장을 말하며 다음과 같다.

① 내내계약에 의하여 매노인이 작성하는 수출송장(매매송장)
② 위탁판매의 경우 발행되는 위탁판매송장(consignment invoice)
③ 매입위탁을 받고 수출업자가 매입대리인으로서 작성하는 매입위탁송장(indent invoice)
④ 견본송부시 발송되는 견본송장(sample invoice)
⑤ 반면에 선적 이전에 수입업자가 수입품의 가격(price)을 견적하거나 수입허가 또는 외화배정을 받기 위해서 요청할 때 수출업자가 작성하여 발송하는 견적송장(proforma invoice)도 있다.

흔히 송장이라고 말하면 상업송장, 즉 선적 후 작성된 매매송장의 상업송장을 말한다.

1.2.8.3 기타서류

① 원산지증명서

원산지증명서(Certificate of Origin : C/O)는 수입통관시 관세양허용으로 뿐만 아니라 특정국으로부터의 수입제한 또는 금지, 국가별 통계를 위하여 수입국이 요구하는 경우 발행된다. 현재 우리 나라에서는 양국의 통상협정에 의한 관세양허를 위한 일반원산지증명서는 상공회의소가 발행하고 선진국의 개도국에 대한 일반특혜관세(Generalized System of Preferences : GSP)의 적용을 받기 위한 GSP용 C/O는 각 시·도청에서 발급받는다.

② 포장명세서

포장명세서(Packing List)는 수입업자가 쉽게 각 화물의 내용을 파악하기 위하여 요구되는 포장된 내장품의 명세서로 상업송장의 부속서류로 작성되는 서류로서 계약서나 신용장상에 요구가 없으면 화환어음 취결시에 선적서류로서 은행에 제출할 필요가 없다. 그러나 포장명세서는 상업송장의 보충서류로 관례적으로 선적서류에 포함시키고 있다. 포장명세서에 상품의 외장(Outer Packing), 내장(Inner Packing)의 명세, 주문번호, 화인, 상자번호, 내용명세, 순중량, 용적 등이 기입된다.

③ 검사증명서

검사증명서(Certificate of Inspection)는 매매계약서의 품질조건에 권위 있는 검사기관의 검사에 합격한 상품만을 선적하기 위해 약정한 것이다. 특정검사기관을 합의해 두지 않았을 경우에는 수입업자의 대리인이 발행한 합격증 또는 지정검사기관의 검사합격증을 인정할 수 있다. 품질증명서(Quality Certificate)나 분석증명서(Certificate of Analysis) 등도 검사증명서의 일종이다. 그 외에도 당해 거래의 물품이 중량 또는 용적이 기준이 되는 경우에는 공인검정인(sworn measurer/surveyor)이 발행한 중량/용적증명서(Certificate of Measurement/Weight)를 수입업자에게 제공하여 계약과 일치함을 증명하게 된다.

④ 위생증명서

위생증명서(Health Certificate)는 식료품, 육류 및 의약품 등을 수출하는 경우에 무균, 무해임을 증명하는 서류이다. 동·식물을 수출하는 경우에는 위생증명서의 일조인 검역증(Certificate of Quarantine)을 필요로 하는 경우도 있다. 이상의 서류 외에도 대변표 또는 차변표를 발행하는 경우도 있다. 대변표(Credit Note)는 전표의 발행자가 그 상대방에 대하여 지급계정이 있는 경우 그 내용과 금액을 상대방에게 통지하는 전표를 말하며, 차변표(Debit Note)는 전표의 발행자가 그 상대방에 대하여 전표에 기재된 금액을 청구할 권리가 있음을 표시한 전표이다.

2 정기선운송

2.1 정기선의 개념 및 특징

정기선(liner)이란 특정항로를 화물의 수량에 관계없이 규칙적으로 반복·운항하는 운송형태이다. 주로 공산품 등의 일반화물 또는 포장화물을 운송한다.

정기선의 특징은 다음과 같다.

① 반복운항하는 전문운송인이다.

② 선박이 부정기선보다 고가이며, 화물도 부정기선 화물에 비해 고가이기 때문에 고가의 서비스를 한다.

③ 표준계약서(standard contract)와 운임표(tariff rate)에 따라 운송서비스를 제공한다.

2.2 해운동맹

2.2.1 해운동맹의 의의 및 종류

해운동맹은 특정항로에 취항하고 있는 둘 이상의 정기선사가 상호 독립성을 유지하면서 대내적으로는 과당경쟁을 배제하고, 대외적으로는 독점력을 강화하여 회원사 상호간의 경제적 지위를 향상·유지시킬 것을 목적으로 운임, 적취량, 배선, 기타 운송조건에 관해 협정 또는 계약을 체결한 국제카르텔(cartel)이다.

이 카르텔에 가맹을 희망하는 선사는 무조건 가맹시키는 개방형 동맹(open conference : 미국식)과 일정한 조건을 갖추지 않거나 회원의 이익을 해한다고 생각되는 경우에 가입을 인정하지 않는 폐쇄형 동맹(closed conference : 영국식)이 있다.

2.2.2 해운동맹의 기능 및 화주구속수단

2.2.2.1 해운동맹의 기능

① 운임협정(Rate Agreement) : 운임협정은 해운동맹 결성의 주된 이유이며, 운임수준을 정하는 방법(fixed rate agreement)과 운임의 최저수준만 정하는 방법 (minimum rate agreement)이 있다. 운임을 정하지 않은 자유운임률(open rate)도 있다. 운임율을 정해 공표된 운임을 공표운임율(tariff rate)이 있으며, 이를 위반하면 위약금을 지급하여야 한다.

② 적화 및 항해제한(Sailing Agreement) : 이는 동맹가입의 각 선사별로 물량을 할당하고 초과분에 대해 벌금을 부과하는 방법이다. 또한 기항지를 제한하거나(지역협정), 항차수(배선협정), 각 선박의 최고 적취량을 협정하기도 한다.

③ 운임공동계산(Pooling Agreement) : 이것은 순운임 수입에 대하여 공동계산하는 방법이다. 즉, 운임에서 비용을 공제하고 미리 정해진 배분율(pool point)에 따라 분배한다. 이 배분율은 보통 6개월 내지 1년을 기준으로 정산한다.

④ 공동경영(Joint Service) : 이는 경쟁배제, 경비절감, 합리적 배선을 목적으로 각 동맹선사가 공동경영을 하는 수가 있다. 동맹선사중 한 선사에 경영을 위탁하는 방법과 경영의 각 부분을 각 선사가 분담하는 경우도 있다. 수익은 매 결산기마다 정해진 비율에 따라 배분한다.

⑤ 대항선(Fighting Ship) : 동맹에 가입하지 않은 맹외선에 대항하기 위하여 해운동맹은 대항선을 활용하여 정기항로에서의 맹외선의 취항을 저지한다. 이 때 발생한 손실은 동맹선사가 부담한다.

2.2.2.2 해운동맹의 화주구속수단

① 계약운임제도(Contract Rate System) : 이것은 화주가 동맹선에만 선적하겠다고 계약을 할 경우에 공표운임율보다 낮은 계약운임율을 적용하는 이중운임제도(Dual Rate System)이다.

② 성실할려제도(Fidelity Rate System) : 이는 화주가 일정기간동안(통상 4개월) 동맹선에 화물을 선적한 경우 징수한 운임의 일정률(9.5%)을

반려하는 제도이다.

③ 운임연할려제도(Deferred Rate System) : 이것은 성실할려제도와 같지만, 징수한 운임의 일정율을 일정 기간이 경과된 후에 반려한다는 점에서 차이가 있다. 예컨대, 성실할려제도는 4개월 동안 동맹선을 이용한 경우 운임의 일정율을 반려해주나, 운임연할려제도는 4개월 동안(계산기간)의 선적에 대하여 운임을 반려 받으려면 그 후 4개월(유보기간)을 더 동맹선에 화물을 선적하여야 반려 받을 수 있다.

2.2.3 해운동맹의 장단점

장점으로는 안정적인 운송서비스 제공으로 무역거래의 편리성, 운임의 안정으로 생산 및 판매계약의 수립용이, 합리적인 배선으로 운임절감 등을 들 수 있다. 단점으로는 독점적 성격으로 과대이윤의 추구와 운임의 일방적인 변경, 운임율이 원가보다 동맹의 정책에 의해 좌우되어 불합리하게 책정되거나, 계약운임제 및 운임연할려제 등 갖가지 방법의 남용으로 화주를 필요이상으로 구속하는 것과 기항수를 가급적 줄이려는 경향이 강해 화주들이 불편할 수 있다는 것이다.

2.2.4 해운동맹의 약화

1980년대 초 미국은 자국의 경제를 회생 시키기 위한 방편의 하나로 규제완화(deregulation) 정책을 강력하게 시행하게 되었으며 이렇게 이유로 정부의 강력한 규제 정책 하에 운영되고 있던 항공 산업과 철도산업에 대한 규제가 전면 철폐되어 자유화되었다. 이러한 경향은 해운이라고 예외는 아니었다. 미국은 1984년에 신해운법을 제정하였다. 그 내용은 한마디로 그간 해운동맹제도의 필요성을 어느 정도 인정하여 해운동맹이 시장지배력을 행사할 수 있는 최소한의 행동은 용인하였으나 이 신 해운법에서는 이러한 단체행동의 대부분을 철폐하거나 금지하게 되었다. 즉 해운동맹이라는 이름은 그대로 유지하고 회원사간의 협력은 인정하되, 독점권을 행사하기 위한 수단들을 모두 금지시킴으로서 해운동맹제도를 사실상 무력화시키는 결과가 되었다. 또한 이에 더하여 국제운송에 있어 컨테이너화가 급속히 진전 됨으로써 운송루트의 변화, 운송서비스의 균질화, 개도국의 신흥 정기선사들 속출 등으로 해운동맹은 급속히 약화되었다.

2.3 정기선의 해상운임

2.3.1 정기선운임의 산정기준

① **중량기준(Weight Basis)** : 중량톤을 기준으로 운임을 계산하는 방법으로 영국식의 Long Ton 또는 Gross Ton(2,240Lbs=1,016.05kg), 미국식의 Short Ton 또는 Net Ton(2,000Lbs=907.18kg), 프랑스의 Metric Ton 또는 Kilo Ton(2,204 Lbs=1,000kg)이 있다. 시멘트, 철강과 같은 부피에 비해 무거운 화물, 즉 중량화물(Weight Cargo)에 적용된다.

② **용적기준(Measurement Basis)** : 일반화물은 1입방미터(Cubic Meter=CBM=m^3)를 1톤으로 하는 용적톤을 기준으로 운임율이 정해진다. 이 용적에 의하여 계산되는 운임을 용적운임이라고 하고, 그러한 화물을 용적화물(Measurement Cargo)이라 한다.

③ **가격기준(Ad Valorem Basis)** : 귀금속이나 견직물 같은 고가품은 보관방법, 적재장소 등에 특별한 주의를 필요로 하며 손해에 대한 보상액도 고액이기 때문에 그 가격에 대하여 일정률, 즉 종가율(Ad Valorem Rate)의 운임이 적용된다. 이것을 종가운임(Ad Valorem Freight)이라고 한다. 이 경우 기준이 되는 가격은 통상 송장상의 FOB 가격이다.

④ **컨테이너 단위기준** : 컨테이너 단위당 운임이 결정된다. 컨테이너의 단위는 보통 20 feet를 기준으로 한 TEU(twenty feet equivalent unit)와 40feet를 기준으로 한 FEU(forty feet equivalent unit)가 있다.

2.3.2 운임의 지급시기

① **선지급운임(Freight Prepaid, Advance Freight)** : 이것은 화물이 선적과 동시에 매수인에 운임을 지급하는 경우이다. 통상적인 선화증권의 약관에는 "운임은 선적시에 지급되어야 하며 운송중 선박 또는 화물이 멸실되어도 전액을 받을 수 있다(Freight to be considered as earned whether the ship or the goods be lost or not lost)"고 규정되어 운임의 선지급을 원칙으로 하고 있다.

② **후지급운임(Freight Collect, Freight Payable at Destination)** : 수화인이 양륙지에서 화물을 수령할 때 운임을 지급하는 경우이다. 운임은 도급계

약(청부계약)의 일종인 운송계약에 따라 화물이 안전하게 도착하여 인도되어졌을 때 수화인이 지급하는 보수이기 때문에 운임은 목적지에서 지급되어야 하는 것이 원칙이다. 따라서 화물이 운송중 멸실된 경우 수화인은 운임을 지급할 필요가 없다.

2.4 정기선 화물의 선적 및 양륙절차

2.4.1 선적 및 양륙에 관한 주요서류

① Shipping Request(S/R : 선복신청서) : 화주가 선사에 제출하는 운송의뢰서로 화물의 명세가 기재된다. 이것을 기초로 선적지시서(Shipping Order : S/O)가 작성된다.

② Booking List(인수확약서) : 화주가 제출한 S/R에 기초해 선사가 선적관련 사항을 화주별로 작성한 것이다. 화물의 명세, 필요 컨테이너 수, pick-up 요청일시, 위험물 여부 등이 기재된다.

③ Shipping Order(S/O : 선적지시서) : 선사가 송화인에게 교부하는 선적승낙서이며, 동시에 적재지시서이다. 선적지시서 대로 화물의 수량과 상태를 조사하여 그 결과에 따라 검수표(Tally Sheet)를 작성한다.

④ Tally Sheet(검수표) : 검수인(Tally Man)이 선적화물의 개수, 화인, 포장상태, 화물사고 등을 기재하여 작성한다. 이 내용을 기초로 하여 본선수령증(Mate's Receipt)을 발급한다.

⑤ Mate's Receipt(M/R : 본선수령증) : 이는 일등항해사(chief mate)가 화물을 수령하였음을 인정하는 영수증으로서 송화인에게 교부한다. M/R을 기초로 하여 선화증권(B/L)이 발급된다.

⑥ Delivery Order(D/O : 인도지시서) : 이는 양륙지에서 선사 또는 대리점이 수화인으로부터 선화증권 또는 화물선취보증장(Letter of Guarantee : L/G)을 받고 본선에서 수화인에게 화물의 인도를 지시하는 서류이다.

⑦ Cargo Boat Note(B/N : 화물수도증) : 이는 화물양륙시 화물을 인도받는 수화인, 그 대리인 또는 하역업자가 양륙화물과 적화목록(Manifest : 선적완료 후 선장이 작성하는 적재화물명세서로 B/L 번호, 화인, 컨테이너 번호, 봉인번호 등이 기재된다)을 대조, 본선에 교부하는 화물인수증이다. B/N은 본선과 수화인간의 양륙화물의 수도를 증명하는 것이

며, 그 화물에 대하여 본선의 책임이 종료됨을 나타낸다. 이는 M/R과 마찬가지로 검수표(Tally Sheet)에 의거 작성된다. 화물이 선적시와 동일한 상태로 인도된 경우 B/N에 "외관상 양호한 상태로 수령됨(Received in apparent good order and condition)"으로 기재한다.

⑧ **Equipment Interchange Receipt(EIR : 기기수도증)** : 컨테이너 등 기기류의 CY 또는 CFS 반출입시 인계인수를 증명하는 서류로 터미널 또는 내륙컨테이너 통관기지(Inland Container Depot : ICD) operator에 의해 작성된다.

⑨ **Container Load Plan(CLP : 컨테이너내 적부표)** : 컨테이너에 적입된 화물의 명세로서 화주, 검수인, CFS operator가 작성한다.

⑩ **Dock Receipt(D/R : 부두수령증)** : 이는 FCL 화물의 경우 CY operator가, LCL 화물인 경우 CFS operator가 화주의 제출서류와 컨테이너에 적입된 화물을 대조한 후 송화인 앞으로 발행된다. 이와 상환으로 컨테이너 선화증권이 발급된다.

2.4.2 선적절차

선적절차는 재래선에 의한 선적과 컨테이너 선적으로 구분된다. 여기서는 재래선에의 선적절차를 설명하고, 컨테이너 선적은 컨테이너 운송부분에서 설명하고자 한다.

① 수출업자가 신용장상의 선적기일(shipping date)에 맞추어 배선표(sailing schedule)를 참고하여 선사에 선복신청서(S/R)를 제출하면 선사가 인수확약서(Booking Note)를 교부한다. 이것으로 운송계약이 성립된다.

② 선사는 계약된 화물을 선박에 적재하여 목적지까지 운송할 것을 선장에게 지시하는데 이것이 선적지시서(S/O)이다. 이 선적지시서에 따라 송화인은 선사의 지정장소에서 선사와 화주측의 입회하에 화물의 수량과 상태를 점검한 검수표(Tally Sheet)를 교부받는다.

③ 일등항해사는 검수표와 선적지시서를 대조한 후 화물을 선창에 적부시키고 화물수령의 증거로 본선수령증(M/R)을 송화인 앞으로 발행한다. 이때 검수표에 기재된 사항과 실제 수령된 화물을 대조하여 유보사항이 있으면 이 사실을 M/R의 Remark란에 그 내용을 기재하는데, 이러한 M/R을 Foul Receipt 또는 Dirty Receipt라고 한다.

④ 송화인은 M/R과 상환으로 B/L을 발급받는다. 이 때 운임이 선지급으로 표기되어 있으면 운임과 함께 M/R을 선사에 제시한다. 한편 M/R의 Remark란이 기재된 경우 이를 삭제하기 위하여 송화인은 파손화물보상장(Letter of Indemnity : L/I)을 선사에 제시하고 Clean B/L을 발급받는다.

2.4.3 선적절차양륙절차

① 선사는 본선이 입항하면 통지처(Notify Party)란에 기재된 통지인에게 통지하면 통지인은 선화증권에 배서한 후 인도지시서(Delivery Order)를 발급받아 물품을 수령하게 된다. 운임이 후지급인 경우 이때 운임이 지급되면, 지급되지 않는 경우 운송인은 해당 화물에 대하여 유치권을 행사할 수 있다. 화물이 먼저 도착하였으나 선화증권이 도착하지 않은 경우 수화인은 수입지 거래은행으로부터 화물선취보증장(Letter of Guarantee : L/G)을 교부받아 선사에 제시하여 화물을 인도받을 수 있다.

② 선사는 양륙업자가 창고, 부선, 인부 등을 수배하여 검수를 행한 후(검수표가 작성된다) 지정창고회사의 창고에서 화주에게 화물을 인도하지만 수화인은 화물수령 전 수입신고서(Import Declaration)를 세관에 제출하여 수입면허를 받아 수입통관수속을 끝낸다.

③ 화물의 인도시 본선측과 수화인은 화물의 수량과 상태에 이상이 있을 경우에 검수표에 의거하여 화물수도증(B/N)에 적요를 기록하게 된다. B/N은 화물의 손상, 사고의 종류·정도, 응급수선, 기타 선내하역인부의 작업중 사고 등에 대하여 책임자 측의 인정을 받는 것으로, 본선의 책임유무를 밝히는 증거서류이다.

3 부정기선 운송

3.1 부정기선과 용선계약

3.1.1 부정기선의 개념과 특성

3.1.1.1 부정기선의 개념

부정기선(tramper)은 화물이 있을 때마다 또는 화주의 요구가 있을 때만 화주와 용선계약을 체결하고 화물이나 항로에 따라 배선하는 운송형태를 말한다. 부정기선은 통상 화물의 성질 또는 형태에 따라 특수한 시설과 구조를 갖춘 특수전용선이 이용된다. 즉, 부정기선은 원유, 철광석, 석탄, 곡물, 시멘트 등 저가의 대량화물 등의 운송에 이용되며, 특수전용선으로는 유조선(oil tanker), 냉동선(refrigerated ship), 목재전용선(lumber carrier), 자동차전용선(car carrier) 및 곡물전용선 등이 있다.

3.1.1.2 부정기선의 특징

첫째, 화물의 운송은 지역별·시기별로 불규칙적이고, 수요에 따라 항로가 결정되므로 범세계적 시장을 형성한다는 것이다.

둘째, 단일 기업은 시장점유율이 크지 못하므로 독점기업으로 성립되기 어렵다.

셋째, 부정기선 시장은 자유경쟁이 적용되며, 가격(운임, 용선료)은 타율적으로 결정되며, 운임수준도 화물의 수요에 따라 변동된다.

용선계약의 체결은 화주가 선박을 수배하기 위하여 용선중개인(charter broker)을 이용하여 선복 확보를 위한 조회(Inquiry for ship's space)를 한다. 선사는 조회를 받고 화주가 요구하는 제 조건을 검토하여 화주에게 확정청약(Firm Offer)을 신청한다. 화주는 선사가 제시한 청약에 대하여 승낙을 하게 되면 용선계약이 성립되어 선사는 그 증빙서류로 선복확정서(fixture note)를 작성한다. 선복확정서에 화주, 선주 및 중개인이 각각 서명하여 한

통씩 갖는다. 그 후 정식 용선계약서(Charter Party)를 작성한다.

3.1.2 용선계약의 종류

3.1.2.1 항해용선계약(Voyage Charter ; Trip Charter)

특정 항구에서 특정 항구까지의 일항차 또는 수개항차에 걸쳐 용선자인 화주와 선사사이에 체결되는 운송계약을 항해용선계약이라 한다. 여기서는 일정한 항해를 기초로 한다는 점에서 기간용선계약이나 나용선계약과 차이가 있다. 화주가 선주에게 지급하는 용선료는 화물의 톤당 금액을 기준으로 한다.

3.1.2.2 정기용선계약(Time Charter)

용선기간에 따라 용선료를 지급하는 운송계약형태이다. 선주는 선박에 설비 및 선구를 갖추고 선원을 승선시킨 상태에서 일정기간을 용선자에게 빌려준다. 계약기간중 선주는 선원비 및 보험료와 같은 통상적 선비를 부담하고, 용선자는 연료비, 항세 및 용선료를 부담한다. 용선기간중 선박자체의 하자로 운송책임을 다하지 못한 경우 그 기간의 용선료는 지급되지 않으며, 좌초나 천재지변 등의 불가항력 등의 사유로 운항하지 못한 경우에는 용선자는 용선료를 지급한다.

3.1.2.3 나(임대차)용선계약(Bareboat Charter ; Demise Charter)

용선자가 선박이외의 선장, 선원, 장비 및 소모품에 대하여 모든 책임을 부담한다. 항해용선계약과 정기용선계약은 용선자에게 물품의 운송권만 부여하지만, 나용선계약에 있어서는 용선자에게 선박의 점유와 통제권을 부여하므로 선장은 법적으로 용선자의 대리인이 된다.

3.1.2.4 총괄운임용선계약(Lump Sum Charter)

이는 운임을 화물의 선적량에 따라 산출하는 것이 아니고 일항차의 운임총액을 결정하여 실제 적재량과 관계없이 운임을 정하는 방식을 말한다. 이때의 선복운임을 lump sum freight라 한다. 이는 화주가 일반화물 등 각종 화물을 혼적하므로 적재량을 계산하기 곤란한 경우에 이용된다.

3.1.2.5 일대용선계약(Daily Charter)

이는 용선계약상 지정된 선적항에서 화물을 적재한 날로부터 기산하여 계약상 양륙항까지 운송하여 화물을 인도완료한 때까지의 기간을 산정하여 1일당 용선료율을 정하여 선복을 일대하는 운송계약이다.

【항해, 정기 및 나용선계약의 비교】

항해용선계약	정기용선계약	나용선계약
• 선주가 선장을 임명하고 지휘·감독	• 좌와 동일	• 임대인이 선장을 임명하고 지휘·감독
• 용선자는 선복을 이용하고 선주는 운송행위	• 좌와 동일	• 임차인이 선박을 일정기간 사용, 운송행위 함
• 운임을 화물의 수량 또는 선복으로 결정	• 용선료는 용선기간에 의해 결정	• 임차료는 일정기간을 기초하여 결정
• 용선자는 화주에 대한 내항성 담보책임 없음	• 좌와 동일	• 임차인은 화주에 대한 내항성 담보책임
• 선주비용부담항목 : 선원급료, 식료, 음료수, 윤할유, 유지비 및 수선비, 보험료, 상각, 원료, 항비, 하역비, 제수수료, 예선료, 도선료	• 선주비용부담항목 : 선원급료, 식료, 음료수, 윤활유, 유지비 및 수선비, 보험료, 상각	• 선주비용부담항목 : 상각, 보험료
• 용선자 비용부담항목 : 없음	• 용선자 비용부담항목 : 연료, 항비, 하역비, 제수수료, 예선료, 도선료	• 임차인 비용부담항목 : 항해용선중 상각이외의 모든 비용

3.2 항해용선계약

항해용선계약이란 일정한 항구에서 다른 항구에 운송을 의뢰하고자 하는 용선자와 선주간에 체결되는 운송계약이다.

3.2.1 항해용선계약의 형태

항해용선계약의 형태는 하역비, 항비를 용선자와 선주 중 누가 부담하느냐에 따라 구분된다.

첫째, Gross Term(Form)은 선주가 하역비 및 항비 등 일체의 경비를 부담하는 방식으로 통상적으로 이루어지는 방식이다. 다만, 부선작업료,

체선료, 투묘비 및 야간하역할증료 등의 특수한 항비는 용선자가 부담한다.

둘째, Net Term(Form)은 용선자가 적화·양화의 모든 하역비를 부담할 뿐만 아니라 하역준비완료시로부터 양화종료시까지의 일체의 비용을 부담하는 방식이다.

셋째, FIO Charter(Form)는 용선자가 적화와 양화의 하역비를 부담하고, 선주는 항비를 부담하는 방식이다.

넷째, Lump Sum Charter(Form)는 용선자가 총운임을 지급하고, 선주는 선복을 제공하여 화물의 최대운송을 가능하도록 보장하는 방식이다. 다만, 항비는 선주가 부담한다.

3.2.2 항해용선계약서

운송계약에 있어서 세목에 걸쳐 명확하게 약정하지 않으면 안 될 항목이 많지만 계약체결시 이들 세목을 모두 약정하는 것은 어려운 일이기 때문에 당사자들은 계약서에 상세한 규정이 들어 있는 공인된 표준서식을 사용하고 있다. 그러나 항로 또는 화물에 따라 표준서식이 다르다.

첫째, 일반용 표준서식으로 Gencon(Uniform General Charter, 1976)은 발틱국제해운동맹(The Baltic and International Maritime Conference)에서 제정하고 영국해운회의소(The Chamber of Shipping of the United Kingdom)에 의하여 채용된 서식이다. 그리고 Warshipvoy(Voyage Charter Party)는 제2차대전 후 미국의 전시해운관리국이 선박을 징용하였을 때 사용한 용선계약서식이다.

둘째, 석탄수송용 서식으로 Balcon(Balcon Charter Party)과 Americanized Welsh Coal Charter가 있다. 전자는 발틱동맹이 제정하고 영국석탄운송협회 및 스칸디나비아석탄수입협회가 승인한 표준서식이며, 후자는 미국선박중개업대리점협회에 의한 공식서식으로 미국, 영국, 유럽대륙 등 국가에서 석탄운송용 서식으로 널리 사용되고 있다.

셋째, 목재운송용 서식으로는 Benacon(Chamber of Shipping British North American-Atlantic Wood C/P, 1914)과 Genlum Form(Inter-Coastal Lumber C/P)가 있다. 전자는 발틱백해동맹이 채용한 것으로 캐나다 대서양안으로부터 영국 및 유럽 각 항(港)에의 목재운송에 사용되

고, 후자는 미국 태평양연안항로의 목재운송용 서식이다.

넷째, 곡물운송용 서식으로 Centrocon(Chamber of Shipping River Plate C/P)과 Noram(North American Berth Grain C/P)이 있다. 전자는 소맥 및 아마 등의 영국 및 유럽대륙간 운송을 목적으로 영국해운회의소의 공인서식이며, 후자는 뉴욕곡물거래소의 공인서식이며 캐나다·북미의 대서양 제 항으로부터 영국·유럽항 운송에 사용된다.

다섯째, 광석운송용 서식으로 지중해와 영국 또는 유럽대륙간 광석운송을 목적으로 한 Meditore와 흑해 제 항에서 유럽과 미국간 광석운송용으로 사용하는 Sovietore(The Soviet Black Sea Ore Charter)가 있다.

3.2.3 항해용선계약서의 주요 조항

현재 항해용선계약으로 가장 광범위하게 사용되는 GENCON C/P의 주요 조항을 항목별로 서술한다.

3.2.3.1 계약당사자의 명칭

용선자는 "Charter", 선주는 "Owner"로 표시하여, 선박경영자(Operator)가 다른 선주로부터 용선한 선박을 운용하고 있는 경우에는 "Chartered Owner"로 명시한다.

3.2.3.2 선박의 명세(description of vessel)

특정 선박의 명칭 및 국적을 기재하며, 선박의 총톤수, 순톤수 및 적화중량톤수(dead weight tonnage) 등의 톤수와 선박의 감항성담보(warranty of seaworthiness)를 나타내는 선급(class of vessel) 등을 기재한다.

3.2.3.3 화물명세(description of cargo)

화물의 수량과 종류는 운임율의 기준이 되며, 품목에 따라 선적이 불가능할 경우가 있으므로 이의 기재를 요한다.

3.2.3.4 적양항(loading and discharge ports)

적양항 및 적양장소를 기재하여야 하며, 이러한 항 및 장소는 치안상 또는 항해상 안전항이어야 한다.

3.2.3.5 운임과 운임지급조건(freight rate and terms of payment of freight)

항해용선계약은 적재량을 기준으로 하여 운임을 산정하기 때문에 임금율을 예컨대, “톤당 2000달러(US $2000.00 per ton of 2,240Lbs)”와 같이 기재된다. 운임의 지급 시기는 원칙적으로 후지급이지만, 관습상 선지급인 경우도 있다. 후지급에는 양륙지도착후지급(payable on arrival to destination)과 양륙완료지급(payable on completion of discharge)이 있다. 선지급에도 적재완료지급(payable on completion of loading)과 B/L 발행시 지급(payable on sibning of B/L) 등이 있다.

3.2.3.6 하역비부담조건

선내하역인부임(stevedorage)을 선주와 화주 가운데 누가 부담하느냐를 명시한다. Berth(Liner) Term, FIO(Free in and out), FI, FO가 있다.

3.2.3.7 Not Before Clause

본선이 선적준비완료예정일 이전에 도착하여도 하역을 하지 않는다는 규정의 문언을 말한다.

3.2.3.8 접안기간의 표시

접안기간이란 화주가 계약화물의 전량을 완전하게 적재 또는 양륙하기 위해서 본선을 선적항 또는 양륙항에서 접안시킬 수 있는 기간을 말하며, 이를 계약서에 기재한다. 화주는 이 기간을 초과한 경우 체선료(Demurrage)를 지급하여야 한다.

접안기간을 약정하는 방법에는 다음의 세 가지가 있다.

① 관습적 조속하역(Customary Quick Despatch : CQD)은 당해 항구의 관습적 하역방법 및 하역능력에 따라 할 수 있는 한 빨리 적양(하역)을 하는 조건을 말하며, 공휴일과 야간하역을 접안기간에 산입시킬 것인지는 항구의 관습에 따른다.

② 연속 24시간(Running Laydays)은 하역시작일로부터 끝날 때까지의 모든 날짜를 접안기간에 산입하는 방법이다.

③ 호천(好天)하역일 조건(Weather Working Days : WWD)은 기후가 양호하여 하역 가능한 작업일을 접안기간으로 정하는 방법이다. 기후가 하역 가능한 상태인가는 화물의 종류에 따라 차이가 있으므로 선장과 용선자가 협의·결정하는 것이 좋다. 이 조건에서 일요일과 공휴일의 처리방법으로서는 공휴일을 접안일수에 산입하지 않는 "Sunday and holidays excepted"(SHEX), 공휴일에 하역을 한 경우 이를 접안일수에 산입한다는 "Sunday and holidays excepted unless used" 및 1시간이라도 하역을 한 경우 실제 작업시간에 산입하고자 하는 경우 "unless used, but only time actually used to count"라고 명시하여야 한다.

3.2.3.9 접안기간의 시기와 종기

접안기간은 하역준비완료통지서(notice of readiness : N/R)가 통지된 후 일정기간(오전 통지 시 오후 1시, 오후 통지 시 다음날 오전 6시부터)이 경과되면 개시되고, 하역이 완료되는 때 종료된다.

3.2.3.10 체선료(demurrage)

체선료란 초과접안일에 대하여 용선자가 선주에게 지급하는 일종의 벌금을 말한다. 여기에는 두 가지가 있는데 체선료는 허용접안일수를 초과한 때 용선자가 선주에게 지급하는 약정금으로 그 요율이 사전에 결정된다. 체박손해배상금(damages for detention)은 허용체박기간을 초과한 초과체박기간 또는 체선료를 정하지 않은 경우의 체박기간에 대하여 현실 실손액을 계산하여 지급하는 것을 말한다.

3.2.3.11 조출료(despatch money)

이것은 접안기간종료 전에 하역이 완료되었을 때 그 절약된 기간에 대하여 선주가 용선자에게 지급하는 보수로 이는 보통 체선료의 반액이다.

3.2.3.12 B/L의 발행

용선계약서의 조건에 따라 화물의 선적이 완료되면 화주의 요청에 따라 선화증권이 발행되는데 이를 Charter Party B/L이라 한다. 신용장통일규칙에서는 신용장상 요구한다면 수리하도록 규정하고 있다.

3.2.3.13 대리점(agent)

선적지 및 양륙지의 입·출항수속과 하역수배 등을 선주의 대리점이 하는가 또는 화주의 대리점이 하는가를 용선계약에 규정하여야 한다.

3.2.3.14 중개료(brokerage ; commission)

용선계약서에는 운임수입의 일정비율로 중개료를 지급하도록 규정하고 있는데, 보통 선주가 지급한다. 이의 지급시기는 운임의 징수시에 지급하는 것이 원칙이나 특약에 따라 계약의 서명시나 선적완료시에 지급하도록 하는 수도 있다.

3.2.3.15 유치권(lien)조항

이는 화주가 운임 기타 부대경비를 지급하지 아니할 때 그 화물을 유치할 수 있는 권한이다. 이러한 권리는 보통법상 명시규정이 없어도 존재하는 권리이며, Gencon 서식에서는 선주가 운임, 부적운임, 체선료 및 체박손해배상금 등에 대하여 유치권을 가질 수 있다고 규정하고 있다.

3.2.3.16 공동해손(general average)조항

공동해손이 발생한 경우 York Antwerp Rules(2004)을 따르도록 규정하고 있다.

3.2.3.17 위약금(penalty ; indemnity)조항

불가항력 이외의 사유로 용선계약을 위반한 경우 위반당사자가 상대방에게 지급하는 것으로 이를 배상금(Indemnity)이라고도 한다. 그 액수는 운임의 총액을 초과하지 않는 범위로 제한하고 있다.

3.2.3.18 면책(exception)조항

선주가 일정 종류의 위험, 우발사고 또는 태만에 대한 책임을 면책할 수 있는 조항이다. 이 면책조항에는 전쟁조항(war clause), 동맹파업조항(strike clause), 결빙조항(ice clause), 선주면책조항(owner's exception clause) 및 이로조항(deviation clause) 등이 있다.

3.2.3.19 해지(cancelling)조항

이는 적화준비 완료일로부터 10일 내지 20일 정도의 기간을 정하여 해지할 수 있도록 하는 조항이다.

3.2.3.20 묵시확약(implied undertaking)

계약서상에 명시되지 않았지만, 묵시적으로 확약한 것이 있다. 즉, 선주측에서는 감항성 선박의 제공, 신속한 항해, 부당한 이로를 하지 않을 것 등이며, 화주측에서는 위험물의 적재를 금지하는 것 등인데, 이러한 묵시확약은 명시규정에 의해 변경 또는 배제될 수 있다.

3.3 정기용선계약

3.3.1 정기용선계약

선주가 설비 및 용구를 갖추고 선원을 승선시킨 선박을 용선자에게 일정기간 동안 용선하는 계약으로 그 용선기간에 따라 용선료를 지급한다. 정기용선계약의 서식으로는 Baltime form(Uniform Time Charter)과 Produce form (The New York Produce Exchange Charter)이 있다.

3.3.2 정기용선계약서의 주요 조항

① **선박의 표시** : 계약의 목적물인 선박에 대하여, Baltime form에서는 선명, 총 통수, 순톤수, 선급, 지시마력(indicated horse power : IHP), 중량톤수, 창내적화용적, 만재최고속력, 연료소모 등을 기록하고, Produce form에서는 흘수에 관한 기입란을 추가하고 있다.

② **용선기간** : 단기간인 3~6 개월 등 월수를 기초로 기간을 정한다.

③ **항로정한(trade limit)** : 이는 당사자가 약정한 특정구역내의 안전한 항만을 사용하도록 하는 조항이다. 용선자는 항행구역을 벗어날 경우 별도의 할증보험료를 지급해야 한다.

④ **경비의 부담** : 선장 및 선원의 급식료와 선체보험료, 그리고 본선의 수리 및 제 세금 등은 선주가 부담하고, 연료 및 적양화비용, 입출항의 항비, 수세료, 대리점료 등은 용선자가 부담한다.

⑤ **선주의 책임과 면책** : 정기용선계약에서는 선박의 사용을 용선자에게 일임하였다 하더라도 항해에 관한 책임은 선주에게 있으므로 물품의 선적, 적부 및 양륙 등에 관하여 특약이 없는 한 선장이 책임을 진다. 또한 선박의 감항성은 선주의 묵시담보책임이다.

⑥ **용선료** : Produce form에서는 한계 적재중량톤당 미화로 정하고 선박의 수도일로부터 반선시까지 매월 지급하도록 규정되어 있으나, Baltime form에서는 매월 선지급하도록 규정하고 있다.

⑦ **휴항(off-hire)조항** : 이는 용선기간중 특정사유가 발생하여 본선의 이용이 방해될 때 용선자가 용선료의 지급의무를 중단하는 조항이다. 예컨대, 본선의 효율성을 유지하기 위한 입거, 인원 및 선용품의 부족, 기관의 파손, 선체의 손상 등으로 연속 24시간이상 본선의 사용이 방해될 경우 상실시간에 대한 용선료는 지급하지 않는다는 조항이다.

⑧ **적화종류의 제한** : 정기용선계약은 화물의 성질상 적법화물만을 적재하도록 제한하고 있다.

⑨ **정기용선계약서의 묵시확약** : 선주는 정기용선기간의 개시시에 내항성을 갖추어야 한다. 한편 용선자는 양호하고 안전한 항구에만 선박을 사용해야 하고 위험물품을 선적해서는 안 된다는 묵시확약을 하고 있다.

3.4 부정기선 운임의 유형 및 종류

3.4.1 운임의 유형

부정기선의 운임은 일반시장의 부정기선 운임에 따른 일반시장운임, 정기항로운임을 기초로 한 정기선의 공표운임율 및 장기간의 운임율을 계약시에 체결하는 장기계약운임율 형태로 나눌 수 있다. 이상의 세 가지의 유형 중에 가장 기본적인 것은 역시 일반시장의 부정기선 운임이다. 이 부정기선 운임은 무역량의 증감, 기상이변, 농업국의 풍작 또는 흉작, 전쟁 또는 내란에 따른 물자운송의 불가결성 등에 따라 변동한다.

3.4.2 운임의 종류

3.4.2.1 선지급운임(advance freight ; prepaid freight)

운임은 운송행위에 대한 보수이므로 행위가 끝난 뒤에 지급되어야 하나 관습상 또는 계약상 선지급 되기도 한다. 운임이 선지급인 경우 선박의 항해 중 파손 또는 침몰로 화물이 멸실되어 목적항까지 이를 운송하지 못한 경우 화주가 운임을 반환받을 수 있는가 하는 것이다. 영국법과 판례에서는 반환의무를 면제하고 있으나, 대륙법계는 반환청구를 할 수 있도록 하고 있다. 우리 나라 상법(제134조)에서는 "운송인이 운임의 전부 또는 일부를 받은 때에는 이를 반환하여야 한다"고 규정하고 있다.

3.4.2.2 총괄운임(lump sum freight)

이는 화물의 개수나 중량 또는 용적에 관계없이 항해단위나 선복의 크기를 단위로 하여 운임을 계산하는 방법이다.

3.4.2.3 비율(비례)운임(pro-rata freight)

선박이 항해중 불가항력 등의 이유로 항해를 계속할 수 없을 때 중도에서 화물을 화주에게 인도하고 선주는 자신이 운송한 거리의 비율에 따라 운임을 받을 때 이를 비율운임이라고 하고, 항해상당운임(distance freight)이라고도 한다.

3.4.2.4 공적운임(dead freight)

공적운임은 용선자가 실적재량을 계약물량만큼 채우지 못한 경우 그 부족분에 대하여 지급하는 운임으로 부적운임이라고도 한다.

4 컨테이너 운송

4.1 컨테이너 운송의 이점과 단점

컨테이너 운송의 이점은 다음과 같다.

① **경제성** : 운송 및 하역비의 절감, 보관비의 절감, 포장비의 절감, 자금의 신속한 회전, 보험료, 인건비, 사무비 절감

② **고객에 대한 서비스의 향상** : 하역시간의 단축으로 운송기간의 단축, 화물의 손상을 감소함으로써 서비스 향상

③ 육해공의 단위화물운송방식(unit load system)과 협동일관운송(intermodal transportation)으로 door to door 운송가능

한편 컨테이너 운송의 단점은 이용화물의 제한, 시설확보에 따른 경비부담, 컨테이너 및 제 설비의 관리문제, 갑판적 약관으로 추가보험료 지급 등이 있다.

4.2 컨테이너 전용부두의 구성 및 컨테이너 운송의 형태

컨테이너 전용부두는 컨테이너 화물의 본선하역, 보관, 육상운송기관에의 인수 및 인도를 행하는 장소이다.

① **안벽(Berth ; Pier)** : 컨테이너선을 계반시키는 시설을 갖춘 접안장소

② **고가이동기중기(Gantry Crane)** : 에이프런 위에 설치된 고가하역용 기중기

③ **에이프런(Apron)** : 본선에 컨테이너의 직양을 행하는 장소

④ **조화장(Marshalling Yard)** : 선적예정 컨테이너를 정연하게 쌓아올려 놓는 동시에 양화된 컨테이너를 화주의 인도에 응할 수 있도록 마련해 둔 장소

⑤ **저화장(Storage Yard)** : 공(空)컨테이너의 장치장

⑥ **CY(Container Yard)** : 컨테이너를 인수, 인도하고 보관하는 장소인데, 일반적으로 저화장과 조화장을 합한 의미로도 사용됨

⑦ **CFS(Container Freight Station)** : LCL(less than container load) 화물을 컨테이너에 채워 넣거나 컨테이너에서 화물을 꺼내기 위한 작업장

4.3 컨테이너 운송의 형태

① CY/CY(FCL/FCL ; Door to Door) : 화물이 송화인의 생산공장 또는 창고에서 컨네이너에 적재되어 최적목적지의 수화인의 창고까지 동일한 컨테이너에 의하여 일관운송되는 운송방식이다.

② CY/CFS (FCL/LCL ; Door to Pier) : FCL 화물이 송화인의 생산공장 또는 창고에서 컨테이너에 적재되어 목적항의 지정 CFS까지 운송된다. 즉, 한 사람의 송화인과 다수의 수화인으로 구성된다.

③ CFS/CY(LCL/FCL ; Pier to Door) : 화물이 선적지에 있는 선사의 지정 CFS에서 컨테이너에 적입되어 최종목적지에 있는 수화인의 창고까지 동일한 컨테이너에 의하여 운송되는 형태이다. 이는 다수의 송화인과 한 사람의 수화인으로 구성된다.

④ CFS/CFS(LCL/LCL ; Pier to Pier) : 화물이 선적항에 있는 선사의 지정 CFS에서 컨테이너에 혼재되어 도착항에 있는 선사의 지정 CFS에서 컨테이너로부터 반출되어 여러 수화인에게 인도되는 운송형태이다.

4.4 컨테이너 화물의 수출절차

① 화주는 선사의 대리점에 Booking(선적예약)을 하면 대리점은 이를 근거로 화물인수확인서(Booking Note)를 작성하고, 선사의 컴퓨터에 입력하여 화물수령지시서(Booking List)를 CY 또는 CFS operator에게 보낸다.

② CY operator는 Booking List에 따라 화주 또는 CFS operator에게 공컨테이너를 대출한다.

③ FCL 화물인 경우, 화주는 자신의 화물을 적입한 컨테이너를 CY에 반입하고 컨테이너내 적부표(Container Load Plan), 부두수령증(Dock Receipt), 수출면장(Export Permit) 등을 CY operator에게 제시하며 기기수도증(Equipment Interchange Receipt : EIR)을 작성한다. LCL 화물인 경우, 화주는 화물을 CFS에 반입하며, CFS operator는 부두수령증, CLP, 수출면장 등을 작성하여 CY operator에게 인도한다.

④ CY 또는 CFS operator는 컨테이너 적입화물 또는 소량화물을 수령한 시점에 D/R에 서명하고 화주에게 반환한다.

⑤ 본선이 입항하면 CY operator는 화물을 본선에 적재한다.

⑥ 화주는 수령한 D/R을 선사에 제출하고 B/L을 발급받는다.
⑦ 화물이 목적항에 도착되면 조화장에 장치하여 보세상태로 세관원의 입회하에 봉인을 제거한 후 화주에게 화물을 인도한다.

5 국제복합운송

5.1 복합운송의 개요

복합운송(combined transport)은 2가지 이상 서로 다른 방법(at least two different modes of transport)에 의하여 물건이 수탁된 장소(place of taking in charge)에서 인도하기로 약정된 장소(final destination)까지 운송되는 것을 말한다. 이와 같은 복합운송을 표시하는 용어는 Combined transport, Multi-modal transport, Inter-modal transport 등이 있다.

종래 운송방법은 단일운송방법(single mode of transport) 및 개품운송방법을 취하여 왔으나 운송방법의 발달로 단위화된 화물(unitized cargo)을 단위적재(unit load)하는 방법, 즉 컨테이너 또는 팔레트를 사용하는 방법이 개발되었으며 이러한 방법은 다시 화물의 출발지점으로부터 목적지까지 여러 종류의 운송방법에 의하여 운송함으로 start-finish 또는 door-to-door의 서비스를 제공하는 복합운송으로 발전하였다.

5.2 복합운송의 특징

1) 복합운송은 반드시 2가지 서로 다른 운송방법에 의하는 경우에만 해당된다.[30] 반드시 해상, 내륙수로, 항공, 철도 또는 도로를 이용하는 상이한 방법에 의하여 운송되어야 한다.
2) 복합운송서류는 실제운송을 담당하는 자(the actual provider of transport) 또는 타인에 의한 운송의 전부 또는 일부에 대하여 준비를 주선하는 자(an arranger for the provisions of all, or part of, the transport by others), 통칭하여 복합운송인(combined transport operator)에 의하여 발행된다.

   단일운송방법에서는 실제운송을 담당하는 자가 서류를 발행하지만, 복합운송에서는 운송인이 아닌 국내법규에 의거하여 허가 또는 인가를 받은

30) 복합운송증권에 관한 통일규칙 제2조 제d항.

법인 또는 상사가 발행한다.

그러므로 단일운송방법에 있어서 선박에 의한 운송일 경우에는 Loading on Board, 우편 [해상에 의한 우편, 육상에 의한 우편, 항공에 의한 우편]에 의한 운송일 경우에는 Dispatch를 사용할 수 있지만, 복합운송에 의한 운송방법인 경우에는 Taking In Charge라는 용어를 사용하게 된다.

3) 복합운송증권(combined transport documents)은 본선적재(loading on board)를 나타내는 서류 또는 발송을 나타내는 서류에 비하여 여러 가지 특수성이 있으므로 서류면에 Negotiable(or Non-negotiable) document issued subject to uniform rules for a combined transport documents(ICC Publication No. 278)이라는 기재가 있어야 한다.

【복합운송의 특징】

① **운송책임의 단일성(through liability)** : 복합운송은 복합운송인이 전 운송구간에 걸쳐 화주에게 단일책임을 진다.
② **복합운송서류(combined transport B/L)** : 복합운송은 복합운송인이 화주에 대하여 전 운송구간을 커버하는 유가증권으로서 복합운송서류를 발행한다.
③ **일관운임의 설정(through rate)** : 복합운송은 복합운송의 서비스대가로서 각 운송구간마다 분할된 것이 아닌 전 운송구간의 일관된 운임을 설정한다.
④ **운송방식의 다양성** : 복합운송은 반드시 두 가지 이상 서로 다른 운송방식에 의하여 이행한다.
⑤ **운임부담의 분기점** : 복합운송에 있어서 위험부담의 분기점은 송화인이 물건을 내륙운송인에게 인도하는 시점이 된다.
⑥ **컨테이너운송의 보편화** : 화물을 정해진 규격의 컨테이너에 적입하여 컨테이너단위로 하역하고 운송하는 것으로 신속, 안전하게 환적함으로써 육해공을 연결한다.

【복합운송의 이점】

① 화물유통의 신속성·안정성·저렴성 제고
② 운송서류의 간소화, 무역의 확대 촉진
③ 노동력 부족의 해결과 하역설비의 자동화

【복합일관운송의 연결형태】

① **piggy back(철도와 트럭)** : 컨테이너를 적재하고 트럭 및 트레일러를 철도의 대차에 그대로 실어서 운송하는 방식
② **fishy back(해운과 트럭)** : 트럭에서 실어온 컨테이너를 선박에 적재하여 운송하는 방식
③ **birdy back(항공과 트럭)** : 트럭에서 실어온 컨테이너를 항공기에 적재하여 운송하는 방식

5.3 복합운송관련법규

사법통일국제협회(International Institute for the Unification of Private Law : UNIDROIT)는 1965년에 국제복합운송조약초안을 작성하였다. 그런데 1965년에 국제해사위원회는 1969년 3월에 동경에서 동경규칙(Tokyo Rule)이라는 조약안을 채택하였다.

한편 UNIDROIT는 동경규칙이 채택될 것에 대비하여 동경규칙을 조정한 국제복합운송에 관한 조약안(Projet de Convention sur le Transport Combinē International de Marchandises : TCM)을 공표하였다. 또한 정부간해사협의기관(IMCO)과 유럽경제위원회는 1971년 11월에 개정 TCM 조약안을 확정해서 국제컨테이너회의에 제출하였다.

그런데 조약채택준비작업의 추진 중에 UNCTAD는 개발도상국의 이익을 위하여 복합운송조약의 채택을 유보한다는 결의를 1972년 11월 국제컨테이너회의에서 국제복합운송조약의 채택을 연기시켰다. 이 회의에서 조약안의 검토에 관한 문제가 UNCTAD에 이관되었으며, 국제물건복합운송조약안의 작성을 위한 정부간준비회의(IPG)에서는 1973년 10월부터 1979년 2월까지 조약초안을 마련하였다. 조약초안의 작성에 장시간을 소요한 것은 함부르크규칙의 성립을 기다리고 있었기 때문이었다. 마침내 복합운송조약은 1980년 5월 24일에 채택되었는데, 이는 대체로 함부르크규칙의 정신을 많이 반영하였으며 기존의 조약안과는 전혀 다른 내용을 가지게 되었다. 1972년의 국제컨테이너회의에서 복합운송조약의 채택전망이 불투명해지자 실무계는 통일규칙을 작성하여 법의 실질적인 통일을 달성하려는 움직임을 나타냈는데 국제상업회의소(International Chamber of Commerce : ICC)가 준비한 복합운송증권에 관한 통일규칙(Uniform Rules for a Combined Transport Document)이 그것이다.

이 규칙은 거의 대부분 개정 TCM 조약안의 내용을 채용하고 있다. 국제운송주선업자협회연맹(Federation Internationale des Associations de Transitaires et Assimiles (FIATA) ; International Federation of Freight Forwarders Associations)도 1978년에 복합운송증권에 적용할 표준약관(FIATA Combined Transport B/L)을 채택하였다. 이 표준약관은 1922년에 개정되어 1944년 3월 1일부터 시행되고 있다. 한편 해운회사는 일찍부터 동경 규칙 또는 개정 TCM 조약안의 내용을 근거로 하여 복합운송에 이용할 운송증권의 이면약관을 제정해 왔으며, 현재 북미컨테이너선화증권과 유럽컨테이너선화증권을 이용하고 있다. 이들은 모두 이중책임원칙을 채용하고 있지만, 운송구간불명손해에 대해서는 해상운송구간에서 손해가 발생한 것으로 보고, 헤이그규칙이나 헤이그 비스비규칙을 준거법으로 하도록 하고 있다.

1988년 UNCTAD와 국제상업회의소(ICC)간의 합동작업부를 구성하여 3년간의 작업을 거쳐 새로운 규칙인 UNCTAD/ICC 복합운송증권에 관한 규칙(UNCTAD/ICC Rules for Multimodal Transport Document)을 제정하였으며, 동 규칙은 1992년 1월 1일부터 발효되었다.

5.4 복합운송인

5.4.1 복합운송인의 의의

복합운송인은 스스로 또는 자신을 대신한 타인을 통하여 복합운송계약을 체결하고 송화인이나 복합운송에 관여하는 운송인의 대리인이나 또는 그러한 사람으로서가 아닌 운송의 주체자로서 행위하고 계약의 이행에 관한 채무를 부담하는 운송인을 말한다.

5.4.1.1 TCM 조약안의 정의

복합운송증권을 발행하며 화물의 수령부터 인도까지 전구간에 걸쳐 자기이름으로 운송을 이행하고, 그 운송에 대해 조약에 규정된 책임을 부담하며, 복합운송증권에 기명된 또는 정당하게 배서된 증권의 소지인에게 화물인도를 확실히 하기 위해 필요한 모든 조치를 다하는 자를 말한다고 되어 있다.

5.4.1.2 유엔복합운송조약의 정의

스스로 또는 대리인을 통해 운송계약을 체결하고 송화인이나 운송인의 대리인이 아닌 주체로서 계약의 이행에 책임을 지는 자라고 되어 있다.

5.4.1.3 일반적 정의

자기의 명의와 계산으로 화주를 상대로 복합운송계약을 체결한 계약당사자로서, 운송전반을 계획하며 운송기간 중 여러 운송구간을 적절히 연결하고 통괄하여 운송이 원활하게 이루어지도록 조정하고 감독할 지위에 있는 자를 말한다.

5.4.2 복합운송인의 범위

5.4.2.1 유엔복합운송조약의 규정

복합운송인은 그가 복합운송계약을 이행하기 위해 동원하는 그의 대리인이나 사용인 및 기타의 사람이 포함되며 송화인 또는 수화인에는 송화인이나 수화인의 사용인이나 대리인이 포함된다.

5.4.2.2 1984년 미국해운법의 규정

연방해사위원회(FMC)가 충분한 경험과 자질을 갖추었다고 인정하는 자, 또는 화물의 멸실 및 손상에 대한 손해배상책임을 보증하기 위해 재무부장관이 인정하는 보증회사가 발행하는 보증서를 제출하는 자라고 되어 있다.

5.4.3 복합운송인의 유형

① **실제운송인(Actual Carrier)형** : 자신의 직접 또는 일부 운송수단(선박, 트럭, 항공기 등)을 보유하면서 복합운송인의 역할을 수행하는 운송인을 말한다.

② **계약운송인(운송주선업자)형** : 선박, 트럭, 항공기 등의 운송수단을 직접 보유하지 않으면서도 실제운송인처럼 운송주체자로서의 기능과 책임을 다하는 운송인으로서 실제운송인에게는 화주의 입장에서, 화주에게는 운송인의 입장에서 책임과 의무 등을 수행하는 자로써 해상운송주선업자, 항공운송주선업자, 통관업자 등이 있다.

③ **무선박운송인(이용운송인)(NVOCC)형** : 해상운송에 있어서 자기 스스로 선박을 직접 운항하지 않으면서 해상운송인에 대해서는 화주의 입장이 되는 운송인을 말한다.

5.4.4 복합운송인의 책임

5.4.4.1 복합운송인의 책임원칙

① **과실책임원칙**
- 선량한 관리자로서의 적절한 주의의무를 전제로 성립되는 책임원칙
- 운송인의 과실을 화주가 입증하는 것이 원칙
- 화물의 멸실, 손상이 운송인의 과실임을 화주가 입증하면 운송인은 책임을 면할 수 없음
- 한국, 일본, 독일의 상법에서 입증책임이 전환된 과실책임을 규정하고 있다. 즉, 운송인이 주의의무를 다했음을 입증하도록 하고 있다.

② **무과실책임원칙**
- 운송인의 과실유무를 불문하고 배상책임을 지는 것
- 불가항력, 포장미비, 화물고유성질, 통상의 소모 또는 누손 등은 면책
- 영·미 두 나라의 관습법, 국제철도물건운송협약(CIM)[31] 및 국제도로물건운송협약(CMR)[32] 등에서 채택하고 있다.

③ **절대책임(결과책임) 원칙**
- 손해의 결과에 대해 절대적으로 책임을 지는 면책의 항변이 절대로 용인되지 않는 제도
- CMR의 차량결함에 의한 화물손상에 대하여 이 원칙을 적용하고 있다. 그리고 항공운송에서 후술하는 몬트리올협정서(발효), 과테말라의정서(미발효)에서 여객의 사망·부상에 대하여 항공사는 절대책임을 지게 되어있음

---

31) CIM(Convention Internationale Concernant le Transport des Marchandises par Chemins de Fer)은 1952년 스위스의 베른에서 채택되었기 때문에 베른협약이라고도 불린다. 국제간의 컨테이너화물 등을 철도로 통운송하는 경우에 대한 규정을 두고 있다. 유럽국가를 중심으로 하는 협약이다.

32) CMR(Convention Relative au Contrat de Transport International de Marchandises par Route)은 1956년에 스위스 제네바에서 서명되어 독일, 프랑스, 영국 등 유럽 16개국이 가맹되어 있는 조약이다. 트럭에 의한 국제화물의 도로운송을 규정한 것으로 국제철도물건운송협약(CIM)과 더불어 국제간 화물의 육상운송을 할 때 그 운송책임과 계약관계를 명기하고 있다.

5.4.4.2 복합운송인의 책임체계

① 단일책임체계(uniform liability system)

㉠ 특징
- 운송물의 멸실, 손상, 지연손해가 복합운송의 어느 구간에서 발생하였느냐를 묻지 않고 복합운송 인은 동일한 기준에 따라 책임을 지는 체계이다.
- 복합운송인이 면책사유로서 멸실, 손상, 지연을 피할 수 없을 뿐 아니라 그 결과를 방지할 수 없었던 사정으로 발생했다는 것을 증명한 경우만 면책된다.

㉡ 문제점
- 서로 상반되는 상황 하에서 타협점을 마련하기 어렵다. 즉, 기존의 각 운송법제의 원칙과 한도가 서로 달라서 이중 어느 것을 선택할 것인가가 문제이다.
- 복합운송인에게 충분한 배상능력과 업무능력이 요구됨으로 결국 거대자본과 기술축적을 보유한 다국적기업이 될 수밖에 없다.
- 책임한도가 기존운송법의 최저책임한도수준으로 설정되지 않으면 결국 보험료율이 높아지게 되고, 보험료 상승은 운임율의 상승을 의미함으로 손해를 보는 것은 화주 및 최종소비자가 된다.

② 이종책임체계(network liability system)

㉠ 특징
- 손해발생구간이 확인된 경우와 그렇지 않은 경우를 나누어서 각각 다른 책임체계를 적용하는 방법 이다.
- 손해발생구간이 확인된 경우에는 국내법이나 국제조약(해상 : Hague 규칙, 항공 : 바르샤바협약) 을 적용하고, 그렇지 않은 경우에는 해상구간에서 발생된 것으로 간주하여 Hague 규칙이나 기본책임을 적용한다.

㉡ 문제점
- 기존조약이 적용될 수 없는 경우 문제이므로, 국지적 손해에 대해 당해 구간에 적용되는 국제조약을 적용할 것인지, 국내법을 적용할 것인지, 또는 책임한도액을 비교하여 고액을 선택할지의 문제가 선결되어야 한다.

③ 수정단일책임체계(modified uniform liability system)

㉠ 단일책임체계와 이종책임체계의 절충방식으로 유엔조약이 채택한 책임 체계로서 손해발생구간의 확인여부에 관계없이 동일한 책임규정을 적용한다(단일책임체계).
㉡ 손해 발생구간이 확인되고 그 구간에 적용될 법에 규정된 책임한도액이 유엔조약의 책임한도액 보다 높은 경우에는 그것의 적용을 인정한다(이종책임체계).
㉢ 손해발생구간이 확인되지 않거나 확인되어도 그 구간에 적용될 법에 규정된 책임한도액이 유엔조약의 책임한도액보다 낮은 경우에는 유엔복합운송협약에서 규정한 책임원칙을 적용하는 책임체계를 채택하고 있다.

5.5 해륙복합운송

5.5.1 해륙복합운송의 의의

종전에 항로를 중심으로 한 해상운송경로에다 일부 대륙횡단경로를 추가함으로써 거리, 시간, 비용을 절약하는 시스템으로 대륙횡단철도를 이용하여 해양과 육상을 연결하며 해상, 육상의 경로에 의한 복합운송을 해륙(Sea & Land)복합운송이라 한다.

5.5.2 해륙복합운송의 형태

① two span land bridge(2구간 랜드브리지)
- 극동-북미서해안-북미동해안
- 북미 서해안-북미동해안-유럽

② three span land bridge(3구간 랜드브리지)
- 극동-북미서해안-북미동해안-유럽

5.5.3 주요 복합운송경로

5.5.3.1 아메리칸 랜드브리지(American Land Bridge : ALB)

극동의 주요 항구로부터 북미서해안의 주요 항구까지 해상으로 운송하여 내륙운송(육상운송)을 철도에 연결하여 북미 동남부에서 다시 해상운송으로 유럽지역 항구 또는 유럽내륙까지의 일관운송을 말한다. ALB는 1972년 미국의 Sea Train사가 처음으로 개발한 복합운송경로이다. 이 경로는 미국의 국제물류 중요성에 대한 인식이 높아짐에 따른 내륙철도에 관한 규제완화, Point-to-Point 운송의 발달에 따른 기존 해운동맹의 와해 등을 힘입어 더욱 발전하게 되었다. 특히, 이단적열차(Double Stack Train : DST)기술의 발달이 복합운송의 장점을 실현할 기회를 제공함에 따라 미국에서 Land Bridge 시스템이 크게 각광받게 되었다.

5.5.3.2 캐나다 랜드브리지(Canadian Land Bridge : CLB)

ALB와 같은 형태로 벤쿠버 또는 시애틀까지 해상으로 운송하고 그 곳에서 캐나다의 철도를 이용하여 몬트리올에서 대서양의 해상운송에 접속하여 유럽 각 항구로 운송하는 복합운송경로를 CLB라고 한다.

5.5.3.3 MLB(Mini Land Bridge)

MLB는 레일브리지(Rail Bridge)의 일종으로서 극동에서 미국서해안항로를 거쳐 미국동해안항구 또는 걸프지역항만까지 운송하는 해륙복합운송경로이다. 즉, 극동-미국서해안까지 해상운송을 한 다음 그곳에서 철도 또는 철도-도로운송으로 미국 동해안, 걸프지역까지 내륙운송함으로써 파나마운하를 경유하는 복합운송루트이다. 이 루트의 특징은 파나마를 경유하는 All Water 서비스의 대체경로로서 선사에서 Intermodal B/L을 발행하고 선사는 통운임 가운데 철도운송비를 하청철도회사에 지불한다는 점이다.

5.5.3.4 IPI(Interior Point Intermodal)

극동에서 북미서해안까지 해상운송되고 그 항구에서 철도에 환적된 다음 미국의 주요도시까지 철도운송되는 바, 이 때 주요도시의 배달지역을 IPI Point라고 한다. 즉, 극동으로부터 미국의 서해안 또는 동해안을 경유하여 미대륙의 주요도시까지 선사가 일관운송해 주는 서비스이다. 이 서비스는 미국서해안을 경유하여 미국동해안의 항만까지 운송되는 전술한 MLB서비스와 달리 미국의 내륙도시까지 운송해준다는 점에서 Mini 보다 작은 Micro라는 용어를 사용하고 있다. 또한 이 제도는 주요 운송거점까지 철도운송하고 화주의 문전까지 도로운송하는 복합운송시스템으로 선사의 책임하에 통운임과 통선화증권을 발행하여 주요 운송거점으로부터 2~3일 이내에 문전운송서비스가 이루어지며 이를 Micro Land Bridge라고도 한다.

5.5.3.5 TAR(Trans Asian Railway)

유엔아시아태평양경제사회이사회(Economic and Social Commission for Asia and the Pacific : ESCAP)에서 동북아 지역의 생산력과 유럽의 풍부한 구매력을 원활히 연결시켜 동북아지역의 경제발전을 도모할 목적으로 유라시아대륙간의 1990년대 초반부터 건설을 추진 중인 복합운송경로이다. 이러한 ESCAP의 TAR 사업은 아시아~유럽간 경제적 연계를 통한 동북아 경제발전 도모와 교통체계의 통합이 주된 목적으로, 단절된 철도망의 연결을 통해 기존노선을 최대한 활용하며, 신규철도노선의 건설을 지양하고,

충분한 수요가 있는 지역의 우선 연결사업과 복합운송체계구축을 위한 컨테이너터미널과 주요 항만의 연결, 컨테이너 블록트레인의 시범운영 등이 주요 사업내용이다. ESCAP은 TAR 노선을 4개 노선으로 구분하여 각 노선별로 다양한 검토작업을 벌이고 있다.

① **북부노선(Northern Corridor)** : 한반도, 중국, 카자흐스탄, 몽골, 러시아연방을 연결하는 철도망
② **남부노선(Southern Corridor)** : 태국-남중국 운남성-터키간을 미얀마, 방글라데시, 인도, 파키스탄, 이란, 스리랑카 등을 경유하여 연결
③ **하부지역망(Subregional Network)** : 아세안(ASEAN) 국가들과 인도차이나 국가들을 대상
④ **남북노선(North-South Corridor)** : 러시아연방, 중앙아시아, 코카서스지방을 경유하여 북유럽과 페르시아만을 연결하는 대륙의 연계

이 주요 내용은 다음과 같다.

① TSR(Trans Siberian Railroad, Siberian Land Bridge(SLB))

TSR은 시베리아대륙횡단철도를 교량으로 하여 극동과 유럽 및 중동간의 수출입화물을 운송하는 방법으로 육해공을 연결하는 복합운송시스템을 말한다. TSR은 러시아의 극동지역인 블라디보스톡과 모스크바 사이 9,300km를 연결하는 세계에서 가장 긴 철도로 1891년에 착공해 1916년에 완공했다. TSR은 1926년에 처음 화물운송서비스가 개발되었으나 2차세계대전으로 중단된 이후 1967년부터 재개되었지만 본격적인 화물운송은 1971년 3월부터 시작되었다. 또한 1984년 TSR 북쪽에서 이 철도와 평행으로 건설되어 제2의 TSR로 불리는 BAM(Baikal Amur Magistral)의 개통으로 TSR의 운송능력은 크게 증대되었다. 그러나 BAM 철도는 TSR에 비해 약 500km 운행거리가 단축된다는 장점이 있지만, BAM 노선은 바이칼 호수의 북쪽을 통과함에 따라 겨울철의 결빙현상이 TSR에 비해 심할 뿐만 아니라 이용항만 측면에서도 겨울철의 결빙기간이 상대적으로 긴 소베츠카야를 이용해야 한다는 단점이 있다.

② TCR(Trans China Railway)

TCR은 중국 연운항에서 시작하여 구소련 접경지역인 아라산쿠를 경유

하여 러시아에서 로테르담까지 연결하는 철도루트를 말한다. TCR은 1954년부터 건설을 시작하였으나 도중에 중소관계의 악화로 공사가 진척되지 못하다가 1980년대 중국의 개혁정책으로 계속 추진하여 1990년에 카자흐스탄철도가 개통되어 중동지역은 물론 CIS국가들을 경유하여 모스크바 및 유럽을 연결하는 새로운 대륙횡단철도를 구성할 수 있게 되었다.

TCR을 이용하면 유럽까지 운송하는데 있어 TSR보다 2,000km 이상 거리가 단축되며 운송기간도 10일 이상 줄어들 수 있지만 TSR 노선에 비해 화주들의 주목을 크게 받지 못하고 있다. 그 이유를 살펴보면, TCR 노선이 TSR 노선보다 단거리임에도 운임에 있어서 별 차이가 없다는 점, 그리고 러시아국경통과시 중국과의 궤도폭이 달라 환적이 실시된다는 점, 그리고 국경통과시 까다로운 통관절차 등과 여러 가지 문제점이 존재하기 때문이다.

③ TMR(Trans Manchurian Railway)

만주횡단철도는 우수리스크역 남쪽에 있는 라즈드리노역에서 서쪽으로 방향을 꺾어 중국의 만주지방인 목단강과 하얼빈, 대경, 만주리를 거쳐서 러시아의 TSR 경유역인 치타(Chita)와 연계되는 철도를 말한다. TMR 노선은 중국동포가 많이 살고 있는 중국북동부 노선으로 중국동포들과의 활발한 교류를 할 수 있다는 장점이 있으나 현재 중국의 물동량을 운송하는데 있어서 기의 포화상태에 이르고 있기 때문에 한반도 종단철도와 연계된 물동량을 처리하기에는 그 효율성 면에서는 실행가능성이 희박하다고 볼 수 있다.

④ TMGR(Trans Mongolian Railway)

중국의 청진에서 베이징을 거쳐 몽골과의 국경인 에렌호트까지 운송되어 몽골내 자민우드, 울란바토르(Ulanbator), 호이트(Hoit)에서 러시아내 노쉬키(Naushki)를 거쳐 울란우데(Ulan Ude)에서 TSR과 연결되는 철도루트이다. 청진에서 브레스트까지는 약 9,400km정도인 TMGR은 TSR과 같은 1,520mm의 궤도이기 때문에 중국과 몽골간의 국경역에서 환적작업이 이루어져야 한다. 또한 몽골내 구간 1,110km중 복선구간은 5km에 불과하여 원활한 열차운행이 불가능한 설정이며, 철도이용이 많아 철도용량에 한계가 있는 베이징 근방을 경유하여야 하기 때문에 상당한 지체가 발생한다. 몽고는 해상운송수단이 없는 내륙국가로 철도운행을 통한 내륙운송 활성화를 위해 다양한 시도를 하고 있다.

⑤ TKR(Trans Korean Railway)

한반도 종단철도(TKR)란 한반도를 남북으로 연결하는 철도를 말하는 것이다. TKR은 일제에 의해 대륙침략과 한반도에서의 자원강탈을 목적으로 만들어진 철도로써 6.25 동란 이후 끊겨 있던 남북한 철도를 남북경제협력의 일환으로써 그 노선을 재 복원하려는 남북한 철도 복원사업을 말하는 것이다. TKR은 단순히 남과 북을 철도로 연결하는 것 이외에 대륙횡단철도(TSR, TMGR, TCR, TMR 등)와의 연계와 깊은 관련을 가지고 있다. 현재 남한의 수출운송루트는 해상과 항공으로 제한되어 있어 대륙과 해상을 연결하는 교통의 요지로써 지정학적 이점을 충분히 발휘하지 못하고 있는 상황에서 TKR과 대륙횡단철도의 연결사업은 한반도가 동북아 물류중심 기지로써 새롭게 도약할 수 있는 기회를 제공할 수 있는 시발점으로서 그 중요성이 대두되고 있다.

5.6 해공복합운송

5.6.1 해공복합운송의 의의

해공(Sea & Air)복합운송은 1956년 미국의 Flying Tiger사가 일본으로부터 백화점용 수입상품을 미국중서부나 동부연안으로 운송하기 위해 최초로 시도된 후 유럽까지 연장되기에 이르렀다. Flying Tiger사는 네덜란드의 KLM과 제휴하여 국제루트를 개발, 일본에서 미국서부연안까지는 해상운송한 후에 그곳에서 미국 동부까지 Flying Tiger가 항공으로 운송하고 다시 유럽의 최종 목적지까지는 KLM이 운송하였다. 우리나라는 1992년 1월 관세청이 통과운송화물의 보세 운송에 대한 조항(관세청 고시 제92-712 보세운송 요령개정 제47조3)을 신설함으로써 중국발(中國發) 해공(Sea-Air)복합운송사업이 대한항공에 의해 Sky Bridge라는 이름으로 1992년 7월부터 처음 시작되었으며, 이어 1994년부터는 아시아나 항공이 China Express라는 이름으로 중국발 Sea & Air 서비스를 제공하고 있는 실정이다.

해공복합운송이란 운송비용의 절감과 운송시간의 단축을 위한 목적으로 해상운송수단과 육상운송수단을 결합(sea/air combination)한 제3의 국제복합운송방식을 말한다. 즉, 이용자인 화주에 있어서 운송일수와 운송요금이 전 구간항공(all air)운송과 전 구간 해상(all sea)운송의 중간에 있는 것으로서, 전 구간 항공운송을 이용하는 경우 운임이 높다는 문제점과 전 구간 해상운송을 이용하는 경우 운송일수가 너무 걸린다는 문제점을 효과적으로 극복할 수 있는 방식이다. 그 형태는 다음과 같다.

【해공복합운송의 형태】

해공복합운송의 형태	특징
Carrier 형	이 형태의 특색은 항공기에 의해 운송하기 때문에 서비스의 신뢰성과 스페이스공급의 안정성 및 화물추적정보서비스가 강하다.
Space-Broker 형	이 형태의 특색은 운송루트와 체제는 개발되어 있지만 항공사는 기본적으로 항복을 일반화주에게 판매하지 않고 대리점과 포워더에게 운임과 스페이스를 공급하며, 다시 대리점과 포워더가 일반화주에 대하여 복합운송인이 되어 자사운송장(House Air Waybill : HAWB)[33]을 발행한다.
포워더 형	행선지를 임의로 선정하여 해상·항공루트를 자유로이 조합하여 다양한 서비스를 제공하는 형태를 말한다.

5.6.2 해공복합운송의 주요 경로

해공복합운송은 경제적인 특성상 그 수요가 증대됨에 따라 루트도 다양화되고 있다. 북미, 중남미는 물론이고 유럽, 중동, 아프리키, 오스트레일리아 등으로 확대하고 있다. 당초 Sea & Air 운송은 항공사가 자사노선을 축으로 루트를 선정해 왔던 것이지만 최근에는 포워더에 따라 독자적인 네트워크형성으로 자유로운 선택의 조합에 따라 행해지고 있고 서비스도 다양해지고 있다. 시장에서의 신규참여업자도 늘어나고 있으나, 현재 Sea & Air 운송의 서비스나 상품개발은 항공사, 포워더 등에 의해 행해지고 있다. 최근 크게 향상되고 있는 것은 집화력을 가지고 자사상품개발력이 있는 포워더가 주제하는 Sea & Air 운송이다. 또한 집화력이 부족한 포워더는 항공회사의 대리점으로서의 기능을 발휘하고 있다. Sea & Air 운송의 주요 경로를 살펴보면 다음과 같다.

33) 포워더가 송화인과 운송계약을 체결할 때 발행하는 운송장을 말한다. 송화인으로부터 화물을 수취했다는 증거로 되는 서류이기도 하다. 일명 혼재운송장이라고도 불린다. 한편 MAWB(Master Air Waybill)는 혼재업자가 소량의 화물을 혼재하여 1건의 shipment로서 항공사에 인도할 때 항공사가 화물대리점을 통하여 발행하는 항공화물운송장을 말한다. 선화증권과 달리 양도성·유통성이 없다.

5.6.2.1 유럽루트

일반적으로 유럽루트는 북미 경유, 러시아 경유, 동남아 경유 등의 루트가 있다. 가장 빠른 루트는 홍콩 경유인데 홍콩 경유가 운임이 가장 높다.

① 북미경유

1962년부터 개시된 이 루트는 운송량이 가장 많으며 컨테이너선으로 북미서해안의 시애틀, 밴쿠버, 로스앤젤레스로 운송하고 이곳을 거점으로 유럽 각지로 항공운송한다.

② 러시아 경유

1968년부터 러시아항공이 주재하는 복합운송루트이다. 해상으로 러시아 극동지역항구까지 해상운송한 후 다시 하역하여 컨테이너나 트레일러에서 블라디보스토크공항으로 육상운송되어 러시아항공의 화물기로 모스크바를 경유, 유럽 각 도시지역으로 공수한다. 이 루트는 ISO 규격 20피트 해상컨테이너를 사용하고 해상에서 항공까지의 일관운송이 행해지고 있는 것이 특징이다.

③ 동남아 경유

해상으로 홍콩, 방콕, 싱가포르 등의 항구로 운송하고 그 곳에서 항공운송을 하는 루트이다. 최근 동남아시아 출발의 유럽행 항공화물이 증가하고 있으나 항공기의 공간 확보가 불안정하여 Sea & Air 화물선적은 크게 향상되지 못하고 있는 실정이다.

5.6.2.2 미국내 루트

우리나라에서 컨테이너선으로 북미서해안의 시애틀이나 로스앤젤레스에 해상운송하고 그곳을 중계지로 미국내륙 또는 미국동해안으로 공수하는 것이다.

5.6.2.3 중남미 루트

컨테이너선으로 미국서해안까지 해상운송하고 그곳에서 중남미에 공수하는 루트와 서해안에서 마이애미로 운송한 뒤 그 곳을 중계지로 하여 중남미에 공수하는 루트 등 2가지가 있다. 운송일수가 약 18~20일이므로 해상운송에 비해 상당히 단축되는 것이며 중남미항만에서 내륙중계서비스의 불만이 해소됨으로써 이 루트의 수요가 높아지고 있다.

5.6.2.4 기타

이상의 루트 이외에 홍콩, 방콕을 중계지로 하여 중근동 연안, 아프리카에 공수하는 루트, 마르세이유까지 해상운송하고 아프리카에 공수하는 루트, 방콕까지 해상운송한 뒤 인도에 공수하는 루트 등이 있다.

6 국제항공운송

6.1 항공화물의 운송절차

6.1.1 수출화물에 대한 운송절차

① 수입업자와 매매계약이 체결되어 수출을 위한 준비단계가 완료되면 화물의 출고시간에 맞추어 항공사를 선정하고 해당 항공사에 예약(Booking)을 한다. 이러한 절차는 항공화물운송주선업자(freight forwarder)가 중간매체로 업무를 대행한다.

② 화물운송 예약시에는 항공화물운송장(Air waybill)번호, 출발지/도착지, 포장개수, 각 포장상자의 중량, 부피, 상품명 등과 함께 지정항공편에 예약을 의뢰한다.

③ 화주는 수출서류를 준비하고 상품을 포장하여 필요한 통관절차를 밟는다.

④ 화주는 포장이 완료된 화물을 보세구역(bonded area)에 반입하고 상업송장(invoice), 포장명세서(packing list) 등의 서류와 함께 수출신고서(export declaration)를 관할세관에 제출한 후 수출면장(export permit)을 교부 받는다.

⑤ 항공사 또는 그 대리점에서는 화물을 인수함과 동시에 항공화물운송장을 발급받고 화물의 내용에 따라 적절한 라벨(label)을 붙인다.

⑥ 탑재가 결정된 화물은 적화목록(air cargo manifest)에 기재하고 작성된 적화목록의 세관제출용을 세관에 제출하여 화물의 반출허가를 받는다.

⑦ 적화목록의 화물반출 체크용을 가지고 화물장치장에서 탑재할 화물을 픽업하여 행선지별로 컨테이너, 팔레트 등에 적재한다(운송인의 업무).

⑧ 탑재책임자는 항공기의 운항에 필요한 자료와 수화물, 기타 화물량에 따라 탑재계획을 작성하여 탑재하여 출발한다(운송인의 업무).

6.1.2 수입화물에 대한 운송절차

① 항공기가 도착하면 기내검역이 행해지고 출발지에서 보내온 하기지시서(unloading instruction)에 따라 하기작업이 행해진다.
② 하기된 화물은 분류장에 운반되어 서류와 함께 점검하고 분류하며, 서울도착 화물은 김포세관, 인천세관, 남서울세관 화물로 분류된다.
③ 도착화물은 항공사가 보관하지 않고 단지 탑재명세서에 의거, 화물의 대조확인 및 파손유무를 점검한 후 보세창고에 보관되며 관련서류는 항공사가 보관한다(인천세관, 남서울세관, 부산(항공), 대구로 운송되는 화물은 보세운송된다).
④ 자가보세장치장을 가진 수화인은 김포공항도착 즉시 현장에서 인수할 수 있도록 되어 있으며, 항공화물운송장의 분류, 정리가 끝나면 수화인에게 전화나 우편으로 도착통지를 한다.
⑤ 수입통관업무는 수화인 또는 지정통관업자가 행하며, 항공사로부터 항공운송장을 인수받은 수화인 또는 통관업자는 수입신고서를 세관에 제출하고 수입허가를 득하여 통관, 인수하면 모든 절차는 끝난다.

6.2 항공운임

항공운임은 전 세계적으로 국제항공운송협회(International Air Transport Association : IATA) 요율이 적용되며, 우리 나라에도 동 요율체계가 정부의 인가를 받아 사용되고 있다.

항공화물운송요금은 일반적으로 요율(rate) 및 부대요금, 기타 수수료에 의해 결정된다.

요율이란 항공운송기업이 항공운송의 대가로서 징수하는 운임을 중량단위당 또는 단위용기당 금액으로 나타나는데 대개 노선별로 요율표(Tariff)가 정해져 있다.

부대요금(Charge)은 운송에 관련한 부수적인 업무에 관한 대가와 설비의 사용에 대한 대가를 의미하는데, 수출항공화물 취급수수료(Handling Charge), 수입화물 AWB Fee, Pick up Service Charge, 위험품 취급수수료, 결제수수료 등이다.

6.3 항공운송계약과 준거법

IATA의 회원인 항공사는 IATA가 제정한 "IATA 표준약관"(the General Conditions and Terms)에 따라야 하고, 이 약관은 항공화물운송장의 이면에 나타나 있어 항공운송인과 송화인의 권리의무를 규정하고 있다. 이 약관은 1929년의 Warsaw Convention과 1955년의 헤이그의정서(Hague Protocol)에 반하지 않는 범위 내에서 적용되며, 오늘날 대부분의 항공사가 IATA 표준약관을 수용하거나 약간의 수정을 가하여 사용하고 있다.

우리 나라는 Warsaw Convention에는 가입하지 않았으나 1955년의 헤이그의정서에는 1963년에 가입·비준하고, 1967년에 공포되었다. 헤이그의정서 제19조는 "본 의정서의 당사국간에 있어서는 1929년의 Warsaw Convention과 1955년의 헤이그의정서를 합쳐 단일협약으로 간주하고, 이를 합하여 Warsaw Convention이라 부른다"고 규정하고 있으므로 운송계약의 준거법인 Warsaw Convention은 1929년의 Warsaw Convention과 1955년의 헤이그의정서를 합쳐서 이해해야 한다.

6.4 항공운송인과 항공화물운송대리점

바르샤바협약 제5조 제1항에 "송화인은 화물운송인에 대해 항공화물운송장을 작성하여 교부할 것을 청구할 권리가 있다"고 규정되어 있다. 한편, 동 제6조 제5항에 "항공운송인은 송화인의 청구에 따라 항공화물운송장을 작성한 때에는 반증이 없는 한 송화인을 대신하여 작성한 것으로 인정된다"고 규정하고 있어 운송인에 의한 항공화물운송장의 대리작성이 인정되고 있다. 실제로는 항공화물운송대리점이 대행하거나 또는 항공화물운송주선업자가 독자적으로 항공화물운송장을 발행하고 있다.

6.4.1 항공화물운송대리점업(Air Cargo Agent)

항공법 제2조에는 항공화물운송대리점업을 "항공운송사업자 또는 항공운송총대리점업자를 위하여 유상으로 항공기에 의한 화물의 운송계약체결을 대리하는 사업"이라고 정의하고 있다. 화물대리점(Agent)은 송화인과의 계약주체인 항공사를 대신해서, 그 회사의 대리판매를 하면서 항공화물운송장을 발행하고, 화물판매수수료를 수취하며, 통상적으로 수출 및 수입화물 모두에 대해 트럭 등에 의한 육상운송과 수출입면허, 창고반출입 업무를 대행하는 등 항공화물의 흐름을 원활히 하는 보완기능을 수행하고 있다.

항공화물운송대리점은 항공화물운송주선업자와 달리 자기의 명의로 운송하는 사업이 아니므로 독자적인 항공화물운송장을 발행하지 못한다.

6.4.2 항공화물운송주선업자(Air Freight Forwarder ; Consolidator)

항공화물운송주선업자는 스스로가 송화인과의 계약주체로서 독자적인 항공화물운송장, 운송약관, 요율을 가지고 있다. 이와 같이 항공화물운송주선업자는 항공사와 유사한 입장에 있으나 현실적으로 항공기를 갖고 있지 않으므로 집화한 화물을 운송하기 위해서는 항공사가 발행하는 항공화물운송장에 의해 주선업자를 송화인으로 하여 항공사의 운송약관에 의한 운송계약을 체결하여야 한다.

주선업자는 운송화물의 중량이 커짐에 따라 kg당 적용요율이 낮은 것을 적용받음으로 해서 이를 근거로 영업을 한다.

한편 전문혼재업자(Consolidator)는 직접 화주를 상대로 영업을 하지 않고 주선업자의 화물만을 취급한다. 이러한 항공운송화물주선업자는 송화인과 운송계약을 체결하고 House Air Waybill을 발행한다. House Air Waybill은 화물을 항공사에 인도하면 항공사는 주선업자에게 Master Air Waybill을 발행하고 이 Master Air Waybill을 근기로 주선업자가 송화인에게 발행하는 깃이다.

6.5 항공화물운송장

6.5.1 항공화물운송장의 의의와 성격

해상운송의 선화증권에 해당하는 기본서류가 항공화물운송장(Air Waybill : AWB) 또는 항공화물탁송장(Air Consignment Note)이다. 기본적인 성격은 선화증권이 화물의 수령을 증명하는 동시에 유가증권적인 성격을 가지고 유통가능한 반면, 항공화물운송장은 화물의 수령을 증명하는 영수증에 불과하며 유통이 불가능하다는 점이다.

운송계약은 항공화물운송장을 수령한 시점, 즉 화주 또는 그의 대리인이

AWB에 서명하거나 항공사 또는 해당 항공사가 인정한 항공화물취급대리점이 AWB에 서명한 순간부터 유효하며, AWB상에 명시된 수화인(Consignee)에게 화물이 인도되는 순간 소멸된다.

【항송화물운송장과 선화증권의 비교】

항 공 화 물 운 송 장	선 화 증 권
유가증권이 아닌 단순한 화물수령장	유가증권
비유통성(Non-negotiable)	유통성(Negotiable)
기명식	지시식
수령식(창고에서 수령하고 발행)	선적식(본선 선적후 발행)
송화인이 작성	선사가 작성

6.5.2 항공화물운송장의 기능

항공화물운송장의 기능으로는 운송위탁된 화물을 접수했다는 영수증, 운송계약체결에 대한 문서상의 증명, 요금계산서, 송화인이 화주보험(Air Waybill 보험, AWB에 보험금액과 보험료가 기재됨)에 가입한 경우 보험가입증명서, 세관신고서, 화물운송의 지침서(취급, 중계, 배달 등) 등의 기능을 한다.

6.5.3 항공화물운송장의 구성

바르샤바 협약에 의거하면 항공화물운송장은 송화인이 원본 3통을 작성하여 화물과 함께 교부하여야 한다고 규정하고, 제1의 원본에는 "운송인용(녹색)"이라 기재하고 송화인이 서명한다. 제2의 원본에는 "수화인용(적색)"이라 기재하고 송화인 및 운송인이 서명하고, 이 원본을 화물과 함께 송부한다. 제3의 원본(청색)은 운송인이 서명하고 이 원본은 운송인이 화물을 인수한 후에 송화인에게 교부하도록 되어 있다.

한 세트의 항공화물운송장은 원본 3통에 사본 6통 이상으로 구성되어 있다. 사본 6통 중 1통은 항공사의 화물인도증명서 및 운송계약이행의 증거서류로서 물품인도시 수화인이 서명하고 인도항공사에 반환하는 것(황색)이며, 나머지 5통은 모두 백색으로 도착지 공항의 세관통관업무용, 도착지공항의 항공사간 운임청산용, 발행대리점 보관용으로 이용된다.

핵심문제

1. 항공화물운송의 설명으로 옳지 않은 것은?
   ① 운송보험료가 싸다.
   ② 화물의 적기인도를 통한 재고비용의 절감이 가능하다.
   ③ 대량화물의 중단거리운송에 적합하다.
   ④ 물품의 파손율이 적으며 포장비용이 적게 든다.

2. 컨테이너 화물을 인수하고 터미널 운영자가 발행하여 주는 서류는?
   ① Mate's Receipt
   ② Fixture Note
   ③ Booking Note
   ④ Dock Receipt

3. 다음 중 항공운송에 관한 국제협약(규칙)은?
   ① Hague rule 1924
   ② Warsaw Rule 1929
   ③ Hague-Visby Rule 1968
   ④ Hamburg rule 1978

4. 선복을 기준으로 하여 일괄 계산하는 운임을 무엇이라고 하는가?
   ① Lump Sum Freight
   ② Dead Freight
   ③ Back Freight
   ④ Prepaid Freight

5. 선화증권통일조약(Hague Rule)에서 규정하고 있는 선사의 면책사항이 아닌 것은?
   ① 천재지변
   ② 상업과실
   ③ 해난위험
   ④ 전쟁위험

6. 다음 중 항해용선계약의 주요 계약내용이라고 볼 수 없는 것은?
   ① 선박의 속도
   ② 하역조건
   ③ 정박기간
   ④ 운임

7. 화물운송계약에 관한 설명 중 옳은 것은?
   ① 용선운송계약이란 운송인이 다수의 송화인으로부터 개개의 화물을 운송할 것을 인수하는 계약을 말한다.
   ② 나용선계약이란 화물운송을 위하여 선주로부터 선복의 일부를 용선하는 계약을 말한다.
   ③ 정기용선계약은 하루 단위로 선복을 빌리는 일대용선계약을 말한다.
   ④ 항해용선계약이란 특정의 항구로부터 항구까지 화물을 운송하기 위하여 용선하는 계약을 말한다.

8. 부정기선의 특징과 관련 있는 것은?

① 주로 광석, 곡류, 목재 등 벌크화물의 대량운송에 이용되고 있다.

② 항로가 일정하고 정기적으로 운항된다.

③ 일반적으로 해운동맹에 가입한다.

④ 운임은 운임율표에 따른다.

9. 20 feet container에 관한 설명으로 옳은 것은?

① 화물의 중량을 20톤까지 적재할 수 있는 컨테이너

② 높이와 폭의 합계가 20피트인 컨테이너

③ 길이가 20피트인 컨테이너

④ 높이는 8피트, 폭은 20피트인 컨테이너

10. 항공운송으로 물품을 운송하기로 하고 수입국 목적지까지의 운송비와 보험료도 매도인이 부담으로 하기로 한 경우에는 Incoterms® 2010상의 어느 조건을 채택하여야 하는가?

① DDP ② FCA

③ CIP ④ CPT

11. 용선계약시 하역기간을 하역작업이 가능한 일자중 공휴일은 그 산정에서 제외하는 방법은?

① Running Laydays ② Customary Quick Despatch

③ SHEX ④ Weather Working Days

12. 정기선에 대한 일반적인 설명으로 옳지 않는 것은?

① 부정기선보다 운임의 변동폭이 크다.

② 소량이고 다종다양한 화물로 구성된다.

③ 운항형태가 규칙적이고 반복적이다.

④ 부정기선보다 운임이 저렴하다.

13. 송화인이 컨테이너를 이용하기 위하여 반출이나 반입할 때 작성하는 서류는?

① Dock Receipt ② Container Receipt

③ Booking Note ④ Equipment Receipt

14. 정기선 운임시장의 특성으로 옳은 것은?

① 운임율이 시장기능에 따라 변한다.
② 카르텔이 형성되어 있어 시장에의 진입이 상대적으로 어렵다.
③ 선주의 시장통제능력이 크지 않다.
④ 경쟁을 제한하는 제도적 장치가 전무하다.

15. 다음 중 연결이 옳지 않은 것은?

① Acts of God - 불가항력
② M/L clause - 무인화물
③ FCL cargo - CY
④ escalation clause - 무확약오퍼

16. 운송주선업자의 일반적인 기능이라고 볼 수 없는 것은?

① 소량화물의 혼재운송
② 운송수단의 수배
③ 수출승인의 대행
④ 복합운송의 주선

17. 다음 중 항공화물운송에서 많이 이용하는 단위탑재용기(ULD)운임은?

① 일반화물요율
② 품목분류요율
③ 특정물품할인요율
④ 컨테이너·팔레트 운임

18. 다음 중 해운동맹의 주요 협정내용이 아닌 것은?

① 해상보험협정
② 운임협정
③ 배선협정
④ 공동계산협정

19. 선박을 보유하지 않는 자가 운송계약을 체결하는 운송인을 무엇이라 하는가?

① Forwarder
② Contract Carrier
③ NVOCC
④ Common carrier

20. Dead Freight(공적운임)이란?

① 지급하지 않아도 되는 운임
② 손상된 화물의 운임
③ 화물을 싣지 않고도 지급해야 하는 운임
④ 선박이 파선하여 선주가 손해를 입은 운임

21. 불특정 화주를 상대로 운송서비스를 제공하는 운송인은?

① Forwarder
② Common Carrier
③ Industrial Carrier
④ Consolidator

22. 컨테이너를 직접 적재하기 위하여 정렬해 놓은 곳을 무엇이라 하는가?

① Storage Yard
② Marshalling Yard
③ Apron
④ Container Freight Station

23. 선박의 접안기간을 당해 항구에서의 관습적 조속하역으로 설정한 조건은?

① CQD
② Running laydays
③ SHEX
④ WWD

24 선주가 속한 국가가 아닌 제3국의 국적을 취득한 선박을 이르는 말은?

① VLCC선
② 편의치적선
③ LASH선
④ 나용선

25. 복합운송인의 책임체계 중 단일책임으로서 전 운송구간 동일형은?

① Network Liability System
② Uniform Liability System
③ Combined Liability System
④ Modified Uniform Liability System

26. B/L상에 Freight Collect로 되어 있으면 다음 중 어떠한 정형거래조건을 선택한 경우인가?

① CIF
② EXW
③ CIP
④ FOB

27. LCL 화물을 모아 선사가 컨테이너에 적입하는 곳을 이르는 말은?

① Container Yard
② Container Freight Station
③ Bonded Warehouse
④ ODCY

28. 수출입통계 및 항만물동량통계의 기준이 되는 컨테이너 규격은?

① 8 feet
② 20 feet
③ 35 feet
④ 40 feet

29. 최초의 운송인이 전 운송구간에 걸친 운송을 인수하고 그 전부 또는 일부를 다른 운송인에게 운송시키는 형태의 계약을 무엇이라 하는가?

① 통운송계약
② 일괄운송계약
③ 후속운송계약
④ 혼합운송계약

30. 물품의 선적과 양륙에 소요되는 하역비를 화주가 모두 부담하는 조건은?

① F.I. ② F.I.O.
③ liner ④ F.O.

31. 다음 컨테이너 중 식품이나 수산물의 운송에 적합한 것은?

① Dry Container ② Reefer Container
③ Open Top Container ④ General Ship

32. 다음 중 화주가 화물을 선적하는데 드는 비용만 부담하고 양륙비용은 선사에서 부담하는 하역조건은?

① F.I ② F.O
③ Liner Terms ④ F.I.O

33. 선박의 현측을 통하여 크레인 등으로 화물을 하역하는 방식을 무엇이라 하는가?

① RO/RO ② FO/FO
③ LO/LO ④ Lash

34. 컨테이너 운송의 장점을 최대한도로 이용한 운송 방법은?

① CFS/CFS ② CFS/CY
③ CY/CFS ④ CY/CY

35. 다음 선화증권에 관한 설명 중 옳지 않은 것은?

① 해상운송인이 운송계약에 의하여 송화인으로부터 위탁받은 운송물을 선적 또는 선적을 위하여 수취한 사실을 증명하는 서류이다.
② 운송인이 운송물을 목적항까지 운송하여 증권의 소지인에게 상환조건으로 운송물을 인도할 것을 약속하는 유가증권이다.
③ 선화증권은 송화인이 운송계약과 약정된 운임을 전제로 선박에 선적한 후에 운송인의 요청에 따라 발급한다.
④ 운송중인 화물도 선화증권의 인도나 배서에 의해 소유권이 이전될 수 있다.

36. 선적에 대한 다음 설명 중 옳은 것은?

① "immediate shipment"의 경우 수출승인 후 30일 이내 선적해야 한다.
② 환적에 대한 언급이 없는 경우 환적은 금지된다.
③ 선적일이 누락된 신용장은 무효이므로 신용장을 변경하여야 한다.
④ 최종선적일이 공휴일이라도 반드시 최종 선적일까지 선적하여야 한다.

37. 다음 중 SLB에 대한 설명으로 옳은 것은?

① 극동에서 미국대서양연안까지의 복합운송루트를 말한다.
② 극동에서 미국태평양연안까지의 복합운송을 말한다.
③ 극동에서 유럽까지의 복합운송구간중 시베리아횡단철도를 이용하는 방식이다.
④ 극동에서 미국을 통하여 남미로 수출되는 화물의 복합운송구간이다.

38. CIF 계약에서 매입을 위한 기본서류에 해당되지 않는 것은?

① 원산지증명서
② 환어음
③ 상업송장
④ 운송서류

39. 신용장상의 운임지급이 Freight prepaid로 되어있음에도 불구하고 운임지급의 표시가 없어도 수리되는 운송서류는?

① Courier's Receipt
② Sea Waybill
③ Combined Transportation B/L
④ Air Waybill

40. 운송인이 화물을 인수하고 본선에 적재하기 전에 발행하는 선화증권을 무엇이라 하는가?

① Received B/L
② House B/L
③ Shipped B/L
④ Master B/L

41. 영사송장(Consular Invoice)에 관한 설명 중 옳은 것은?

① 영사송장은 수출국 소재 수입국 영사가 발행한다.
② L/C상 영사송장을 요구할 경우 세관송장으로 대체할 수 있다.
③ 일반적으로 영사송장은 수출국의 수출통관에 필요한 서류이다.
④ 영사송장은 일반적으로 수출국 언어로 발행한다.

42. 다음 중 신용장통일규칙에서 수리가능한 것으로 인정하는 B/L은?

① Stale B/L
② Foul B/L
③ Through B/L
④ Intended B/L

43. 다음 중 해상운송주선업자가 LCL 화물을 화주로부터 집화하여 혼재운송할 경우 선사로부터 발급받는 B/L은?

① Master B/L
② House B/L
③ Groupage B/L
④ Red B/L

44. 화물의 파손여부 또는 포장상태의 결함여부와 가장 관련이 깊은 것은?

① Order ② On board
③ Clean ④ Full Set

45. 신용장관련 보험서류 중 신용장에서 수리를 거절하는 것은?

① Insurance Cover Note ② Certificate of Insurance
③ Insurance Policy ④ Insurance Declaration

46. 다음 서류 중 양도가 불가능한 것은?

① 선화증권 ② 보험증권
③ 신용장 ④ 상업송장

47. 다음 중 용어의 설명이 옳지 않는 것을 찾으시오.

① stale B/L - 기간경과 선화증권
② through B/L - 통선화증권
③ straight B/L - 소지인식 선화증권
④ order B/L - 지시식 선화증권

48. 상업송장에 대한 다음 설명 중 옳은 것은?

① L/C상의 개설의뢰인이 발행하여야 한다.
② L/C상의 개설은행 앞으로 발행하여야 한다.
③ 상품명세는 L/C상의 상품명세와 엄격히 일치하여야 한다.
④ 상업송장은 발행인의 서명이 없으면 무효이다.

49. 상업송장에 관한 다음 설명 중 틀린 것은?

① 상업송장은 선적 후에 작성해야 유효하다.
② 송장금액이 신용장 금액을 초과하지 말아야 한다.
③ 상업송장은 수출업자가 작성하여야 한다.
④ 송장상에 기재되는 상품의 명세는 신용장상의 명세와 반드시 일치해야 한다.

50. UCP 600의 규정에 의거 운송서류의 발급일자가 신용장상의 선적기일보다 빠른 것만으로는 선적기일을 지킨 것으로 간주되지 않는 운송방법은?

① 해상운송 ② 항공운송
③ 복합운송 ④ 도로운송

51. 다음 중 운송회사에게 컨테이너화물의 수령증거가 되지 못하는 서류는?

① 부두수취증(D/R) ② 수취선화증권
③ 선복확약서(Booking Note) ④ 해상화물운송장

52. Proforma Invoice는 다음의 어느 것과 관련이 있는가?

① free offer ② Customs Invoice
③ L/I ④ L/G

53. 선적기일(Shipping date)에 관한 설명으로 옳지 못한 것은?

① 최종일이 은행의 휴업일이면 다음의 영업일까지 연기된다.
② 신용장의 유효기일이 연장된다고 선적일이 연장되는 것은 아니다.
③ B/L상 선적일자가 기재되지 아니하면 B/L의 발행일을 기준으로 한다.
④ 본선적재부기일은 선적일자로 간주되어야 한다.

54. 수탁자인 수출업자가 위탁매입상품에 대하여 수입업자 앞으로 작성하는 송장은?

① Consular Invoice ② Customs Invoice
③ Shipping Invoice ④ Indent Invoice

55. 선화증권의 발행으로부터 21일이 경과한 선화증권이나 신용장의 유효기일을 경과한 선화증권은?

① Red B/L ② Stale B/L
③ Short Form B/L ④ C/P B/L

56. 무역계약에서 선적일자의 해석으로 잘못된 것은?

① 해상선화증권은 본선적재일
② 용선계약부 선화증권은 수탁일
③ 항공운송서류는 발송일 또는 발행일
④ courier는 접수일 또는 수령일

57. 선화증권(B/L)에 관한 설명으로 옳은 것은?

① 지시식으로 발행된 경우 은행에서 수리되지 아니한다.
② 운송물의 수령증서일뿐 권리증권은 아니다.
③ 선화증권을 적법하게 소지한 자가 운송물의 인도를 청구하는 경우 운송회사는 그 인도를 거부하지 못한다.
④ 일반적으로 기명식으로 발행되기 때문에 유통할 수는 없다.

58. 다음 중 선화증권의 법정기재사항은 어느 것인가?

① 컨테이너 번호 및 봉인번호 ② 항차번호 및 항해방향
③ 운임지급조건 ④ 송화인의 성명 또는 상호

59. L/C상 명시규정이 없는 한 다음 중 서명이 없어도 은행에서 수리되는 서류는?

① 상업송장 ② 보험증권
③ B/L ④ 환어음

60. 다음 가운데 매도인이 직접 작성하는 무역서류가 아닌 것은?

① 상업송장 ② 적화목록
③ 세관송장 ④ 환어음

61. 다음 중 Air Waybill의 용도가 잘못된 것은?

① Original 1은 항공회사용이다.
② Original 2는 수화인용이다.
③ Original 3은 송화인용이다.
④ Original 4는 개설은행용이다.

62. 신용장에서 Full Set Document를 요구했음에도 불구하고 매입시 수출업자가 1부의 운송서류만을 제출해도 괜찮은 운송방법은?

① 해상운송 ② 항공운송
③ 복합운송 ④ 육상운송

63. 외화도피나 관세포탈을 방지하기 위해 수입지 국가에서 요구하는 서류는?

① 위탁송장 ② 영사송장
③ 상업송장 ④ 가송장

64. 다음의 B/L 중 은행지시식에 해당하는 것은?

① to order of xxx Bank ② xxx Bank, Co Ltd
③ to bearer ④ ABC co.

65. UCP 600상의 상업송장에 대한 다음 설명 중 옳은 것은?

① L/C상의 개설은행이 발행하여야 한다.
② L/C상의 개설의뢰인 앞으로 발행하여야 한다.
③ 상품명세는 L/C상의 상품명세와 상당히 일치하여야 한다.
④ 상업송장은 발행인의 서명이 없는 경우에는 무효이다.

66. UCP 600상의 상업송장의 수리요건과 관련하여 옳지 않은 것은?

① 송장상의 청구금액은 신용장 액면금액을 초과할 수 없다.
② 개설의뢰인 앞으로 발행하여야 한다.
③ 송장상의 상품명세는 신용장상의 상품명세와 반드시 일치시켜야 한다.
④ 신용장에서 여러 통의 송장을 요구하였다면 송장은 모두 원본으로 제시해야 한다.

67. 다음 중 유가증권이 아니기 때문에 배서에 의한 권리양도가 인정되지 아니하는 것은?

① Ocean Bill of Lading
② Combined Transportation Bill of Lading
③ Air Waybill
④ Marine Insurance Policy

68. 다음 B/L중 신용장통일규칙에서 수리를 허용하고 있지 않은 것은?

① Unknown Clause B/L ② Shipped B/L
③ Clean B/L ④ Stale B/L

69. B/L상 선적일자가 기재되어 있지 아니한 경우에는 다음의 어느 날을 선적일로 추정하는가?

① B/L의 발행일 ② 신용장의 수령일
③ M/R의 발행일 ④ 본선의 출항일

70. 항공화물혼재업자(consolidator)가 발행하는 운송장을 무엇이라고 하는가?

① House Air Waybill ② Master Air Waybill
③ Groupage Air Waybill ④ Air transport document

71. 우리 상법상 선화증권의 법정기재사항이 아닌 것은?

① 수화인의 성명 ② 송화인의 성명
③ 선화증권의 발행통수 ④ 선화증권의 발행번호

72. 다음 운송서류 중 양도성이 인정되지 않는 것은?

① Sea Waybill ② Combined Transportation B/L
③ Inland Water Way B/L ④ Received B/L

73. 다음 중 신용장상 별도의 명시가 없더라도 UCP 600에서 수리성을 인정하는 B/L은?

① Forwarder's B/L ② Charter Party B/L
③ Through B/L ④ FIATA CT B/L

74. 신용장에서 요구하는 B/L의 조건 중 발행은행의 담보권행사와 가장 밀접한 관계를 가지는 조건은?

① Full Set ② Clean
③ On Board ④ Ocean

75. 신용장에 선적서류의 제시기일에 관한 언급이 없을 경우 수출업자는 선적일로부터 며칠 이내에 선적서류를 은행에 제시하여야 하는가?

① 신용장 유효기일과 상관없이 21일내
② 신용장 유효기일 내 21일내
③ 신용장 유효기일과 상관없이 30일내
④ 신용장 유효기일 내 30일내

76. 신용장에서 운송서류의 Full Set를 요구했음에도 불구하고 수출업자가 1부의 운송서류만을 제출해도 은행에서 수리되는 것은?

① Shipped B/L ② FIATA
③ Air waybill ④ Charter party B/L

77. House B/L에 대한 설명 중 옳지 않은 것은?

① 선사가 발행하는 Master B/L을 근거로 발행된다.
② 내국운송에 이용되는 Local B/L이다.
③ 운송화물이 한 컨테이너분이 안 되는 LCL 화물의 화주에게 운송을 주선한 Forwarder가 발행하는 B/L이다.
④ 신용장에 별도의 명시가 없으면 은행에서 매입할 수 없는 B/L이다.

78. 다음 B/L중 특정요건을 갖추지 않을 경우 은행이 수리거절하는 것은?

① FIATA B/L ② Shipped B/L
③ Ocean B/L ④ Long Form B/L

79. Intended 대상이 되지 아니하는 것은?

① 선박의 명칭 ② 도착항
③ 물품의 수령일 ④ 선적기일

80. 일반적으로 CIF 계약에서 매도인이 매수인에게 제공해야 하는 서류가 아닌 것은?

① 상업송장 ② 손상화물보상장
③ 선화증권(B/L) 등 운송서류 ④ 보험증권 등 보험서류

Chapter 7
해상보험계약

1 해상보험계약

1.1 해상보험의 의의

1.1.1 MIA상의 의의

해상보험은 해상사업과 관련하여 발생하는 손해를 보상하는 경제적 제도이다. 그리고 해상보험은 보험자와 보험계약자와 피보험자간에 체결되는 해상보험계약에 의해서 구체화되는데 여기서는 1906년 영국해상보험법(Marine Insurance Act 1906 : MIA)과 우리나라 상법상의 정의에 대해 살펴본다.

> MIA 제1조 해상보험의 정의
>
> 해상보험계약은 그 계약에 따라 합의된 방법과 범위에서 해상손해, 즉 항해사업에 부수하는 손해를 보험자가 피보험자에게 보상할 것을 인수하는 계약이다(1.Marine Insurance Defined.—A contract of marine insurance is a contract whereby the insurer undertakes to indemnify the assured, in manner and to the extent thereby agreed, against marine losses, that is to say, the losses incident to marine adventure).

1.1.1.1 주요 내용

① **해상보험계약** : 해상보험계약(contract of marine insurance)은 해상보험(marine insurance)을 실제로 운영하는 방법을 말하기 때문에 이들 양자를 반드시 구분할 필요는 없지만, 후자는 일종의 제도이고 전자는 이러한 제도를 시행하는 방법을 말한다. MIA 제1조의 제목은 해상보험의 정의라고 되어 있지만 실제로 그 내용은 해상보험계약을 정의하고 있는 것이므로 해상보험계약과 해상보험을 구분하지 않고 사용하고 있다는 것을 알 수 있다.

② **합의된 방법과 범위** : 해상보험계약의 내용은 보험증권의 약관으로 명시된다. 보험계약도 계약자유의 원칙에 따라 당사자간의 합의로 정할 수 있으나 계약체결시 담보위험과 손해보상의 범위와 담보구분간을 하나하나 약정하기란 거의 불가능하다. 따라서 해상보험에 전문적인 지식이 없는 화주나 선주를 위하여 런던보험업자협회(The Institute of London Underwriters : ILU)가 제정한 협회약관을 채택하도록 하고 있다.

피보험자는 자신이 선택한 협회약관이나 기타 특별약관의 내용에 따라 손해보상의 방법과 범위가 달라진다. 만약 약관상의 문제가 발생하면 영국의 법률과 관습에 따라 해결한다.

③ **항해사업에 부수되는 사업** : 항해사업(marine adventure)은 해상에서 영리를 목적으로 행하는 사업행위를 말한다. 선박은 운임을 벌기 위해 화물을 운송하고 화물은 이윤을 추구하기 위하여 운송된다. 그런데 항해사업을 수행하다 보면 해상위험으로 인하여 많은 손실이 발생할 수 있다.

예를 들어 일정량의 화물을 목적지까지 운송할 경우 약정된 운임을 지급하기로 운송계약을 체결하고 항해하던 중 폭풍우로 선박이 침몰하였을 경우 이 때 선주가 입게 되는 손실은, ㉠ 자신이 소유하고 있던 선박이 침몰됨으로써 입는 손실, ㉡ 화물을 목적지까지 운송할 경우 받기로 한 운임을 받지 못함으로써 생기는 손실, ㉢ 선박과 함께 침몰한 화물에 대하여 화주가 손해배상을 청구할 경우 배상금을 지급함으로써 생기는 손실 등이다.

④ **손해보상계약** : 보험자는 피보험자에게 향후 손해가 발생할 경우 이를

보상해 줄 것을 약속하는 것이 손해보험계약인데 해상보험도 손해보험의 일종이다. 그리고 보험계약자·피보험자는 이러한 손해보상의 약속을 받는 대가(약인)(consideration)로 소위 보험료를 지급한다. 이와 같이 당사자간에 체결되는 것이 손해보상계약이다.

1.1.1.2 해상보험의 적용범위

해상보험은 항해에 관한 위험을 담보하는 보험이지만 이와 병행하여 항해에 부수되거나 접속되는 육상, 내수로의 위험도 하나의 해상보험계약을 담보할 수 있다.

MIA 제2조 제1항 해륙혼합의 위험

해상보험계약은 그 명시적 특약 또는 상관습에 따라 그 담보의 범위를 확장하여 해상항해에 부수되는 내수 또는 육상의 위험손해에 대해서도 피보험자를 보호할 수 있다(2. Mixed sea and land risks—(1) A contract of marine insurance may, by its express terms, or by usage of trade, be extended so as to protect the assured against losses on inland waters or on any land risk which may be incidental to any sea voyage).

즉, 해상보험계약은 해상구간뿐만 아니라 매도인의 창고로부터 발항항까지와 도착항으로부터 매수인의 창고까지 담보를 확장할 수 있다(내륙운송연장담보조건(Inland Transit Extension : ITE)). 이 조건을 활용하게 되면 육상운송 도중 발생할 수 있는 위험까지도 해상보험으로 담보된다.

이와 같이 오늘날의 해상보험은 육상운송위험까지도 연장담보하도록 되어 있어, 해상 및 육상의 혼합보험적 성격을 띠고 있다. 그러나 해상보험이 혼합보험이라 하더라도 항공운송에 따른 위험을 연장담보하는 경우는 드물다. 그 이유는 해상운송이 주로 대량의 화물을 운송하는 수단인데 비해 항공운송은 신속성을 요하는 소량화물을 운송하기 때문에 해상운송과 항공운송이 연계되어 운송하는 경우가 드물기 때문이다.

1.1.2 우리나라 상법상의 의의

상법 제693조는 해상보험계약에 대해 다음과 같이 규정하고 있다.

> **제693조 해상보험자의 책임**
>
> 해상보험계약의 보험자는 해상사업에 관한 사고로 인하여 생길 손해를 보상할 책임이 있다.

본 조는 해상보험에 대해 보험자와 보험계약자(피보험자)간의 계약관계로서 규정된 것인데 거기에는, ① 해상사업에 관한 사고(해상위험이 존재할 것)가 존재할 것, ② 그 사고의 발생대상인 보험의 목적에 피보험자가 이해관계(해상피보험이익)를 가질 것, ③ 피보험자가 그 피보험이익에 대해 손해(해상손해)를 입을 것 등 해상보험의 주요한 구성요소를 포함하고 있으며 해상보험의 개념적 특징을 단적으로 표현한 규정이라 할 수 있다. 이를 구체적으로 설명하면 다음과 같다.

1.1.2.1 손해의 보상

전술한 바와 같이 해상보험은 손해보상을 목적으로 한다. 보험금의 급부는 보험사고의 결과 지급되는 금액이 계약체결시에 미리 정해진 금액을 급부하는 정액급부와 피보험자가 입은 손해액에 관련되는 손해급부가 있는데, 전자는 정액보험이라 하고 후자는 손해보험이라 한다. 해상보험에서는 화재보험, 운송보험 등과 함께 손해급부가 이루어지고 있으며 따라서 해상보험도 손해보험의 일종이다.

손해보험에 있어서는 피보험자가 손해를 입은 경우에 보험자로부터 급부에 따라 피보험자가 이득을 취하지 않는 것을 원칙으로 하고 있다. 즉, 손해보험에서는 피보험자가 입은 손해 이상으로 보상되지 않는다(이득금지의 원칙). 손해보험에 속하는 해상보험에도 기본적으로 손해보상의 원칙이 적용되게 된다.

그러나 해상보험에서는 보험가액에 대해 계약당사자간에 협정하는 기평가보험(valued policy)을 이용하는 것이 일반관행으로 되어 있으므로 피보험자가 실제로 입은 손해액을 초과하여 부담되는 경우가 있으며, 또한 손해액에 도달하지 않는 액밖에 부담될 수 없는 경우가 있을 수 있다. 따라서 엄밀히 말하면 손해보상원칙이 준수되지 않고 있는 것이다.

하지만 손해보상원칙이 관철되기 위해서는 피보험자는 그 손해보상에 알맞은 만큼의 피보험이익을 미리 준비할 필요가 있으며 해상보험에 있어서 이 피보험이익의 중요성을 무시할 수 없다. 분명히 해상보험에 있어서 엄밀하게는 손해보상의 원칙을 적용할 수 없는 점을 인정해야 하지만 그것에 의해 해상보험의 실손보상의 성격이 본질적으로 부정되는 것은 아니다.

1.1.2.2 해상사업관련 사고

위험발생의 장소가 해상, 육상 또는 공중의 어느 쪽인가에 따라 해상보험, 육상보험 또는 항공보험으로 분류된다. 해상보험은 해상사업에 관한 사고, 즉 해상위험에 기인하여 발생한 손해보상을 목적으로 하는 보험이다. 따라서 해상보험의 주요한 이용자는 해상위험에 노출되는 선박운항에 관련되는 선주, 해운업자 등이며 또한 그 선박에 화물을 위탁하는 화주, 무역업자 등이다.

그런데 선박 또는 화물은 해상항해중의 위험만에 노출되는 것은 아니다. 예를 들면 항만·하천 등의 내수위험 외에 선박의 입거·건조중의 위험 또는 진수시의 위험도 입을 수 있다. 또한 화물의 운송은 실제로 해상운송용구만으로는 그 목적이 달성되지 않고 운송되는 화물의 발송지 또는 도달지가 내륙에 있는 경우에는 육상운송용구가 사용되어야 한다.

이들 위험 중 입거·건조 중의 위험 및 육상운송중의 위험은 육상에서 발생하는 위험이므로 그 의미에서는 해상위험이라 할 수 없다. 이 종류의 위험을 해상위험의 확장적 해석으로 하여 항해에 관한 사고로 보고 있다. 즉, 해상보험의 실무에서는 항해의 위험 외에 항해에 관련하는 내수·육상의 위험도 포함한 소위 해륙혼합위험이 해상보험담보의 대상으로 하고 있다.

1.1.2.3 피보험이익의 존재

해상보험에 있어서 피보험자가 해상위험에 기인하여 발생한 손해를 입기 위해서는 그것에 대응하는 피보험이익이 존재해야 한다. 상법 제693조는 해상사업에 관한 사고에 기인하여 발생한 손해를 보상하는 취지를 규정하고 있는데 피보험이익에 대해 명문으로 규정되어 있는 것은 아니다. 하지만 손해가 보상되기 위해서는 피보험자는 보험의 목적인 선박 또는 화물이 해상위험에 기인하여 손해를 입었다는 일정한 이해관계를 가져야 한다. 예를 들면 선박에 대해서 선주는 소유자로서의 이해관계, 선박임차인은 사용자로서의 이해관계,

또한 선박을 담보로 하여 융자를 한 금융기관은 저당권자로서의 이해관계를 갖는다. 즉, 보험의 목적인 선박은 하나이지만 그것에 관한 이해관계는 그 발생이유를 달리하여 여러 가지 존재한다.

이와 같은 이해관계가 발생하는데는 피보험자가 보험의 목적에 법률상의 권리를 가져야 할 것을 반드시 필요로 하지 않는다. 예를 들면 항해의 달성을 조건으로 하여 화물에서 기대되는 부선업자의 하역비, 화물중개인의 중개수수료 등은 화물의 도달에 의해 취득이 기대되는 이익이지 각자의 법률상의 권리에 기초한 이익이 아니다. 화물에 대한 일정한 사실관계에 기초하여 타인의 소유물에서 기대할 수 있는 이해관계가 있으면 충족되는 것이다.

피보험이익은 이와 같이 피보험자가 보험의 목적에 대해 여러 가지 이해관계를 가지는 것을 배경으로 하여 존재하는 것이므로 이와 같은 피보험이익이 해상보험에서는 불가결한 요소가 된다.

1.1.2.4 피보험이익에 발생한 손해보상

해상보험에는 보험의 목적에 관한 여러 가지 이해관계가 있어 따라서 각종의 피보험이익이 존재하지만, 해상보험에서 보상되는 손해는 이와 같은 피보험이익에 발생한 경제적 손해에 한정된다.

손해에는 직접손해, 간접손해가 있으며 이것에 대해서는, ① 손해가 보험사고의 직접적 결과로서 발생했는지 아니면 간접적 결과로서 발생했는지에 따라 이것을 직접손해 또는 간접손해로 분류하는 방법, ② 손해가 부보된 피보험이익에 발생한 손해인지 아니면 부보된 피보험이익 이외의 이익에 발생한 손해인지에 따라 이것을 직접손해 또는 간접손해로 구별하는 방법이 있다. 이 경우 보험자에 의해 보상되는 것은 원칙으로 직접손해뿐이며 간접손해를 포함한 모든 손해가 아니다.

그러나 이것은 어디까지나 원칙이며 직접손해 중에서도 소손해면책비율[34]의 범위에 있는 손해에 대해서는 보험자의 보상책임에서 배제된다. 또한 간접손해라 하더라도 특정한 손해 예를 들면 손해방지비용, 손해조사비용, 공동해손분담액, 충돌손해배상금 등에 대해서는 법률 또는 약관에 의해 이것을 보험자가 부담해야 할 손해에 포함시킬 수 있다.

34) 1982년 ICC에서는 이 제도가 삭제되었다.

1.2 해상보험계약의 법률적 성질

① 낙성계약 : 보험자의 청약과 피보험자의 승낙에 의해 의사표시의 일치로 계약이 성립된다.

② 불요식계약 : 보험증권의 발행과 관계없이 보험료를 지급하고 수령증서를 받은 때부터 보험자의 책임이 개시되며 요식이 정해져 있지 않다.

③ 유상계약 : 보험계약 당사자 쌍방이 대가를 부담한다.

④ 쌍무계약 : 보험계약 당사자 쌍방이 계약상의 의무를 진다.

⑤ 부합계약 : 보험계약의 대량성, 신속성, 불공평제거를 위해 보험자가 제시하는 약관을 보험계약자가 거절 또는 승인하는 선택권을 갖는 계약이다.

⑥ 사행계약 : 보험계약은 불확실한 사고의 발생으로 이익과 손해가 결정되는 사행(射倖)계약의 성격이 있다.

⑦ 유한책임계약 : 보험금액의 한도 내에서 보험금이 지급되는 계약이다.

⑧ 최대선의 계약(utmost good faith) : 보험계약은 사행성을 지닌 계약이므로 계약당사자의 최대선의를 기초로 하고 있다.

1.3 해상보험계약의 체결

보험계약자가 청약하고 보험자가 담보조건과 보험료율을 결정한 후 보험계약청약서(The Order, Application)를 승낙하면 해상보험계약이 성립한다.

보험계약의 성립에 따라 당사자는 약관에 따라 권리와 의무를 진다. 즉, 보험자는 손해발생시 손해를 보상하고, 피보험자는 위험의 변경사실을 통지하거나 손해발생사실을 통보할 의무가 있다.

2 해상손해

2.1 해상손해의 의의

해상손해란 항해 사업에 관련된 피보험목적물이 해상위험의 발생으로 인하여 피보험이익의 전부 또는 일부가 멸실 또는 손상되어 피보험자에게 경제적 불이익을 초래하는 것을 말한다.

2.2 해상손해의 분류

① **인과관계에 의한 분류** : 직접손해는 보험사고로 말미암아 보험의 목적 그 자체에 발생한 손해이다. 그리고 간접손해는 보험사고로 인하여 피보험자가 입은 직접손해 이외의 손해(희망이익의 상실손해, 지연으로 인한 화물의 성질손해 등)이다.

② **손해의 정도** : 분손과 전손

③ **손해의 성격** : 공동해손과 단독해손

④ **피보험이익의 종류** : 물적손해, 비용손해, 책임손해

2.2.1 현실전손

현실전손(actual total loss : ATL)은 피보험목적물의 파괴, 부보된 화물의 성질상실, 목적물에 대한 소유권의 박탈, 선박의 행방불명 후 상당한 기간 동안 불명인 경우 등이다.

2.2.2 추정전손

추정전손(constructive total loss : CTL)은 보험의 목적이 현실적으로 전손이 불가피한 경우, 보험목적의 점유를 상실하고 회복할 가능성이 없는 경우와 수리하여 목적지까지 계선비용이 도착시 화물의 가액을 초과하는 경우이다.

추정전손은 보험의 목적을 보험자에게 정당하게 위부함으로써 성립하며, 위부하지 않은 경우 분손으로 처리된다. 위부(abandonment)제도란 일정한 사고가 발생하였을 경우 현실전손이 발생한 것은 아니지만, 피보험자는 보험의 목적에 관하여 그가 갖는 일체의 권리를 보험자에게 이전시키고 보험금액의 전부를 청구하는 제도이다. 위부의 통지방법에는 제한이 없으며 서면, 구두 또는 기타의 방법으로 정당히 그리고 조건 없이 행하여야 한다.

2.2.3 단독해손

분손이란 피보험이익의 일부가 소멸되는 경우의 손해를 말한다. 발생 원인에 따라 피보험자가 단독으로 부담하는 단독해손(particular average)과 이해관계자가 공평하게 부담하는 공동해손으로 구분한다.

2.2.4 공동해손

공동해손(general average)이란 "선박과 적화 등이 공동의 위험에 처하여 이로부터 벗어나기 위하여 취하여진 공동해손행위로 인하여 발생한 손해 또는 공동해손행위의 직접적인 결과로 발생하는 비용 등을 이해관계자가 공동으로 부담하는 손해"를 말한다. 공동해손손해는 공동해손비용과 공동해손희생을 포함하며 요크앤트워프규칙(York Antwerp Rules 2004)에 따라 정산하게 된다.

2.2.5 구조비

해난구조는 해난을 만난 선박 또는 적화의 손해를 방지하기 위하여 행하는 행위를 말한다. 해난구조는 피보험자의 의뢰에 따라 구조계약을 체결하여 행하는 계약구조와 구조의 의무가 없는 제3자가 자발적으로 행하는 임의구조로 구분할 수 있는데 계약구조의 경우 불성공 무보수계약이 원칙이지만 성공의 경우 보수를 받는데 이것을 구조료(salvage award)라 하며, 이는 특별비용이 되거나 공동해손비용으로 된다. 임의구조에 의하여 발생한 비용을 구조비(salvage charge)라 한다. 즉, 계약에 의하지 않고 해상법에 의거하여 구조자가 회수할 수 있는 비용이다. 구조비의 보상금액은 보험금액의 한도 내이다. 구조비가 선박 또는 화물의 구조목적인 경우에는 구조비라 하고 선박, 화물, 운임 전체의 구조목적인 경우에는 공동해손비용이라 한다.

2.2.6 구조료

해난에 조우한 재산에 발생할 가능성이 있는 손해를 방지하기 위하여 계약에 의하여 구조한 자에게 계약에 따라 지급하는 보수를 구조료라 한다. 이 구조료는 그 발생된 상황에 따라 특별비용이나 공동해손비용으로 보상받을 수 있다.

2.2.7 손해방지비용

손해방지비용(sue and labour charge)은 피보험위험이 발생하였을 경우 이로 인한 보험의 목적의 손해를 방지 또는 경감하기 위하여 피보험자 또는 그의 사용인 및 대리인이 지출한 비용이다. 손해방지비용은 당해 보험의 목적의 이익만을 위하여 소요된 비용이어야 한다. 따라서 공동의 이익을 위해 소요된 비용은 공동해손비용이 된다. 손배방지 비용의 보상은 물적손해에 대한 보상액과 손해방지비용의 합이 보험금액을 초과하는 경우에도 보상된다.

2.2.8 특별비용

피보험목적물의 안전, 보존을 위하여 피보험자에 의하여 또는 피보험자를 위하여 지출된 비용으로 공동해손비용과 구조비 이외의 비용이다. 이러한 특별비용(particular charge)은 단독해손에 포함되지 않는다. 특별비용은 손해액과 특별비용을 합하여 보험금액의 한도에서 보상된다. 손해방지비용은 피보험자 또는 그의 사용인 및 대리인에 의하여 지출된 비용인 반면, 특별비용은 그 행위자를 특정하지 않고 피보험자에 의하여 또는 피보험자를 위하여 지출된 비용이다.

2.2.9 손해조사비용

손해가 발생한 경우 손해액사정인에 의해서 손해의 원인 및 정도를 조사하는데 소요되는 비용을 손해조사비용(survey fee)이라 한다. 이 비용은 당해 손해가 보험자에 의하여 담보된 성질의 손해인 경우에 한하여 보험자가 보상한다.

2.3 손해보상의 원칙

2.3.1 실손보상의 원칙

피보험자를 사고발생전의 금전상의 상태로 회복시키는 것을 말한다.

2.3.2 직접손해보상의 원칙

물적손해만을 보상하고 비용손해에 대해서는 원칙적으로 보상하지 않는다. 다만, 보험약관과 법률에 규정된 구조료, 구조비, 특별비용, 손해방지비용, 손해조사비용, 공동해손비용에 대해서만 보상책임을 진다. 보험자의 보상책임은 보험금액의 한도 내이므로 물적손해와 비용손해의 합이 보험금액을 초과할 수 없지만, 손해방지비용이 발생한 경우는 보험금액을 초과한 경우도 예외적으로 보상한다.

2.3.3 손해보상범위와 거증책임

① **손해보상범위** : 위험담보조건에 따른 손해보상의 범위이다.

② **거증책임** : 거증책임이란 증거에 의하여 사실을 증명할 책임을 말한다. 거증의 원칙은 "어떠한 사실을 입증할 책임은 그것을 주장하는 자에게 있다", 즉 이익을 향유하는 자에게 거증의 책임이 있게 된다.

2.3.4 위부와 대위

2.3.4.1 위부

피보험목적물을 전손으로 추정토록 하기 위하여 잔존물의 소유권과 제3자에 대한 배상청구권을 보험자에게 양도하는 것을 말한다. 위부(abandonment)의 요건으로는 추정전손이 불가피한 경우, 즉 수선비용이 수선후의 선박예상가액보다 많은 경우에는 추정전손이 된다.

2.3.4.2 대위

보험자가 보험금을 지급한 경우 피보험목적에 대한 권리와 제3자에 대한 배상권을 승계하는 것을 말한다. 대위(subrogation)는 보험금 지급시 당연히 성립한다.

3 적하보험약관

3.1 Lloyd's S. G. Policy의 약관해설

3.1.1 본문약관

① 모두조항(be it known that) : that 이하에는 보험계약자명이 명시되며, 이하를 인증한다는 취지이다.

② 양도조항(assignment clause) : 보험증권의 양도가 필요한 경우 그 양도를 인정한다는 취지를 규정하고, 또한 다른 자가 본인의 대리인으로서 본인을 위하여 선의로 보험계약을 체결한 것을 인정하고, 이 경우 본인으로서 손해발생의 사실을 안 후에 그 보험계약을 추인 또는 채택할 수 있도록 한 규정이다.

③ 소급조항(lost or not lost clause) : 보험계약의 효력을 보험계약체결시 보다 이전으로 소급시키는 문언이다. 신협회적화약관에서는 피보험이익 조항으로 대체되었다.

④ 위험의 개시문언("at and from") : 항해보험의 경우 출항지명이 기재되며, 위험은 특정의 장소에 선박이 안전하게 있을 때 즉시 개시된다.

⑤ 피보험목적물 표시문언("upon goods and merchandise") : 보험의 목적인 위험발생의 객체가 화물, 상품 또는 귀중품인 것을 표시한다.

⑥ 적재선박 표시문언("of and in the good ship on vessel called the –") : 여기에 적재선박명이 표시되지만, 실제로는 여기에 기입되지 않고 보험증권의 상부의 "ship or vessel called the..."의 공백란에 기입된다.

⑦ 선장명 표시조항(master's name clause) : 이 난은 선장명을 기입하는 것이지만, 별 의미가 없다.

⑧ 보험기간조항(duration of risk clause) : 이것이 항해보험에서의 보험자의 위험부담책임의 개시, 계속 및 종료, 즉 보험기간을 규정한 조항이다. 화물의 항해보험은 보험증권에 기재된 선박에 화물이 실제로 적재된 때 개시하여 보험증권상의 도착항에 안전하게 양륙된 때 종료된다.

⑨ 기항·정박조항("touch and stay" clause) : 이는 선박이 항해 중 중간항구

에 기항하거나 정박하는 것을 허용한 조항이다. 그러나 이것은 기항과 정박을 자유로이 허용한 것이 아니라 기항항은 피보험항해의 통상의 항로상에 있는 항이어야 하며, 또한 기항의 목적과 정박기간은 선박이 종사하고 있는 항해사업상 필요한 것이어야 한다는 점을 명확히 한 것이다.

⑩ **보험가액평가조항(valuation clause)** : 이것은 보험평가액(policy valuation) 또는 협정가액(agreed value)을 정하고, 이것을 기재하는 조항이다.

⑪ **위험조항(perils clause)** : 보험자가 부담하는 위험을 정한 조항이다. 해상고유의 위험은 좌초(stranding), 침몰(sinking), 충돌(collision) 및 풍파의 이례적인 작용(extraordinary actions of winds and waves) 등이라고 볼 수 있다.

⑫ **손해방지조항(sue and labour clause)** : 담보위험에 의한 손해는 보험자가 보상해야 하기 때문에 피보험자, 그 대리인, 사용인 또는 양수인이 손해방지를 위해 지출한 비용을 보험자가 부담한다고 규정함으로써 손해의 방지 및 경감을 도모한 규정이다. 이는 신협회적화약관에서는 피보험자의무조항으로 흡수되었다.

⑬ **위부포기조항(waiver clause)** : 피보험자는 추정전손으로 보험금을 보상받기 위해서는 보험자에게 위부통지를 하여야 한다. 여기에서 보험자가 위부의 수락여부를 결정하기 전에 피보험자가 피보험목적물의 회복, 구조 또는 보존을 위하여 필요한 조치를 취했다고 해서 이를 위부철회의 의사표시로 보지 않으며, 반대로 보험자가 필요한 조치를 취했다고 해서 위부의 수락으로 보지 않는다는 취지의 조항이다.

⑭ **보험증권의 효력조항(force and effect clause)** : 이는 다수의 해상보험회사의 업적이나 신용도를 알지 못하는 외국의 피보험자에 대하여 이 보험증권은 Lloyd's, 기타 런던의 해상보험업자가 발행한 보험증권과 동일한 것과 같이 확실하다는 것을 약속하는 조항이다.

⑮ **구속조항(binding clause)** : 이것은 보험자가 보험증권상 규정하고 있는 각종 약속내용을 책임지고 이행하겠다는 의사표시를 한 조항이다.

⑯ **약인조항(consideration clause)** : 약인(consideration)은 보험자에 대하여 보험료를 지급하는 것을 의미하고, 보험자는 이 대가로서 위험을 부담하는 것, 즉 피보험위험에 의하여 손해가 발생되면 그 손해를 보상할 책임을 부담하는 약속이다. 즉, 피보험자는 보험료를 지급함으로써 보험자의 위험담보라는 반대급부가 약속된다.

⑰ **선서조항(attestation clause)** : 이것은 보험자가 보험계약체결의 증빙으로

보험증권에 기명하여 발행하므로 자신이 인수하기로 서명한 금액에 대하여는 자신이 책임질 것을 선서한 조항이다.

⑱ **면책률조항(memorandum clause)** : 본조항의 취지는 보험자가 보험금정산비용에도 미치지 못하는 일정비율미만의 소손해를 담보하지 않도록 하여 보험경영의 측면에서 담보범위를 소멸 또는 감소시키려는 것이다. 그리하여 피보험위험에 발생한 직접손해는 보험자가 전부 보상하는 것이 원칙이지만, 예외로서 화물의 종류에 따른 소손해면책(franchise)조항을 두어 단독해손이 일정손해에 미달하는 경우에는 보상하지 않고 초과하는 경우에는 전부 보상하게 된다. 한편 "excess or deductible franchise"(3%)는 손해가 발생한 경우 항상 일정율(3%)을 공제하고 초과액만 보상하는 것이다.

⑲ **준거법조항(governing clause)** : 모든 클레임은 영국의 법과 관습에 따라 해결할 것을 약정한 조항이다.

3.1.2 이탤릭서체약관

① **포획나포부담보약관(free from capture and seizure clauses : FC & S)**

② **동맹파업폭동소요부담보약관(free from strikes, riots and civil commotions clauses : FSR & CC)**

③ **항해좌절부담보약관(frustration clauses)** : 이는 FC & S 조항을 삭제시킬 경우에 한하여 조항으로서 효력을 갖게 된다.

3.1.3 난외약관

3.1.3.1 타보험조항(Other Insurance Clause)

이 조항은 이 보험계약이 타보험계약과 중복보험관계에 있는 경우 이 보험증권의 보험자가 제1순위의 보상책임을 부담하는 것을 면하기 위하여 규정한 것이다. 보험손해가 발생하였을 경우 해상보험계약이 없었다면 화재보험이나 다른 보험에 부보되었으리라고 보는 손해는 담보하지 않는다는 규정이다. 만약 다른 타보험증권에 의하여 보상된 금액외의 잔액이 있을 경우에는 이 보험증권에서 보상한다는 취지이다.

3.1.3.2 손해통지조항(Claim Notice Clause)

손해가 발생한 경우 피보험자가 지켜야 할 처리절차를 규정한 것이다. 손해가 발생하면 피보험자는 보험회사의 대리점에 통지하고 대리점의 서명이 있는 검정보고서를 받아야 보상받을 수 있다는 것이다.

3.2 구협회적화약관

3.2.1 공통약관

① 운송조항(transit clause) : 창고간 조항(Warehouse to Warehouse clause)을 삽입함으로써 본문약관에서 정한 보험기간을 연장하거나 이로 등으로 위험의 변경이 있는 경우에 계속적인 담보를 약정한 조항이다.

② 항해종료조항(termination of adventure clause) : 피보험자가 통제할 수 없는 사정으로 화물이 목적지에 도달하기 전에 항해가 종료되는 경우 보험자에게 이 보험계속의사를 통보하고 할증보험료를 지급함으로써 보험기간이 일정기간 존속한다는 것을 정한 조항이다.

③ 부선조항(craft, etc. clause) : 선적항 또는 양륙항에서 부선 또는 이와 유사한 운송용구로 운송하는 기간도 보험기간에 포함시킨다는 것을 정한 조항이다.

④ 항해변경조항(change of voyage clause) : 항해가 변경된 경우 할증보험료를 지급하면 보험이 계속된다는 것을 정한 조항이다.

⑤ 담보위험조항 : 후술한다.

⑥ 추정전손조항(constructive total loss clause) : 추정전손의 성립요건에 대하여 규정하고 있다.

⑦ 공동해손조항(general average clause) : 공동해손을 처리하기 위한 준거법을 정한 조항이다. 대부분의 보험증권과 선화증권에는 York-Antwerp Rules에 따라 이를 처리한다고 규정되어 있다.

⑧ 감항성 승인조항(seaworthiness admitted clause) : 피보험자가 통제할 수 없는 감항성 묵시담보를 완화하여 화주의 감항성 보장책임을 면제하는 조항이다.

⑨ 수탁자조항(bailee clause) : 운송인, 수탁자 또는 제3자의 책임사유로 손

해가 발생한 경우 보험자가 피보험자에게 보상을 한 때 피보험자가 자기의 명의로 보험자를 위하여 운송인 및 기타 수탁자에 대하여 손해배상청구권을 행사, 보존하도록 하는 조항이다.

⑩ **보험이익불공여조항**(not to inure clause) : 운송인이 선화증권에 보험이익조항(benefit of insurance clause)을 삽입하여 화주가 운송인의 귀책에 의한 화물의 손해를 보험자로부터 보상을 받으면 운송인이 배상책임을 지지 않는다고 규정함으로써 보험자가 대위권에 의한 구상권을 행사하지 못하게 되므로 이를 방지하기 위해 제정된 조항이다.

⑪ **쌍방과실충돌조항**(both to blame collision clause) : 선화증권의 쌍방과실충돌조항에 의거한 피보험자의 부담액 중 보험증권에 의하여 보상받을 수 있는 손해에 관한 부분을 피보험자에게 보상한다는 조항이다.

⑫ **포획나포부담보조항**(free from capture and seizure clause) : 이태릭서체 조항과 동일하다.

⑬ **동맹파업폭동소요부담보조항**(free from strikes, riots and civil commotions clause) : 이태릭서체 조항과 동일하다.

⑭ **신속처리조항**(reasonable despatch clause) : 이로, 항해의 변경, 도착항의 변경, 항해의 중지 등의 위험변동이 발생하여도 피보험자가 신속하게 그것에 대응하여 화물을 보호하도록 규정한 조항이다.

3.2.2 제5조 담보위험약관

【구협회적화약관의 담보위험】

구분 보상하는 손해	F.P.A.	W.A.	A/R
① 전손(현실, 추정전손)	○	○	○
② 공동해손	○	○	○
③ 구조비, 손해방지비용, 특별비용	○	○	○
④ 좌초·침몰·대화재가 발생된 경우의 단독해손	○	○	○
⑤ 선적·환적·양화중의 매 포장 단위당의 전손	○	○	○
⑥ 화재·폭발·충돌·접촉 및 피난항에서의 양화로 인한 단독손해	○	○	○
⑦ 상기 ④~⑥ 이외의 단독손해	×	○	○
⑧ 악천후에 의한 해수손	×	×	○
⑨ 아래 면책사항이외의 모든 외부적·우발적인 위험에 의한 손해	×	×	○

3.2.3 기타 특별약관

a. 협회전쟁조항(Institute War Clause)
b. 협회동맹파업폭동소요조항(Institute Strikes, Riots and Civil Commotions Clause)
c. 협회도난발화 및 불착조항(Institute Theft, Pilferage and Non-delivery Clause)

3.2.4 기타 부가위험담보

① TLO(Total Loss Only by Total Loss of Vessel) : 화물적재선박의 전손으로 인한 부보화물의 전손
② RFWD(Rain and/or Fresh Water Damage) : 부적당한 적부, 불완전한 선창폐쇄로 생긴 우수·담수유손해
③ COOC(Contact with Oil and/or Other Cargo) : 부보화물이 유류에 침투되거나 다른 화물과 접촉하여 오염되었을 때의 손해
④ Breakage : 부보화물의 파손으로 인한 손해. 기계류에 있어서는 파손외에 요손 및 곡손(bending and/or denting) 위험을 담보하는 특약을 체결하는 경우도 있음
⑤ Leakage and/or Shortage : 부보화물의 누손 및 수량 또는 중량부족으로 인한 손해
⑥ Sweat and/or Heating : 선창의 천정, 내벽에 응결한 수분에 접촉함으로써 생기는 한손 및 열손
⑦ JWOB(Jettison & Washing Overboard) : 해난사고시 갑판상에 적재된 부보화물을 투화하거나 풍랑으로 유실되었을 때의 손해
⑧ Hook & Hole : 하역작업용 갈고리에 의한 손해

3.3 신해상적화보험증권의 본문약관

① **준거법조항** : 피보험자의 보상청구에 대한 보험자의 책임유무 및 클레임의 해결에 관해서는 영국의 법과 관습에 따를 것을 규정한 것이다.
② **타보험조항** : 보험손해가 발생한 경우 화재보험이나 타보험증권과 중복되었다면 타보험에서 먼저 보상하고 잔액이 있다면 본 증권으로 보상한다는 취

지이다.

③ **약인조항** : 보험자가 피보험자로부터 보험료를 받은 대가로 피보험목적물의 경제적 손해를 보상할 것을 약속하는 조항이다.

④ **선서조항** : 보험계약체결의 증빙으로 보험회사를 대표하여 그 책임자가 서명함을 선언하는 조항이다.

⑤ **중요조항(Important Clause)** : 이 조항은 손해발생시 피보험자와 그 대리인의 의무와 피보험자 등이 취해야 할 조치나 절차 및 클레임의 구비서류 등을 규정하고 있다.

3.4 신협회적화약관

3.4.1 신협회적화약관의 담보위험

【신협회적화약관의 담보위험】

구분 보상하는 손해	ICC(C)	ICC(B)	ICC(A)
① 화재 또는 폭발	○	○	○
② 본선 또는 부선의 좌초·교사·침몰·전복	○	○	○
③ 육상운송용구의 전복·탈선	○	○	○
④ 본선·부선·운송용구의 타물과의 충돌·접촉	○	○	○
⑤ 피난항에서의 회물의 하역	○	○	○
⑥ 지진·화산의 분화·낙뢰	×	○	○
⑦ 공동해손희생	○	○	○
⑧ 투화(Jettison)	○	○	○
⑨ 갑판유실(Washing Overboard)	×	○	○
⑩ 본선·부선·선창·운송용구·컨테이너·리프트 밴 또는 보관장소에의 해수·호수·강물의 유입	×	○	○
⑪ 본선·부선에의 선적 또는 양륙작업 중 바다에 떨어지거나 갑판에 추락하여 발생한 포장·단위당의 전손	×	○	○
⑫ 상기 이외의 멸실·손상의 일체의 위험	×	×	○
⑬ 공동해손·구조비	○	○	○
⑭ 쌍방과실충돌	○	○	○

3.4.2 신협회적화약관의 공통조항

3.4.2.1 담보위험

① **제2조 공동해손조항** : 보험자는 공동해손과 구조비를 보상할 것을 명시한 것이다. 공동해손행위는 공동의 해상사업에서 위험에 처한 재산을 보존할 목적으로 의도적으로 또는 합리적으로 이례적인 희생이나 비용이 지출되는 경우를 말한다. 공동해손은 York-Antwerp Rules에 따라 정산된다.

② **제3조 쌍방과실충돌조항** : 구약관의 쌍방과실충돌조항과 동일하다.

3.4.2.2 면책위험

【제4조 일반면책조항】

면 책 위 험	(A)	(B)	(C)
· 피보험자의 고의적인 불법행위	×	×	×
· 통상의 누손, 중량손, 용적손, 자연소모	×	×	×
· 포장의 불완전이나 부적합(이 경우 포장이란 컨테이너 혹은 리프트 밴에 적부하는 것을 포함하며 위험이 개시전에 행하여지거나 또는 피보험자 혹은 그 사용인에 의해 행해진 것에 한함)	×	×	×
· 피보험목적의 고유의 하자 또는 성질	×	×	×
· 지연이 담보위험에 의하여 생긴 경우라도 해당 지연을 원인으로 하여 생긴 멸실·손상·비용	×	×	×
· 핵무기	×	×	×
· 선주, 관리자, 용선자, 운항자의 파산 또는 금전상의 채무 불이행	×	×	×
· 피보험목적 또는 그 일부에 대한 제3자에 의한 고의적인 손상, 파괴	○	×	×

① **제5조 불감항, 부적합면책조항**

이 조항은 구조항의 감항성 승인조항으로 보험자와 피보험자간 감항성 담보를 승인하고 있다. 그러나 신약관은 감항성 담보에 관하여 직접 언급할 뿐만 아니라 선박의 적합성 담보를 명시한 것으로 보아 구약관보다 구체적이고 포괄적이다.

② 제6조 전쟁위험면책조항

이것은 구약관 FC & S 조항을 개정한 것으로 매우 간결하고 명료하게 명시하였고, 구약관에 없었던 유기된 기뢰와 어뢰를 포함시켰다. 또한 ICC(A)에서는 행위(Piracy)를 전쟁위험에서 제외하여 이에 의한 손해를 보험자가 담보한다.

③ 제7조 동맹파업위험면책조항

이는 구약관 FSR & CC 조항에 폭력주의자 (terrorist)나 정치적 동기를 갖고 행동하는 자에 의한 손해를 포함했으며, 또한 동맹파업에 의한 비용손해까지 면책으로 규정하였다.

3.4.2.3 보험기간

① **제8조 운송조항** : 구약관상 운송조항과 동일하다.

② **제9조 운송계약종료조항** : 이 조항은 피보험자가 통제할 수 없는 사정으로 운송계약상 목적지에 도착하기 전에 항해가 종료되므로 보험의 효력도 종료하게 되는데 이 경우 다른 목적지까지 계속담보를 위해 이를 즉시 보험자에게 통지하고 할증보험료를 내고 계속담보를 받을 수 있도록 규정하고 있다.

③ **제10조 항해변경조항** : 위험의 개시 후 선박의 도착항이 의도적으로 변경되었을 때 항해의 변경이 있으므로 그 때로부터 보험자의 책임은 해지된다. 따라서 본 조항은 피보험자의 통지 및 할증보험료를 조건으로 계속담보를 할 수 있도록 규정한 것이다.

3.4.2.4 보험금청구

① **제11조 피보험이익조항** : 본 조항은 구약관의 소급조항을 피보험이익조항으로 신설한 것인데, 보험계약체결 전에 운송이 개시된 경우 손해의 발생시에 피보험이익이 존재하고 손해발생사실을 피보험자가 몰랐다면 보험자는 이 손해를 보상한다는 규정이다.

② **제12조 계반비용조항** : 본 조항은 중간항에서 운송이 종료되어 타선박으로 계속운송되는 경우 중간항에서 화물이 양륙될 경우 이에 따른 하역비용, 창고보관료, 재포장비, 재선적비 및 처음 약정된 목적지까지

의 운반비용 등을 계반비용으로 하여 보험자가 이를 보상한다는 규정이다. 계반비용은 공동해손이나 구조비와는 달리 특별비용(particular charge)으로 표기한다.

③ **제13조 추정전손조항** : 본 항은 추정전손의 요건을 규정한 것으로, 전손이 불가피하거나 회복비용이 도착시 보험가액을 초과하여 피보험자가 이를 보험자에게 위부한 경우에만 추정전손으로 본다는 것이다.

④ **제14조 증액조항** : 보험가액 불변의 원칙에 따라 보험계약자가 보험금액을 증액하려면 별도계약을 체결해야 하지만, 이에 따른 불편을 제거하기 위하여 계약기간 중 보험금액의 증액을 인정하고 손해발생시 보험금을 지급할 때는 원보험금과 증액된 보험금의 비율관계를 근거로 총 보험금액 중에 각각의 비율에 따라 부담한다고 규정한 조항이다.

3.4.2.5 보험의 이익

제15조 보험이익불공여조항 : 구약관의 보험이익불공여조항과 동일하다.

3.4.2.6 손해의 경감

① **제16조 피보험자의무조항** : 본 조항은 피보험자에게 피보험목적의 손해방지 및 경감을 위한 조치를 취할 것과 운송인, 수탁자 또는 제3자에 대하여 손해배상청구권을 확보할 것을 피보험자의 의무로써 규정한 조항이다.

② **제17조 위부포기조항** : 구약관의 위부포기조항과 동일하다.

3.4.2.7 지연의 회피

제18조 신속조치조항 : 구약관의 신속조치조항과 동일하다.

3.4.2.8 법률 및 관습

제19조 영국의 법률과 관습조항 : 본 보험은 영국의 법과 관습에 준거한다는 문언이다. 본 조항은 앞의 준거법조항보다 우선하지 못하므로 계약에 관한 사항은 우리 나라의 법률과 관습에 따르고 보험보상에 관해서는 영국의 법과 관습에 따라야 한다.

핵심문제

1. ICC(WA 3%) 조건으로 보험금액이 100만달러이었고 악천후(Heavy Weather)로 인하여 화물에 단독해손이 발생하였다. 다음 중 보상되는 경우로 옳은 것은?

① 2만달러 손해시 1만달러 보상 ② 3만달러 손해시 2만달러 보상
③ 4만달러 손해시 1만달러 보상 ④ 5만달러 손해시 5만달러 보상

2. 다음 중 적화보험약관의 해석원칙으로 부적합한 것은?

① 작성자 이익의 원칙
② 수기문언 우선의 원칙
③ 계약당사자 의사 존중의 원칙
④ 증권상의 문언중심의 해석원칙

3. 적화보험 FPA 조건에서의 담보위험이 아닌 것은?

① 선박의 좌초 ② 투화
③ 선박의 충돌 ④ 갑판유실

4. 다음 손해 중 보험금액에 추가하여 보상될 수 있는 것은?

① 공동해손비용 ② 손해방지비용
③ 화재손실 ④ 구조료

5. 다음 보험시류 중 포괄예징보험에서 발급받는 것은?

① 보험증권 ② 보험확인서
③ 보험대위서 ④ 보험인수증

6. 다음 사항 중 공동해손의 성립요건으로 부적합한 것은?

① 위험이 현실적으로 절박해야 한다.
② 화주의 동의하에 발생한 손해이어야 한다.
③ 손해는 공동해손행위의 직접 결과이어야 한다.
④ 위험은 해상위험의 전부, 즉 선박, 적화 및 운임을 모두 위협하는 것이어야 한다.

7. 다음 약관 중 A/R에는 없으나 ICC(A) 조건에서 신설된 것은?

① 증액조항 ② 부적합면책조항
③ 위부포기조항 ④ 추정전손조항

8. 위부(abandonment)에 대한 설명으로 옳은 것은?

① 현실전손으로 처리하기 위해 피보험자가 보험의 목적에 대해 갖는 일체의 권리를 운송인에게 이전하는 것을 말한다.

② 추정전손으로 처리하기 위해 피보험자가 보험의 목적에 대해 갖는 일체의 권리를 보험자에게 이전하는 것을 말한다.

③ 추정전손으로 처리하기 위해 보험자가 보험의 목적에 대해 갖는 일체의 권리를 운송인에게 이전하는 것을 말한다.

④ 현실전손으로 처리하기 위해 피보험자가 피보험목적에 대해 갖는 일체의 권리를 보험자에게 양도하는 것을 말한다.

9. Incoterms® 2010상의 CIF 조건에서 당사자간에 보험조건에 관한 약정이 없는 경우 매도인은 다음 중 어느 조건으로 부보하면 되는가?

① ICC(A) 또는 ICC(A/R) ② ICC(B) 또는 ICC(WA)

③ ICC(C) 또는 ICC(FPA) ④ ICC(A) 또는 ICC(WA)

10. 적화보험금을 청구할 수 있는 권리를 가진 자는 누구인가?

① 수입업자 ② 피보험자

③ 보험계약자 ④ 수출업자

11. All Risk 담보조건에서 보험자가 담보하는 손해는?

① 도난·불착 손해

② 피보험자의 불법행위에 의한 손해

③ 전쟁에 의한 손해

④ 화물의 고유의 하자 또는 성질에 기인하여 생긴 손해

12. 나음 중 적화보험 (A)약관에서 보상되시 않는 손해는?

① 담보위험으로 화물이 지연되어 발생한 손해

② 하역중 발생한 추락전손

③ 포장의 불완전에 기인된 손해

④ 갑판유실에 의한 손해

13. 송화인이 해상위험에 관한 적화보험을 가입하여야 하는 무역조건은?

① FOB ② FCA

③ DAT ④ CIF

14. 적화보험에 대한 다음 설명 중 틀린 것은?

① 운송수단이 항공기인 경우 ICC(A)조건으로 보험에 가입할 수 있다.
② 위부통지 후 손해방지행위를 하더라도 위부를 철회한 것으로 보지 않는다.
③ 피보험자의 악행은 절대적으로 보험보상이 될 수 없다.
④ 보험계약 체결이전의 사고에 대해서도 보험보상이 될 수 있다.

15. 다음 중 용어의 설명이 옳지 않은 것은?

① W/SRCC - 전쟁, 파업, 폭동, 내란위험담보조건
② TPND — 도난, 발화, 불착손담보조건
③ S & H — 가습손 위험담보조건
④ RFWD — 우담수, 누손위험담보조건

16. 매수인이 자신을 위하여 해상적화보험을 체결하는 정형거래조건은?

① DDP ② CIF
③ CIP ④ FAS

17. 위부를 행사할 수 있는 손해는 다음 중 어떤 것인가?

① 현실전손 ② 추정전손
③ 공동해손 ④ 어떠한 손해도 가능함

18. Incoterms® 2010상의 CIF 조건에서 매도인의 해상적화보험 부보의무에 관한 설명으로 옳지 않은 것은?

① 보험금액은 최소한 매매계약 금액의 110%로 해야 한다.
② 보험서류로서 보험인수증과 보험확인서도 인정된다.
③ 보험기간은 선적항에서 물품이 본선의 난간을 통과한 시점부터 목적항에서 매수인이 물품을 수령할 때까지이어야 한다.
④ 보험계약은 공신력 있는 보험업자 또는 보험회사와 체결되어야 한다.

19. 적화보험의 손해 형태 중 추정전손에 해당하는 것은?

① 보험의 목적인 쌀이 화재로 다 타버린 경우
② 보험목적의 복구비용이 복구한 후의 가액을 초과하는 경우
③ 보험목적이 행방불명되어 상당한 기간이 경과한 경우
④ 보험의 목적 본래의 성질을 상실한 경우

20. UCP 600에서 신용장 양도시 양도신용장 관련서류 중 원신용장의 금액보다 증액이 가능한 것은?

① 환어음상의 청구금액
② 상업송장상의 청구금액
③ 신용장의 금액
④ 보험증권상의 부보금액

21. 다음 중 매입은행에서 수리하는 보험서류는?

① Insurance Cover Note
② Broker's Insurance Confirmation
③ Declaration of Insurance
④ Underwriter's Note

22. 다음 중 적화보험에서 추정전손이 성립되는 경우는?

① 화물이 물리적으로 멸실된 경우
② 화물이 본래의 성질을 상실한 경우
③ 화물이 화재로 소실된 경우
④ 화물의 손상수리비가 수리한 뒤의 화물가격을 초과할 경우

23. 다음 중 해상고유의 위험(peril of the sea)이 아닌 것은?

① 침몰(sinking)
② 충돌(collision)
③ 좌초(stranding)
④ 화재(fire)

24. 다음 중 선적, 환적, 하역작업중 추락으로 인하여 발생한 전손이 보상되지 않는 보험조건은?

① ICC(A)
② ICC(B)
③ ICC(C)
④ ICC(FPA)

25. ICC(FPA)에서 악천후로 인하여 손해가 발생하였다. 다음 중 담보되지 않는 것은?

① 단독해손
② 공동해손
③ 추정전손
④ 현실전손

26. 해상보험조건에서 WA 3%라고 기재된 경우 3%의 의미는 무엇인가?

① 초과보험료율을 말한다.
② 특약보험료율을 말한다.
③ 보험자의 손해면책률을 말한다.
④ 보험계약자의 보험료 할인율을 말한다.

27. CIF 조건으로 송장금액 $100만을 수출할 경우 부보금액에 대한 합의가 없는 경우 매도인이 부보하여야 할 최소보험금액은?

① $100만 ② $110만
③ $130만 ④ 부보금액의 제한이 없음

28. 신협회적화약관에서의 ICC(A)는 구협회적화약관의 어느 조건과 유사한가?

① FPA ② WA
③ A/R ④ WAIOP

29. 다음 중 해상보험의 조건 중에 보험료가 가장 싼 조건은?

① WA ② ICC(C)
③ TLO ④ FPA

30. 'York Antwerp Rules 2004'와 관련이 있는 것은?

① 무역거래조건 ② 국제물품매매계약
③ 공동해손 ④ 추정전손

31. 해상적화보험(Marine Cargo Insurance)에서 사용되는 약관인 "ICC(A)"로 부보하였을 경우 담보범위에 들지 않는 것은?

① 투화로 인한 물적 손실 ② 좌초나 침몰에 의한 물적 손실
③ 선박의 충돌에 의한 물적 손실 ④ 전쟁 또는 동맹파업에 의한 물적 손실

32. 다음 중 수출업자의 입장에서 가장 많은 보험료를 지급해야 하는 보험조건은?

① A/R ② ICC(B)
③ WAIOP ④ FPA

33. 다음 중 보험계약자와 피보험자가 동일한 정형거래조건은?

① CFR ② CIF
③ CIP ④ FOB & I(Insurance)

34. 다음 보험조건(Terms of Insurance)에 대한 설명 중 틀린 것은?

① 협회적화약관(Institute Cargo Clause)은 국제상업회의소(ICC)에서 제정한 해상보험에 관한 약관이다.
② Incoterms® 2010에서의 DAT 조건하에서 피보험이익은 매도인에게 귀속된다.
③ 해상적화보험을 A/R로 부보하더라도 전쟁, 파업 등에 기인한 손해에 대해서는 보험자가 면책된다.
④ 최소부보조건은 ICC(C) 약관에 따른 조건이다.

Chapter 8
무역거래의 분쟁사례

1 무역위험(International Trade Risk)

무역거래에는 아래와 같은 비상위험, 신용위험, 상업위험, 환위험, 운송위험의 5가지의 위험이 존재하고 있으며 이러한 위험요인을 잘 관리하지 못했을 때 계약당사자는 손해를 입게 된다. 최근 들어 세계경제 사정이 어려워지면서 위험요인을 악용한 계약위반(사기사건)도 증가하고 있으므로 이에 대한 계약당사자의 관리가 필요하며 사례를 통해 숙지하고 대체할 수 있는 방법을 살펴보도록 한다.

1.1 비상위험(Country Risk)

수입국 정부의 외환부족으로 인한 환거래의 제한 및 금지, 수입국의 수입금지 및 비상조치, 제 3국에서의 전쟁, 내란, 정변과 같은 비상사태 및 기타 불가항력 등 수출자에게 책임지울 수 없는 사유로 인하여 발생하는 위험이다. 즉 무역계약 당사자가 책임질 수 없는 불가항력적인 사유로 계약이행이 불가능해지는 경우를 말한다. Emergency Risk라고도 한다.

1.2 신용위험(Credit Risk)

무역거래에서 매수인의 파산이나 지급불능, 화물 인수불능, 전쟁 등으로 인해 발생하는 경우가 많다. 무역거래의 경우 미지급의 사유에 따라 인수거절, 지급불능, 지급거절, 지급지체로 구분된다. 비상사태 등 계약당사자에게 책임지울 수 없는 사유로 인하여 발생하는 비상위험(emergency risk)에 상대되는 개념이다.

1.3 상업위험(Commercial Risk)

수입상이 계약과는 달리 원하는 시기에 원하는 물품을 입수하지 못하게 될 위험, 즉 수출상이 계약기일을 넘기거나 불량품을 인도하는 경우를 말한다. 이러한 위험은 사전에 철저한 신용조사로 믿을만한 거래선과 거래하고 대금을 후불로 처리하거나 선적전 검사를 하는 등의 방법으로 어느 정도 예방할 수 있으나 전적인 예방은 불가능하다.

1.4 환위험(Exchange Risk)

외화를 결제통화로 하는 대외거래의 경우에 환율변동에 의하여 발생하는 외화표시 채권·채무의 평가손익 또는 매매손익을 말한다. 환율변동에 따라 자국통화로 평가한 자산(부채)의 가치가 변동하게 되는데, 이에 따라 이익이 발생한 경우를 '환차익'이라고 하고 반대로 손실이 발생한 경우를 '환차손'이라고 한다.

1.5 운송위험(Transportation Risk)

화물이 운송되는 동안의 위험을 말하며, 적하보험에서 일반적으로 부보되는 위험이다. 운송하는 수단에 따라 해상운송위험, 육상운송위험, 항공운송위험, 내수로운송위험, 복합운송위험 등으로 나뉜다. 운송 중에 화물이 파손되어 손해를 입게 될 위험으로 해상적하보험과 같은 보험제도를 이용하여 대비해야 한다.

2 무역계약의 위반/사기 사례

2.1 매도인의 계약위반 사례

매도인의 계약위반은 매수인의 상업위험(Commercial Risk)에 대한 내용으로 약정된 물품을 적기에 발송하지 않는 것을 뜻한다.

사례(1). 필리핀: 동스크랩 위장 계약

사건개요[35)]

2010년 10월 5일자 세관의 발표에 따르면 국내 A수입업체는 지난 7월 필리핀 현지에서 직접 동스크랩을 컨테이너에 적재하고 컨테이너 하역장 출입문까지 운송과정을 확인한 뒤 물품대금을 지급했으나 돌과 흙더미가 가득 찬 컨테이너가 운송되어 왔다. 세관은 필리핀 무역사기꾼이 수입업체 직원과 함께 정상적인 적재과정을 확인시켜준 뒤 컨테이너 하역장 출입문을 통과해 지정된 장소가 아닌 다른 곳에서 돌과 흙더미가 들어있는 포대와 바꿔치기해 수출한 것으로 추정하고 있다. 이 같은 사례는 최근 2달 사이에 5건이 발생했으며 피해액만 13억원에 달하는 것으로 조사됐다. 세관 관계자는 "필리핀 상공회의소 및 세무서 등록 여부를 확인하고 선적전문기관에 검사를 의뢰하는 등이 주의가 필요하다"며 "기존 무역사기의 수법을 세관에 문의해 숙지한 후 거래할 필요가 있다"고 말했다.

컨테이너 속에서 발견된 흙더미 (부산세관 사진제공)

35) 부산세관 보도자료, 2010-10-05.

대처 및 예방방안

A수입업체는 필리핀 현지에서 직접 동스크랩을 컨테이너에 적재한 이후의 운송과정에는 관심을 두지 않았기에 필리핀 수출상의 사기 행각에 넘어간 것으로 판단된다. '현지에서 직접 적재하는 방법이 눈으로 보았기 때문에 안전할 것이다'고 생각하기 쉽지만 이런 방법보다는 수수료 등의 비용이 들더라도 선적 전문기관에 의뢰하여 완벽한 서류의 발급과 절차를 통해 처음부터 끝까지 안전이 보장된 상태로 물품을 받는 것이 현명한 선택일 것이다. 무엇보다도 계약 전 미리 상대방 회사의 신용조사를 필요로 하며, 믿고 거래할 수 있는 회사인지 확인 후 판단 하에 계약 체결을 하는 것이 가장 좋은 방법일 것이다.

사례(2). 파키스탄: 저급 물품 선적

사건개요

코트라(KOTRA·대한무역투자진흥공사) 발표에 따르면 계약당시 약속한 제품보다 품질이 낮은 물건을 실어 보내오거나 컨네이너 선적제품을 변경하는 등 경기불황 영향으로 파키스탄 기업들의 사기가 증가추세인 것으로 나타났다. 실제로 국내 H기업은 파키스탄 현지 기업과 면화 수입계약을 체결하며 컨테이너 5대에 해당하는 금액의 신용장(L/C)를 개설했지만 현지에서 당초 계약한 면화보다 질이 떨어진 제품을 선적했다. H기업이 은행에 L/C 지불 정지를 요청했지만 서류상 하자가 없어 L/C가 정상 결제됨으로써 결국 손해를 보게 됐다.

당초 요구했던 제품 대신 쓰레기를 보내오는 황당한 피해 사례도 있다. 국내 C사는 플라스틱 재활용 전문 인터넷사이트를 이용해 파키스탄의 플라스틱 재활용 수출업자를 접촉했다. C사는 파키스탄을 방문해 선적전 제품검사를 실시할 계획이었지만 파키스탄의 수출업자는 불안한 치안을 이유를 내세워 직접 방문 대신 선적작업 및 컨테이너를 봉인하는 장면을 촬영한 영상을 송부했다.C사는 선적 및 컨테이너 봉인사진을 확인한 뒤 대금을 지불했지만 도착한 컨테이너 안에는 쓰레기뿐이었다. 코트라에 따르면 사기행각을 벌이는 현지 기업들이 파키스탄 상공회의소나 세무서에 등록되지 않은 무등록 업체여서 피해에 대한 보상책이 없다고 한다.

대처 및 예방방안

매도인의 계약위반으로 인한 사기행위는 주로 신용장의 독립성, 추상성의 허점을 이용한 위조서류의 제시와 계약목적물과 상이한 쓰레기 또는 불량품의 선적이다. 따라서 발행의뢰인인 매수인의 입장에서는 수익자의 신용상태와 거래행태를 파악하여 악의의 매도인과의 거래를 피해야하며 수익자가 약정물품을 정상적으로 선적하는 가를 물리적으로 확인하는 장치를 마련할 수 있다면 매도인의 사기거래위험으로부터 해방될 수 있을 것이다. 격지자간의 국제거래에서 타국에 거주하는 수익자의 신용상태를 파악하는 것이 쉬운 일은 아니지만 처음 거래하는 거래선인 경우에는 전문신용조사기관을 통해서 신용조사를 거친 후 거래에 착수해야하며 장기간 거래해 온 거래처에 대해서도 정기적으로 상대방의 재정상태에 대한 정보를 입수하여 재정상태의 악화로 인한 사기거래행위의 가능성을 미리 예방하여야 한다. 또한 신용장에 단서조항을 추가하여 위 사례 가능할 수 있는데 '검사증명서에는 발행의뢰인의 대리인의 승인과 서명이 필요함'이란 단서조항을 추가함으로써 위의 사례와 같은 무역사기를 방지할 수 있다.

사례(3). 영국: 철스크랩 공급 무역사기

사건개요

코트라 발표에 따르면, 070번호를 이용하여 악의적으로 제품공급계약을 체결한 뒤 대금만 회수해 가는 사례가 늘고 있다고 한다. A사는 B2B 사이트인 알리바바를 통해 철스크랩 취급회사인 S사에 연락을 취하였다. A사는 영국의 S사 사무실을 방문하고 담당자 미팅을 가진 후 철 스크랩 1만톤에 대한 선수금으로 7만 달러를 송금했으나 이후 연락이 두절되었다. 런던KBC가 확인한 결과 S사는 영국에 실제로 등록된 회사이고 철강을 취급하는 기업이었으나 S사 대표번호로 확인한 결과, A사가 알고 있는 담당자는 근무하지 않았으며 한국과 철스크랩 관련 비즈니스를 진행하지 않았다. 알리바바 사이트에 등재된 S사의 연락처는 070 번호였다. 070 번호는 인터넷을 통한 포워딩 번호로 실제로 영국에 있지 않은 사람도 영국 국가번호로 연결돼(+44 70 XX-) 영국기업으로 혼동할 수 있다. 영국에 등록된 법인 대표번호는 런던 지역번호인 020 번호였으며 A사가 영국에서 방문했던 S사의 사무실은 본사 사무실이 아닌 지사라고 소개했으며, S사의 등록된 사무소와 주소지가 전혀 달랐다.

런던KBC는 A사가 송금한 영국은행(TSB Lloyd-영국 3대 은행 중 하나)에 확인한 바에 따르면 정보보호법에 따라 계좌번호에 대한 계좌명의를 알려줄 수는 없다고 한다. 원칙적으로 송금 시 입력한 계좌명의와 계좌번호가 다를 경우 은행에서는 송금된 금액을 다시 상대 은행에 돌려보낸다고 했다. 그러나 해당기업 명의로 계좌를 만들 때 반드시 법인계좌로 만들어야 하는 것이 아니므로 같은 기업 명의의 일반 계좌가 만들어질 수 있기 때문에 위와 같은 송금이 불가능한 것이 아니다. 일단 송금이 이뤄진 경우 범죄신고 절차를 밟지 않고 해당은행에서 정보를 받거나 계좌를 동결시키는 등의 행위는 불가능하다. 그러나 범죄신고가 영국에 거주하지 않는 사람이 개인적으로 진행하기에는 너무나 오랜 시간과 추가적 비용이 들게 되므로 피해액을 회수하는 것이 현실적으로 어려운 실정이다.

B사 역시 B2B 사이트인 EC21을 통해 철스크랩 취급회사인 H사에 연락을 취하고 철스크랩 1만 톤에 대한 선수금으로 7만 달러를 요구받았다. 선수금 송금 전 런던KBC에 연락해 확인한 결과 사기업체로 드러났다. H사 역시 영국에 등록된 기업으로 H사가 보내온 등록번호로 조회가 가능했다. 법인설립일이 1985년으로 꾸준한 거래가 있는 건실한 기업이었으나 B사가 알고 있는 담당자는 회사 소속이 아니었으며 070 번호로 연결된 사람은 심한 아프리카 억양을 사용했으며, 자세한 대화를 시도하자 전화를 끊어버렸다. EC21에는 H사를 사칭하는 사기범으로부터 유사한 거래조건에 대한 오퍼를 받고 이를 확인하고자 하는 잠재적 피해자의 글이 많이 게재됐다.

대처 및 예방방안

최초 계약을 체결하고 대금결제를 하기에 앞서 몇 가지 확인을 통해 상기와 같은 피해를 예방할 수 있다.

① 전화번호, 이메일 주소 등에서 의심 가는 부분이 없는 지 확인한다. 070 번호를 사용하지 않는지, 회사주소 양식 정확한지 여부를 구글, Royal Mail 등에서 확인한다.

② 특히 선송금 요청에 유의한다. 송금을 하기 전 상대방 회사의 주소 및

전화번호를 확인하고 연락해 법인계좌와 인보이스 내역 실제 여부를 회계부서에 확인해 볼 필요가 있다.

③ 정확한 법인 정보를 확인한다. 영국 경우 법인등록절차가 별로 까다롭지 않아 법인이 등록됐다고 해서 해당 기업을 신뢰할 수 있는 것은 아니다. 거래 실적 등을 따져 보고 담당자가 실제 그 회사에 근무하는지 확인해 볼 필요가 있으며 KOTRA의 바이어 연락처 확인 서비스(무료)를 활용해 확인할 수 있다.

사례(4). 중국: 거래성사 단계 중 해당상품 가격인상 확인 후 고의적 물품 미선적

사건개요

한국의 수입업체인 A사는 중국 측 수출회사인 B사로부터 몰리브덴 20톤을 kg당 미화 9.8달러에 수입하기로 하였다. A사는 몰리브덴[36]을 중국에서 수입하여 유럽에 판매할 계획이었다. 대금결제는 취소불능신용장방식에 의하기로 하고 수입물품 목적지를 유럽의 항구로 하여 중국의 항구에서 FOB 조건으로 선적하기로 하는 계약을 체결하였다. 그러나 몰리브덴의 국제가격이 급등하게 되자 수입 가격인상을 요구하면서 선적일까지 물건을 선적하지 않았고 이에 따라 A사는 전매로 인한 손실을 입게 되어 중국 측 B사에 대해 손실보전에 대한 중재를 제기하였다.

대처 및 예방방안

상기와 같이 매수인이 물품전매를 하게 될 경우, 계약서를 작성할 때 물품선적에 대한 내용을 구체적으로 기재하고 선적불이행시 매도인이 부담해야 할 물리적인 내용을 기재하고 분쟁이 발생할 경우 준거법을 명시할 필요가 있다. 무역계약이 체결된 이후 매도인의 일방적인 계약내용 변경, 계약파기에 대한 법적 책임이 명시되어 있었더라면 물품선적을 담보로 가격인상을 무리하게 요구하지는 않았을 것이다. 또한 가격변동의 우려가 있는 상품이라면, 선적시기에 가격변동이 있더라도 그 계약가격에 물품을 팔겠다는 확약을 받거나 가격에 대한 합의점을 확실하게 문서화해놓을 필요가 있다. 그리고 지불보증으로 제공한 담보물의 경우 반드시 저당등기와 해당 공증기

36) 몰리브덴(Mo): 고온에서 강철 및 다른 합금의 강도를 높이는 데에 쓰이는 금속의 일종.

관의 공증수속을 밟아야만 법적으로 보상받을 수 있음에 유의하여야 한다. 따라서 거래계약서 작성 시 법적으로 책임을 회피할 가능성이 있는지도 검토해 보아야 한다.

사례(5). 남아프리카공화국: 고철판매 사기

사건개요

코트라의 발표에 따르면, 최근 남아공의 국내시장 내 고철 부족으로 인해 정부의 수출제한 움직임에도 국내업계에 낮은 고철 수출가격을 제안해 무역사기에 이용하려는 시도가 파악되고 있다고 한다. 특히 남아공 정부의 철도 인프라 확충계획을 언급하며, 레일 스크랩의 독점 공급조건으로 유혹하고 있어 업계의 각별한 주의가 요망된다. 남아공 정부는 철 및 비철금속의 국내의 부족한 공급물량이 경제발전에 부정적인 영향을 미칠 것을 우려, 철강업계의 요구를 반영해 수출관세 부과를 통한 수출제한 정책을 추진하고 있다. 현재 수출제한 정책의 추진을 앞두고 철·비철금속의 시장상황과 이 정책의 고철 수집 및 판매를 하는 업종에 대한 경제적 파급효과를 조사하고 있는 중으로, 조만간 조사 결과가 발표될 때까지 정책집행을 연기한 것으로 보도되고 있다.

철, 구리 스크랩은 국제가격이 정해져 있고 남아공에서도 국제가격 수준에서 판매되고 있음. 따라서 국제시세보다 훨씬 싸게 공급하는 것은 사기일 가능성이 농후한 바, 반드시 확인하고 거래해야 한다. 특히 최근에는 수법이 고도화돼 인근 국가의 고품질 고철 물량이 대량으로 남아공 항구 인근에 수집돼 있어 운송비용을 절감할 수 있다는 점을 강조하고 있으나 현지 관련 업계에 확인한 결과 현지 고물수집업체 등이 영세해 내륙에서 수집된 고철을 판매처가 확정되지 않은 상태에서 높은 물류비용을 부담하고 항구까지 운송할 가능성은 매우 희박하다고 한다.

대처 및 예방방안

남아공 업체 및 은행 등 관련 연락처 정식 등록된 전화번호인지 아니면 휴대폰 번호인지 구별하는 것이 필요하다. 남아공은 대부분이 선불폰을 사용해 사용내역 확인이 불가하기 때문에 사기 범죄의 수단으로 사용된다. 연락처가 국가번호 27번 다음 72, 73, 82, 83, 84 등은 휴대폰 번호이므로 거래 상대방을 우선 의심하고 등록된 정확한 전화번호를 요청하는 것이 바람직하다.

무역사기의 주범들은 주로 나이지리아 등 인근지역에서 불법으로 넘어온 사기단에 의해 조직적으로 이뤄지고 있어 남아공 정부에서도 특별한 대응책은 수립돼 있지 않으며, 다만 불법체류자 처벌 차원에서 경찰의 조사가 이뤄지고 있다. 특히 상대방에 신뢰감을 주기 위해 레터에 정부관련 기관의 문양을 표시하고, 현지 물량 및 제품의 질을 확인하기 위해 호텔·공항픽업을 제공하면서 국내업체의 현지 방문을 유도하고 있어 실제 남아공 방문 시 강도로 돌변하거나 인질로 잡힐 위험이 크다.

사기 방지를 위해서는 거래 및 현지 방문 이전에 정확한 내용을 확인하는 것이 필요한데 요하네스버그 비즈니스센터 홈페이지 Q &A를 통해 사기성이 의심되는 경우 업체의 연락처를 알려주시면 확인 가능하다. 고철 판매는 디지털 카메라로 물량과 품질을 확인할 수 있도록 촬영된 사진을 요구하거나 국제적으로 신용있는 Inspection회사의 확인서를 요구하는 것이 필요하다.

2.2 매수인의 계약위반 사례

매수인의 계약위반은 매도인의 신용위험(Credit Risk)에 대한 내용으로 물품을 인도한 후 계약사항에 따른 대금결제를 받지 못하거나 대금결제가 지체되는 것을 말한다.

사례(1). 콜롬비아: 수입품의 판매부진에 따른 대금지급 지체

사건개요

국내 매도인과 콜롬비아 매수인간 총 US$187,000의 거래실적이 있으며, 현재 현지 자금사정 악화를 이유로 매수인은 수출대금의 결제를 지체하고 있다. 수출 보험공사의 의견에 따르면, 수출자의 조사결과 수입자는 물품을 인수하여 판매한 것으로 추측되며 그 밖에 확인된 사항은 없다. KOTRA 보고타 무역관이 S사의 대표를 접촉하여 물품인수에 대한 대금 결제 지연사유에 대해 문의하자 현재 콜롬비아 봉제산업의 침체로 자사의 판매유통망에 문제가 생겼다고 밝히며 현재 한국 K사에서 수입한 물건 대부분이 자사창고에 보관되어 있다고 하였다. 현재로서는 콜롬비아의 봉제산업 경기가 활성화되고 수입물품의 매각이 완료되어야만 수출자에 대한 대금결제가 가능하다고 한다. 그 이전까지는 자금사정 압박의 이류로 대금지불이 어려운 상태라고 한다.

대처 및 예방방안

① 거래상대방의 국가의 경제 및 시장 여건도 감안하여 거래한다. 해당국가의 경제 및 통화 불안정의 경우와 마찬가지로 해당품목 시장이 침체되어 있는 경우에도 수출대금 사고 사례가 발생할 위험이 상존하고 있음을 염두에 두어야 한다.

② 마켓 클레임(주로 매수인이 상품시가의 하락 등으로 입는 경제적인 손실을 만회하기 위해 제기하는 부당한 클레임)에 대한 대비절차를 마련한다. 판매부진 혹은 수입자의 급작스러운 신용경색에 따른 마켓 클레임 제기 가능성에 대비한 수출보험에의 부보, 계약서상의 마켓 클레임 제기 가능성을 원칙적으로 방지할 수 있는 안전장치 마련이 필요하다.

사례(2). 물품인수 후 가격을 깎아달라며 대금지급 회피

사건개요

매도인이 D중공업에서 제작한 Concrete Boom Pump 3대를 수출한 건으로 매수인은 D중공업과는 직거래시에 미결제한 사례가 있었다. 매수인은 선적서류를 인수하였으나 매도인과 계약체결 당시 수출상품의 가격이 너무 높게 책정되었음을 이유로 수출대금 결제를 지연시켰다. 매도인의 계속된 대금결제 독촉에 수입자는 2001년 10월 말까지 수출대금 중 일부라도 결제하겠다고 약속을 하였으나 여전히 이행하지 않고 있다.

매수인은 2000년 초 최초거래시 총 5대의 Concrete Boom Pump를 한국의 D중공업으로부터 수입을 한 바 있으며 이중 2대는 D 중공업이 직접 수출자가 되어 현지 에이전트인 A사를 통해 수입하였고 나머지 3대는 본건 매도인인 L사를 통해 수입하였다. 이중 2대의 수입대금은 이미 지불 되었으나 나머지 3대의 수출대금은 지불이 지체되고 있다. 최초 수입한 2대중 1대에 대한 수입금액도 상환지체 경력이 있었다.

매수인은 자신이 대금결제를 미루고 있는 것은 매도인인 L사가 자신의 수입대금 할인 요청을 받아들이지 않고 있기 때문이라고 밝혔다. 매수인의 주장에 따르면 해당 장비의 수입가격이 당초 고가로 책정된 데다가 이를 수입한 시점인 지난해만 해도 미국의 건설경기가 호황을 누렸었으나 하반기부터 시작된 건설경기의 둔화로 건설수요가 줄어들었고 이에 비례항여 해당장비의 수요도 급감하여 건설장비의 시장가격이 크게 하락하였기 때문에 원래 수입 가격으로는 현재 판매시점에서 시장에서의 판매가 불가능하다는 입장이다. 이러한 이유를 들어 수입자는 3대의 Concrete Boom Pump의 가격에서 US$306,000를 할인해 줄 것을 매도인에게 요구하고 있으나 매도인가 제시하고 있는 할인폭은 US$185,000으로서 쌍방합의가 이루어지지 않고 있어 매수인이 수입대금을 지불하지 않고 있다.

대처 및 예방방안

① 고가의 장비 수출시 마켓 클레임에 대한 해결규정 명시가 필요하다. 고가의 장비를 외상으로 수출할 경우 수입자가 물품 인수 후에 가격인하 또는 부당한 마켓 클레임 요구에 대응할 수 있도록 사전에 안전장치를 마련하는 것이 필수적이다. 특히 시장상황이 불투명한 제품일수록 수입업자의 물품인수 후에 제기되는 판매부진, 시장가격 하락, 경쟁 격화에 따른 판매부진과 클레임제기 가능성을 염두에 두어야 하며 사전에 이런 구실을 붙일 수 없도록 계약서 작성에 신중해야 한다.

② 거래 당사자에 대한 철저한 신용조사가 필요하다. 거래상대방 기업에 대한 철저한 사전 신용조사 및 대금결제 능력, 영업능력 파악도 매우 중요하다, 특히 과거 대금지급 지체 경력이 있는지 동종 업계에서의 평판이 어떤지 일시적일지라도 부채가 너무 과다한 것은 아닌지에 대해 철저하게 파악하여 만약에 있을지도 모르는 미결제 사태를 방지해야 한다.

사례(3). 독일 : 오랜 기간 거래관계를 지속해온 상대방이 클레임제기하고 대금결제를 기피

사건개요

한국의 매도인과 독일의 매수인은 판촉물 취급회사로 1993년부터 오랫동안 거래해온 관계이며 소량 소액의 거래인 관계로 건별 결제가 아닌 1개월에 2회 한도 내에서 일괄 결제해주는 방식으로 거래를 지속해 왔다. 양 사는 지난 9년 동안 큰 마찰 없이 거래관계를 유지해왔으나 2001년 말부터 갑자기 미결제 금액이 증가하기 시작하여 2001년 12월 7일에 선적한 물량이 당초 약속된 인도시기보다 1주일 정도 늦어진 것을 핑계로 미결제 금액에 대한 결제를 차일매도인이 매수인에게 결제를 촉구하자 수입사는 동 인도시기 건(약 7천불 상당)을 핑계 삼아 약 $38000에 해당하는 금액을 결제하지 않고 있으며 매도인이 대금을 결제할 능력이 없으면 물건을 반품하라는 주장에도 일체 무응답으로 일관하고 있다. 그 동안 매도인은 매수인에게 일부 금액 할인, 할부 결제 등 다양한 합의 도출을 위해 노력해왔으나 매수인은 전혀 응하지 않고 있다. 매수인은 현재도 물품을 계속하여 조달하고 있는 것으로 알려지고 있어 의도적인 미결제로 보여진다.

한편 매도인은 독일에 거주하고 있는 지인을 통하여 매수인에게 간접적인 결제압력을 넣었으나 전혀 응하지 않고 어떤 조치에도 반응하지 않은 것이라고 항변을 하였다. 매수인은 미결제 사유로 매도인의 납기일 미준수를 들고 있다. 매수인은 수차례에 걸쳐 매도인이 납기일을 지키지 못했기 때문에 큰 오더들이 성약되지 못하는 피해를 입었다고 한다. 이에 관한 구체적인 예로 GS사 V명으로 납품키로 한 제품도 납품의 지연으로 오더가 일부 취소되었다고 주장한다. 그러나 납품지연의 사유로 매도인 측에서는 화재 등의 재해피해를 입었다고 들었으나 한국내 자신의 지인 및 동생 등이 입수한 정보에 의하여 사실이 아니라고 판단된다고 한다.

또한 매수인은 성문화하진 않았으나 매도인과 독일 독점거래를 맺은 상태로 수년간 독일에 대리점으로 활동해 왔으나 자신의 고객인 독일 유수 기업을 매도인이 직접 접촉 대량의 발주를 입수 진행했으면 직거래의 피해가 크다고 주장했다.

한편 매도인은 매수인과 오랫동안 거래해왔으며 D/A 형태로 일정기간

동안의 주문을 일괄 결제 해왔으며 매수인이 납기일의 지연 등을 이유로 대금을 결제치 않고 있으며 물품의 반납 또는 대금결제의 종용에 대해 응하지 않고 지인을 통한 압력에도 반응치 않는 다라고 한다. 이를 해결하기 위해 국제 변호사에게 문의한 결과 매도인의 주장을 증명할 수 있다면 미결제 금액 관련 소송이 가능하다는 대답을 들었지만 변호사 선임 및 소송비용과 시간의 손해를 피해갈 수 없을 것으로 보인다.

대처 및 예방방안

① 대규모 외상거래를 지양한다. 아무리 오랫동안 거래를 해온 관계라 할지라도 대규모의 외상거래는 피하도록 하고 취소불능신용장을 개설하여 개설은행의 지급확약을 확보하도록 한다.

② 소규모 거래 후 갑자기 다량의 외상거래 요청이 있을 경우는 일단 미결제를 의심한다. 특히 소규모 외상거래 후에 갑자기 대규모의 외상거래를 요청하는 경우에는 고의적인 미결제의 시작이 아닌지를 의심해야 한다. 철저한 대비책으로 수출보험부보 및 외상거래의 거절이 요구된다.

③ 고의적인 미결제는 강력하게 대응한다. 일부 바이어의 경우는 한국 업체의 대응능력을 평가절하 하여 반응을 살피기 위해 대금지급을 거절하는 경우도 있으므로 이런 경우는 현지 변호사를 통하여 경고서한 발송 및 압력행사 등 실질적인 대응조치를 취해 실력행사를 할 필요가 있다.

사례(4). 영국: 부도수표로 상품대금 결제

사건개요

영국의 C사는 한국을 방문했다가 한국 상품 카탈로그를 보고 한국의 H사로 전화를 걸어와 수표를 대금결제방식으로 택하여 무역거래를 하였지만 C사가 결제해준 수표가 부도 수표로 판명 돼 대금결제를 받지 못하게 되었다. C사는 영국의 대형백화점에 납품하는 중간도매상이라며 상품선적이 완료되면 수표로 결제하겠다고 하였다. 무역거래에서 수표라는 말에 의아해진 H사가 L/C나 T/T 방식을 고집했지만 C사는 직접 수입을 해본 적이 없다며 수표결제만을 주장하며 만약의 경우에 대비해 분쟁이 발생할 때에는 대한상사중재원의 중재를 따른다는 중재조항을 계약서에 삽입키로 합의하고 계약이 성사되었다.

선적은 무사히 이루어졌고 C사는 3만 달러짜리 개인수표를 보내오면서 2만 달러 규모의 추가 주문을 하였다. H사는 1차로 받은 수표를 거래은행에 매각하고 보름 뒤 두 번째 주문 분의 선적을 완료하였다. 그런데 C사는 1차 때와는 달리 수표를 보내지 않고 대금 결제독촉에도 묵묵부답으로 일관하였다. 속수무책으로 기다리는 수밖에 없던 H사에게 설상가상으로 수표를 매입하여 외국은행에 추심을 의뢰했던 거래은행이 한 달 뒤 C사의 수표가 부도수표로 판명 났다며 3만 달러를 즉각 상환하라는 통보를 받게 되었다.

H사는 대한상사중재원에 중재를 요청하게 되었고 현재 사건에 대한 심사가 진행 중이다. 그러나 상사중재원의 확정판결을 받아 바이어에 압력을 가한다 해도 대금회수가 이루어진다는 보장은 없으며 애당초 잔고가 없었다면 휴지조각에 불과한 개인수표를 대금결제 방식으로 선택한 것이 문제가 된 사례이다.

대처 및 예방방안

① 바이어에 대한 사전 신용 조사는 필수이다. 선진국 바이어라고 해서 안심해서는 안 되며 반드시 바이어에 대한 사전 신용조사 과정을 거친 후 거래를 해야 한다.

② 수표결제는 기존 거래선인 경우에 한하여, 사고 발생 시 큰 손실을 입지 않는 금액의 범위 내에서 제한적으로 사용해야 한다.

③ 대한상사중재원의 중재조항을 계약서에 삽입한다 하여도 대금회수가 반드시 이루어진다는 보장이 없음을 인지해야 한다.

사례(5). 사우디: T/T 사기

사건개요

주방용기를 만들어 수출하는 한국의 M사는 분기에 한 번 정도 사우디의 '제다와 리야드'에 정기적인 출장을 통해 공격적으로 마케팅을 한 결과, 주문을 받기 시작해 차근차근 사우디 시장에 기반을 다져가고 있었다. 그러나 동종 한국 업체와의 사우디 시장경쟁으로 인해 주문이 취소되는 바람에 약간의 재고가 발생하게 됐다. 발생한 재고를 자금회전을 위해 사우디 O사에 할인한 가격으로 다소 급하게 일을 추진하게 됐다. 대금조건은 일부는 L/C,

대부분은 T/T로 결제하는 조건이었다. 어렵사리 L/C가 열렸고, T/T는 이 핑계 저 핑계를 대다가 겨우 선적 3일전에 송금은행 T/T사본을 팩스로 보내왔다. 이를 받고 제품을 선적했다.

대개의 경우 T/T 송금후 3일이면 은행으로부터 입금사실이 통보되는데, 1주일이 지나도록 입금은 되지 않았다. 때 마침 미 테러사건이 있은지 얼마 되지 않아 사우디 정부의 감찰로 송금한 금액이 되돌아왔다고 하면서 조만간 한국을 방문해 돈을 지불하든지, 아니면 직접 받으러 오라고 말하면서 좋은 방법을 찾아보자고 호의적인 반응을 보였다. 그러면서 O사는 선적서류를 팩스로 송부해 달라고 요청했다. 여러 가지 정황으로 봐서 이상이 없을 것으로 판단, 순순히 선적서류를 송부해 주었다.

그러나 내금결제는 여전히 이뤄지지 않았고 사우디에 방문해 알아보니 이미 은행으로부터 송부된 사본서류로 Shipping Guarantee를 받고 제품을 통관해 물건을 Shop에서 팔고 있었다. O사로 찾아가 대금결제를 요청했지만 오히려 제품의 하자 등을 이유로 당장은 결제를 못하겠다는 것이었다. 이야기하는 과정에서 다분히 의도적으로 사기를 치는 회사가 아닌가 하는 생각이 들기 시작했으며, T/T 관련 서류도 해당은행에 가서 직접 확인해 보기로 했다. 아니나 다를까 서류가 위조된 것이었음을 확인할 수 있었다. 즉, 이 회사는 의도적으로 사기칠 생각이었던 것이다.

회사측에 강력히 항의했으나 오히려 사장은 대금결제를 한 푼도 못하겠다는 등 망언을 늘어놓고, 두바이 등지로 출장을 핑계로 나타나지도 않았다. 결국 사장은 노골적으로 온갖 트집을 잡아 T/T 대금의 20%를 깎고, 결제도 1년에 5회에 걸쳐하는 조건을 제시해 왔다. 정말 기가 막힐 지경이 아닐 수 없었다. 그러나 비자기간이 만료돼가고 때마침 하지기간이 겹쳐 귀국할 수밖에 없었고, 공항에서 다시 사우디에 와서 대금은 물론 항공료 숙박비까지 보상해 주어야 한다는 내용의 팩스를 보내고 어쩔 수 없이 한국행 비행기에 오를 수밖에 없었다.

대처 및 예방방안

위 사례는 중소 수출업체가 사우디 수입업체를 상대로 제대로 된 신용조회 없이 성급하게 거래를 추진했고, 사우디 수입업체는 T/T의 약점을 이용하여 대금지급에 있어 지급거절을 한 사례다. 이러한 막무가내식의 피해를 방지하기 위해서 수출업체 측은 조급함을 버리고 철저히 단계적으로 기반을 다지는 노력이 필요하다. 대개 90%의 업체가 의심의 소지가 있다고 생각하고 상담에 임하여야 한다. 사우디 우량 업체의 경우, 가격 및 납기 등의 네고는 공격적으로 하지만, 일단 주문계약이 완료되면 L/C 개설 등 결제는 명쾌하고 신속하다. 따라서 L/C 개설이 1주일 이상 걸린다든지, L/C 개설을 꺼리는 업체는 일단 주문을 포기하는 것이 좋다고 한다. 대다수 업체가 흥정을 요구하면서 L/C + T/T로 대금결제를 요구하므로 T/T에 대해서는 확실한 우량업체나 고정거래선 외에는 입금확인 후에 선적을 해야 하고, L/C 관련 선적서류는 하자가 발생해서는 안 된다. 불필요한 식사대접 등의 환대를 하는 업체는 오히려 조심하라. 우량업체일수록 비즈니스 상담 외에는 관심을 나타내지 않는다. 그밖에 좋은 현지인을 사귀어 자문을 구하는 방법, 무역관을 접촉해 조언을 구할 것, 사우디 업체와 비즈니스에서 문제가 생겼을 경우 그냥 사우디 업체의 조건을 수락해 타협하지 말 것 등도 예방할 수 있는 방안이다.

사례(6). 이집트: 선적서류 하자를 트집 잡아 상품인수 거부

사건개요

D물산은 이집트 F사로부터 여성용 스커트 4만 불 어치를 At Sight L/C 지불조건으로 수출하게 되었다. 지불 조건이 At sight L/C 인지라 담당자인 L과장은 그 동안의 오랜 무역 회사 근무 경험상 앞으로 꾸준하게 거래 관계가 될 것 같았고 바이어가 주문해온 물품을 선적하고 대금 지급을 기다리고 있었다. 그러나 선적 후 바이어 소재 은행에서 매입을 거부하여 선적 서류가 다시 한국의 Nego은행으로 되돌아 왔다는 악몽 같은 소식이 들려왔다. 오랜 무역 경험을 가진 L과장이 볼 때는 서류상의 하자는 전혀 없는 것처럼 보였다. 이집트 바이어인 F사에 직접 연락해서 어떤 부분에 하자가 있는지 물어 보고서야 L과장은 그 이유를 알 수 있었다.

바이어 말에 의하면 검사(inspection) 증명서 상에 은행명이 상단에 표기되어야 하는데 하단에 표기되어 있는 것이 서류상의 하자라는 것이다. 따라서 서류도 상품도 인수하지 않겠다는 얘기다. 마냥 앉아서 기다릴 수만은 없다고 생각한 L과장은 자세한 경위를 알아보기로 하였고, 그 결과 바이어가 L/C 개설 후에 시장 상황이 악화되고 백화점식으로 다른 사업들을 하면서 자금원이 완전히 막혀 서류상의 하자를 구실로 대금 지불을 거절 하였다는 것을 알게 되었다. 이집트 세관에 쌓여 있는 인수 거부 상품은 중동 시장에 맞게 생산된 것이라 다시 Ship-Back도 할 수 없어, L과장은 결국 어쩔 수 없이 헐값에 현지 처분해야 하는 골치 아픈 숙제를 떠맡게 된 것이다.

대처 및 예방방안

① 철저한 바이어 연락처 및 조회, 해당 기업 신용조회를 한다. 외상거래가 불가피한 경우 바이어의 재정 상태를 확인하는 것이 필요하다. 확인 후 단기적인 현금유동성의 부족일 경우 담보를 확보하고 거래선을 유지시키며 장기적으로 회생이 어렵다고 판단되면 거래를 하지 않는 것이 좋다. 가장 좋은 신용 조회처는 해당 바이어의 국내 거래처이다. 거래 기간, 대금 지불에 대한 신용, 거래 역사에 대한 이해 등을 조회하는 것이 바람직하다.

② 수출보험에 가입한다. 만약의 경우에 대비하기 위하여 금액의 다소를 불문하고 수출보험에 가입하도록 하여야 한다. 특히 중소기업의 경우 미수금 발생 시 타격이 크고 정보수집 능력이 대기업보다 부족하므로, 수출보험공사를 통한 수출보험을 통한 위험회피가 좋은 대안이 될 수 있음

③ 거래계약서를 세밀하게 작성한다. 거래 계약 시 가격변동 우려가 있는 상품이라면, 선적시기에 가격변동이 있더라도 그 계약가격에 물품을 팔겠다는 확약을 받거나 가격에 대한 합의점을 확실하게 문서화해놓을 필요가 있다. 그리고 지불보증으로 제공한 담보물의 경우 반드시 저당등기와 해당 공증기관의 공증수속을 밟아야만 법적으로 보상받을 수 있음에 유의하여야 한다. 따라서 거래계약서 작성 시 법적으로 책임을 회피할 가능성이 있는지도 검토해봐야 한다.

사례(7). 러시아 거주 인도계 상인: 내륙운송B/L 누락을 트집 잡아 가격 할인 요구

사건개요

모스크바에 있는 인도계 바이어는 상품이 항구에 도착한 후에야 비로소 추가선적서류(내륙운송용 B/L)가 없으면 통관이 불가능하므로 대금지급을 할 수 없다고 통보하여왔다. 일부 인도, 아랍계 직물 상인들이 상습적으로 쓰는 가격할인 수법에 걸려든 수출업체는 어쩔 수 없이 상당 폭을 깎아주는 수밖에 없었다. 모스크바 무역관 S과장의 사무실에 다급한 전화벨 소리가

울렸다. 자기를 N사의 사장이라고 소개한 P씨의 사연은 기가 막힐 노릇이었다. 사건은 모스크바 바이어로부터 N사가 20만불 규모의 스판텍스 주문을 받으면서 발생했다. 통상 L/C거래를 해 오던 P사장이었지만 비수기에 접어들면서 쌓여만 가는 재고 물량을 하나라도 더 밀어내기 위해, 바이어가 제시하는 일종의 COD(상품현지 도착 후 선적서류 인도와 동시에 T/T송금) 결제방식을 수락하는 수밖에 없었다. P사장은 일정에 맞추어 함부르크항으로 서둘러 선적을 끝내고 선하증권(B/L) 사본을 바이어에게 송부하고 대금결제를 요구했다. 그런데 느닷없이 바이어는 현지의 통관절차상 필요하다며 내륙 운송용 복합운송 B/L의 추가송부를 요청하는 것이었다. 서류를 송부하지 않으면 통관을 할 수 없으므로 대금을 결제할 수 없다는 것이다.

그때서야 P사장은 이 수입상이 인도계라는 사실에 주목하게 되었다. 두바이나 동구의 인도계 바이어와 거래경험이 많은 국제 업체들에게 급하게 전화를 돌렸다. "인도, 중동계 바이어들이 계약대금을 추가로 후려치기 위해 상습적으로 동원하는 수법 중의 하나다. 미리 계획적으로 함정을 파놓기 때문에 일단 걸려들면 요구하는 대로 가격을 깎아주는 수밖에 없다."는 절망적인 말들만 들려왔다. 재고물량을 소진해 보려는 욕심에 너무 서두른 게 화근이었다. 이미 물품이 항구에 도착해 있는 상황이라, 통관에 따른 일체의 절차를 바이어 측이 알아서 하겠다는 조건으로 당초 계약 금액에서 30% 가량을 할인해 주는 수밖에 없었다. 결국 큰 피해를 본 P사장은 이런 악덕 바이어들의 수법을 상세히 조사하여 더 이상 피해가 재발되지 않도록 해 달라는 부탁을 하기 위해 전화를 건 것이다. 무역관의 S과장도 일찍이 일부 악덕 인도계 바이어들의 명성을 들어 왔던 터라, 확인도 해 볼 겸해서 현지의 우리 직물업체들을 탐문하기 시작했다. 결과는 생각보다 더 심각했다.

일부 인도, 아랍계 악덕 수입상들이 비수기를 이용해 우리 업체에 조직적으로 접근, 수입한 물량만도 2백 컨테이너, 수백만불 규모에 이른다는 것이다. 선적이 완료된 뒤 이들은 다양한 수법을 동원해 30~50%씩 가격을 깎아주거나, 아니면 Back-ship을 해가라는 압력을 가했다고 한다. 대형 업체들은 막대한 손해를 보고 Back-ship했지만, 이미 거래은행에서 네고 받은 자금을 써버린 영세업체들은 울며 겨자 먹기로 수락할 수밖에 없었으며, 일부 자금난에 몰린 업체들은 끝내 부도를 내고 말았다는 것이다. 게다가 이들의 수법에 걸려 덤핑 처분된 물량들이 두바이, 함부르크를 거쳐 동구권이나 러시아 시장에 집중적으로 풀리는 바람에 현지 시장질서가 심하게 교란되고 말았다는 것이 현지 주재업체들의 한결같은 얘기였다. 일부 악덕 인도, 중동계 바이어들은 시황에 따라 화물인수를 거부할 구실거리를 만들거나, 가격을 깎아 이윤을 극대화하려는 목적으로 신용장 상에 애매모호한 조항들을 집어넣어 고의적으로 지급정지(Unpaid) 시키거나, L/C와 D/A 방식을 병행하여 주문한 뒤 D/A분의 결제를 하지 않는 등 각종 수법을 상습적으로 동원하고 있다.

대처 및 예방방안

인도기업 혹은 인도인과 거래시 D/A조건 수출은 가능한 한 피해야 한다. 인도기업인들은 외국과의 수출입시 상대가 받아들이든 말든 우선 D/A 거래를 제안해 본다. 특별한 관계가 아니면 첫 거래부터 D/A 결제로 계약이 이루어지기는 힘들다. 그러나 몇 번의 L/C 거래가 반복되면 우리 측은 상대를 믿고 어느 날 D/A 조건 요청을 들어주게 된다. D/A거래는 소송 등의 방법이 아니면 해결할 수 있는 실질적인 수단이 없다. D/A거래에 대해서는 L/C Usance 등의 방법으로 결제방법을 바꾸어 제시해 보는 것도 방법이 될 수 있다. L/C가 개설된 후 미수금이 발생하면 관련은행을 상대로 대금을 청구할 기회라도 주어지기 때문이다.

사례(8). 아프리카 국가들의 고의적 무역계약 사기

최근 나이지리아를 비롯해 토고, 베냉, 카메룬 등 서부아프리카를 중심으로 무역사기성 오퍼가 급증한 것으로 나타남. 이들 사기성 오퍼들은 주로 각국의 대규모 정부입찰, 존재 여부가 불명확한 국제기구 또는 금융지원기관의 이름을 사용하며, 수출자에게 유리한 거래조건을 제시하면서 우리 기업들에 접근하는 것으로 알려지고 있다.

특히 사기성 바이어들의 목적은 크게 두 가지로 적게는 수천 달러에서 많게는 수만 달러에 이르는 서류비용을 수출자에게서 받아내거나 불법체류를 목적으로 한국비자를 취득하기 위해 접근한다. 그러나 아직까지도 우리 기업들은 혹시나 하는 생각으로 사기성 오퍼에 현혹됨. 아프리카가 한국과 지역적으로 멀리 떨어져 있으며, 정보의 접근성이 용이치 않기 때문에 서류만으로 진행되는 무역절차를 악용한 사기성 바이어들이 끊임없이 발생하는 현실이다.

사례(8-1). 카메룬: 거액의 계약금액, 100% T/T Advance, 100% 무역사기

사건개요

- 우리나라 A사는 카메룬 바이어로부터 대규모 거래금액의 오퍼를 받았음.
- 바이어가 제시한 거래조건은 100% T/T Advance
- 계약서 사인을 위해 현지 방문을 요구하거나 현지 변호사 선임을 요청
- 변호사 선임을 위해 비용을 요구

대부분의 무역거래에서 수출자(Seller), 수입자(Buyer)는 항상 이익을 우선하기 위해 상호협상을 진행하지만 아프리카 무역사기의 특징은 수입자가 언제나 수출자에게 유리한 협상조건을 제시한다. 수출자에게 유리한 결제조건, 특히 대규모 계약금액(수백만 달러 또는 유로, 수백 대의 컨테이너 물량 등)을 제시하면서 100% T/T 선금(Advance) 결제조건을 제시하거나 선수금을 T/T로 보내주겠다며 수출자를 유혹하고 있다. 사기성 오퍼를 보내는 바이어들은 우리 기업들의 현지 방문이 어려운 점을 이미 주지하고 있기 때문에 현지 변호사 선임을 제시하며, 이를 위한 변호사 선임비용으로 수천 달러를 요구하는 사례가 빈번하게 발생하고 있다. 이러한 방식으로 우리기업들에 접근하는 경우 100% 사기성 오퍼이니 각별한 유의가 필요하다.

대처 및 예방방안

국제무역의 특징은 대부분의 교신이 문서로 진행된다는 점이며, 바이어들은 단순한 컴퓨터 작업으로 이러한 문서들을 위조해 우리 기업들에 접근하고 있다. 사기성 바이어들이 제시하는 서류들은 조금만 주의를 기울이면 위조된 것임을 식별할 수 있음. 한편 최근 사기성 오퍼 서류는 위조 여부 판별이 어려운 경우가 있으나, 이를 판단하는 방법은 의외로 간단한 경우가 많다.

레터헤드(Letter Head) 부분에 특정 국가의 로고(Logo)가 문서의 배경화면으로 사용된 경우와 예시와 같이 원형 또는 타원형의 스탬프가 사용된 경우, 문서의 실(Seal)을 위해 붉은색 원형 또는 별표 모양의 스티커가 부착된 경우는 100% 위조된 서류이다. 실제 위조된 서류들은 기관의 명칭, 주소, E-mail, 심지어 로고 자체가 실제와 다른 경우가 부지기수이기 때문에 각별히 유의할 필요가 있다. 다국적 석유개발회사인 Total의 경우, 예시와 같은 기업로고를 사용하고 있지 않음에도 사기성 오퍼를 발송한 바이어는

다른 모양의 기업로고와 주소, 전화번호를 사용해 사기를 시도했다.

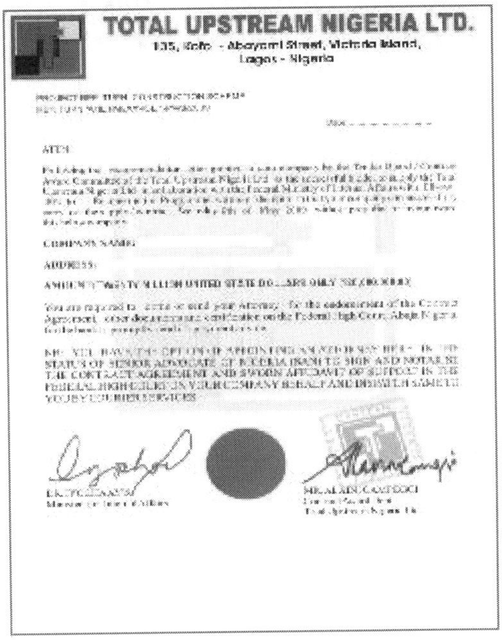

TOTAL UPSTREAM NIGERIA LTD.

135, Kofo - Abayomi Street, Victoria Island,
Lagos - Nigeria

TOGO PROCUREMENT BOARD (TPB)

CONTRACT PURCHASE ORDER

출처 : 코트라 라고스KBC

[그림 8-1] 무역사기 위조서류의 예

컴퓨터 기술의 발달과 워드프로세스 프로그램의 사용이 편리해진 요즘, 위조된 서류를 악용한 무역사기에 각별한 유의를 해야 함. 서류를 100% 신뢰하면 100% 사기를 당할 위험이 있으니 반드시 사전에 코트라 라고스KBC를 통한 확인이 필요하다.

사례(8-2). 나이지리아: 중고철도 수입건, 100% 사기

사건개요

나이지리아의 중고철도 무역사기는 어제 오늘의 일이 아니라 2000년대 초반부터 꾸준히 발생하고 있는데 지난해 6월, 나이지리아 철도공사가 중고철도(1067MM Gauge(궤간, 軌間)의 협괴(挾軌) 철도, 기관차 및 관련 장비) 매각을 정식으로 공고한 데 이어 7월에는 낙찰자 선정단계까지 진행되었다. 나이지리아 철도공사가 중고철도 해외수출은 불가능하며, 나이지리아 국내 고로(高爐)업체에만 공급이 가능함을 매각의 전제조건으로 내걸었음에도 불구하고 나이지리아의 악덕 무역사기업체들을 통해 세계적으로 급격히 확산되고 있다.

KOTRA 라고스KBC는 우리나라 관련 기업들을 대상으로 그동안 중고철도와 관련된 무역사기에 각별히 유의할 것을 수차례에 걸쳐 강조했으나, 나이지리아 정부의 전·현직 고위관리를 사칭하거나 이들 인사와의 연계 관계를 강조하며 감언이설을 늘어놓는 나이지리아의 악덕 무역사기업체들에 의해 우리나라 기업들이 적게는 몇 천 달러에서 많게는 10만 달러 이상까지 피해를 입는 사례들이 계속 발생하고 있다. 특히 최근에는 일부 우리나라 악덕업체들이 나이지리아 현지 출장을 통해 나이지리아 무역사기업체들과 손을 잡고 국내 관련 기업들을 대상으로 무역사기를 시도한 정황까지 파악되고 있다.

이에 따라 KOTRA 라고스KBC는 최근 나이지리아 철도공사를 직접 접촉한 바, 오바산조 전임 행정부가 지난 2005년 발표한 '25개년 철도 현대화 및 확장 계획(25-Year Railway Modernization and Expansion Programme)'에 대해 야라두아 대통령의 민선 2기 정부가 재검토 결정을 내림에 따라 나이지리아 철도공사의 중고철도 매각계획도 이미 폐기됐으며, 해외수출마저 전면 금지됐다는 사실을 다시 한 번 정식으로 확인하였다.

Nigerian Railway Corporation

- 주소 : Railway Compound, off Moshood Abiola Road, Ebute Metta, Lagos
- 전화 : 234-1-774-7320
- 웹사이트 : www.nrc-ng.org
- 이메일 : dennisujah_nrc@yahoo.com
- 담당자 : Mrs. Susan Iremiren, Secretary to the Managing Director

대처 및 예방방안

'나이지리아 무역사기(4-1-9)'라는 말이 국제 무역사기의 대명사가 된 지 이미 오래된 일임에도 불구하고 진부한 나이지리아의 무역사기 버선에 피해를 입는 우리나라 기업들이 아직까지 적지 않다. 나이지리아의 무역사기에 휘말리지 않기 위해서는 먼저 비상식적인 유혹에 절대 현혹되지 말아야 하며, 조금이나마 가능성이 보이는 경우에도 KOTRA 고객지원센터를 경유해 라고스KBC에 '해외시장 조사대행 - 단순 해외현장 확인정보' 서비스(무료)를 신청, 진위 여부를 사전에 반드시 확인해야 한다.

한편 대다수의 나이지리아 바이어들은 일부 몰지각한 나이지리아 악덕업체들의 무역사기건으로 인해 세계시장에서 나이지리아가 나쁜 평판을 얻게 돼, 자신들의 비즈니스에도 부정적인 영향이 초래되고 선의의 피해를 입게 됐다며 큰 불만을 토로하고 있다. 이와 함께 나이지리아의 유망 바이어들은 우리나라 기업들에 진성 Inquiry를 보내도 전혀 회신을 해주지 않거나 의심의 눈초리로 자신들을 바라본다며, KOTRA 라고스KBC에 어려움을 호소하고 있다.

나이지리아 시장이 전형적인 가격시장이라는 점은 틀림없는 사실이나 최근 들어 중국산 및 인도산 저급 제품에 대한 나이지리아 소비자들의 반감이 크게 확산되기 시작하면서 품질에 대한 관심이 점차 높아지고 있음을 감안할 때, 유망 잠재시장인 나이지리아 시장개척을 위해 우리나라 기업들이 나이지리아 바이어들의 진성 Inquiry에는 성실하고 적극적으로 대응하는 선별적인 지혜가 필요하다.

2.3 기타 위험요인에 따른 계약이행 불능 사례

매도인과 매수인의 계약위반이 아닌 기타 원인으로 인해 계약이행이 불가능한 경우로 국가위험(Political Risk), 환위험(Exchange Risk), 운송위험(Transportation Risk)에 기인한 경우가 대부분이다.

사례(1). 리비아: 반정부 시위로 인한 수출품 선적 · 하역 보류

사건개요[37)]

리비아 반정부 시위가 확산되면서 리비아와 교역하던 우리 기업의 수출 피해 우려가 현실로 나타나고 있다. 리비아 정정 불안이 극에 달하면서 거래업체와의 연락이 두절된 데다 현지 항만이 폐쇄돼 수출품 선적과 하역이 전면 보류되는 바람에 사실상 거래가 중단됐기 때문이다. 국내 중고차 수출의 90%가 이뤄지는 인천은 특히 피해가 심하다. 한국중고자동차수출조합에 따르면 지난해 국내 수출 중고차 23만 9천여 대의 11%에 해당하는 2만6천여대가 리비아로 나갔다. 리비아에 중고차를 수출하는 인천 G업체의 경우 한국에 있던 리비아 바이어 대부분이 사태 발생 직후 자국으로 돌아가 거래가 끊긴 상태다.

G업체 관계자는 27일 “인천에서 리비아까지 뱃길로 1개월 정도 걸리는데 지난달 리비아로 출발한 화물선이 현지 항구 폐쇄로 입항이 보류되면서 하역 및 대금 수금이 이뤄지지 않고 있다”라며 답답한 심정을 토로했다. 이 관계자는 “리비아와 인접한 그리스, 시리아 항만을 이용하면 된다고 하지만 시간과 비용 부담을 감수하면서 이들 항만을 이용하겠다는 선사가 없어 추가 계약은 꿈도 못 꾸고 있다”라고 말했다.

리비아에 한국 중고 택시를 수출하는 인천 S업체도 이번 달 목표 수출량을 채우지 못해 애를 태우고 있다. S업체 관계자는 “지난달 리비아에 택시 200대를 수출한 데 이어 이달에도 200대를 수출할 계획이었는데 리비아 사태로 1대도 팔지 못했다”며 “리비아와 인접한 요르단과도 거래하는데 사태가 더 확산될까봐 걱정”이라고 말했다.
이번 리비아 사태로 아직 직접적인 피해는 없지만 사태가 장기화할 경우 피해를 우려하는 업체는 더 많이 있다. 울산의 현대중공업은 다음 달 말로 예

37) 연합뉴스 보도자료 2011-02-27

정된 중장비 수출이 차질을 빚을 것으로 우려하고 있다. 이 회사는 리비아 수출물량으로는 제법 많은 굴삭기와 휠로더 등 중장비 116대를 수출하기로 하고 이달 말부터 선적에 들어갈 예정이었다. 그러나 리비아 사태로 현지의 통관이 불투명해 지연이 불가피한 실정이다. 회사 측은 "3월 말로 예정했던 중장비 인도가 다소 늦어질 것 같아 현지 수입상사와 시기를 조절하고 있다"라고 설명했다.

리비아에서 유혈 사태가 계속됨에 따라 현지에 나가 있는 우리 직원의 신변에 이상이 생기지 않을까 노심초사하는 기업도 있다. 리비아 건설현장에 진출한 울산의 삼창기업은 리비아 사리르 공사현장에 2명, 미수라타 공사현장에 6명 등 총 8명의 직원을 파견한 상태다.

이들은 국내 내기업 2곳의 리비아 빌전소 건설공사에 각각 전기계측제이설비 하도급 업무에 참여하고 있다. 삼창기업 측은 "우리 직원들에겐 아직 피해가 없는 것으로 안다"며 "근로자들과 따로 연락할 수는 없고 원청업체를 통해 현지 사정을 살피고 있다"라고 말했다.

지난달 이집트에서 촉발된 반정부 시위 열기가 리비아를 비롯한 에멘, 바레인, 이란 등 중동 다른 지역으로 번지고 있어 사태가 장기화할 경우 우리 기업의 피해가 눈덩이처럼 불어날 것으로 국내 수출업계는 보고 있다. 이와 관련, 코트라(KOTRA)는 리비아 사태에 따른 국내 수출기업의 연간 피해액이 1천870만 달러 이상 될 것으로 추산했다.

대처 및 예방방안

"리비아 등 중동 사태로 인해 어려움을 겪고 있는 수출 중소기업들은 무역보험공사의 보험금 가지급금을 신속하게 지급받고, 중진공 긴급경영안정자금지원과 기존 융자금의 상환 유예될 전망이다. 정부는 리비아 등 중동사태로 수출중소기업 및 건설업체의 어려움이 심화되고 있음을 감안하여 관계부처간 협의를 통해 리비아 수출중소기업 및 건설업체에 대한 긴급 유동성지원 등 금융애로 해소와 수출 마케팅 확대 등 지원 대책을 시행키로 6일 밝혔다." 위와 같이 정부적 지원도 가능하지만, 비상위험을 미리 예방하기 위해선 미리 앞서 대비하는 것뿐이다. 이 때 가장 적절한 방법은 현지 상황과 사회의 철저한 조사뿐이다. 진출하고자 하는 해외시장에 어떠한 리스크가 있는지, 가능성은 얼마나 되는지를 살펴보고 미리 보험에 부보하는 것이 가장 바람직하다.

사례(2). 쿠웨이트: 세관파업으로 인한 수출입 통관 불능

사건개요

2012년 3월 코트라 쿠웨이트 무역관에 따르면, 쿠웨이트 세관 노조원과 항공 노조원의 총파업으로 수출입 통관이 전면 중단돼 한-쿠웨이트 간 교역에 지장을 초래하게 되었다고 한다. 쿠웨이트 에서는 급여 30% 인상과 근무조건 개선을 요구하면서 지난 13일부터 쿠웨이트 세관원들이 파업에 돌입, 수출입 통관이 전면 중단되면서 후유증이 날로 커지고 있다. 쿠웨이트에서 플랜트 시공을 맡고 우리 EPC 업계에서는 기자재 통관이 지연돼 공기 준수에 영향을 받으며, 우리 수출업체 또한 납기 준수에 영향을 받을 수 밖에 없다. 특히 쿠웨이트에서 원유를 수입해 가공하는 정유사들은 쿠웨이트 산 원유 도입에 차질이 예상돼 영업에 큰 악영향을 미칠 것임. 지난해 우리나라의 대 쿠웨이트 수출은 14억3200만 달러를 기록했으며, 선박, 승용차, 철강관, 전선, 밸브, 타이어, 펌프, 폴리에스터 직물이 주요 수출품목이다. 올해 2월까지 우리나라의 수출은 전년 동기 대비 15.6% 감소한 2억5700만 달러를 기록하며 3월 수출도 세관 총파업으로 큰 차질이 예상된다.]

대처 및 예방방안

우리 기업들 현지 파업 상황을 지켜보면서 상황 장기화에 대비해야 할 것이다. 우리 기업들의 잘못이 아닌 수출국의 비상사태로 인한 위험이므로 방지할 수 있는 방법은 없지만 향 후 상황에 잘 대비하여 손실을 최소화해야 한다. 수출업체 세관 통관지연에 따른 배송문제를 수입상에 적절히 통보해야 할 것이며 원유 수입 정유사들은 파업이 장기화될 것에 대비해 석유화학제품 생산물량 조절 등으로 상황 타개에 나서야 할 것이다.

사례(3). 중국: 정부의 수출제한, 금지에 따른 계약이행 불능

사건개요

한국상인 A는 중국상인 B로부터 목재구매 계약을 체결하였다. 계약에는 "만약 정부의 간섭을 받게 되면 계약이 취소되기 전까지 계약을 연장한다"고 규정하였다. 계약체결 후 중국의 열대우림 파괴가 가속화됨에 따라 중국

정부는 목재 수출을 제한하였고, B는 이에 따라 계약에 규정된 기간내에 이행하기 어렵다고 판단하여 불가항력을 이유로 A에게 계약이행기간의 연장 혹은 계약해제를 요구하였다. A는 B의 요구에 대해 거절을 표시하였고, 손해배상금을 요구하였다.

대처 및 예방방안

국제관례에 따르면 정부가 반포한 금지성 명령은 불가항력에 속한다고 규정하고 있다. 상인 B가 계약규정에 의거하여 A에게 요구한 내용들은 근거가 있기 때문에 A는 B에게 배상청구를 할 수 없다. 보통 비상위험 같은 경우는 계약체결 이후에 상대국에 특정한 사태(주로 정치적인 이유로)가 발생하여 계약 이행에 지장을 초래할 가능성, 예를 들어, 정부의 수출입금지 조치 등으로 인하여 무역이 불가능해지는 경우 정치적(비상) 위험이 있다고 판단되면 거래에 조심하는 방법 이외에는 적절한 대책이 없다.

사례(4). 한국: 운송 중 물품파손으로 인한 손실 발생

사건개요

국내 Y사는 스페인으로 부터 EXW조건으로 타일을 2컨테이너 수입을 하였는데 보세창고에서 제품을 확인한 결과 물품의 절반이 파손되어 있었다. 하지만 스페인 업체는 Y사와 오랫동안 거래한 업체이기 때문에 포장의 부주위로 인해 파손되었다고는 생각하지 않는다고 했다. Y사는 이번 물품 운송과정에서 일어난 것으로 보고 있다. 그래서 처음 운송계약을 맺어 거래한 자이언트사라는 포워딩회사와 이 문제를 논의하고 있지만 자이언트사에서는 한진해운과 포장부주위의 핑계만 대고 빠져 나가려는 입장이다. 거기에다 Y사는 적하보험을 들지 않은 상태여서 이번 물품 파손으로 회사의 손해가 심각하여 부도위기에 처했다고 한다.

대처 및 예방방안

운송책임을 지는 운송인에게 과도한 책임을 부과할 경우 운송인이 운송자체를 거부할 수 있는 문제점이 생길 수 있기 때문에 운송인을 보호하고 국제 운송을 활성화하기 위한 조치로 복합운송계약을 통한 물품운송과정에서 복합운송인이 운송물의 멸실 또는 훼손으로 인한 손해에 대한 배상책임 지는 경우, 배상액 한도 내에서만 책임을 진다.

Y사의 경우 물품에 대한 보험을 들지 않은 상황이므로 운송과정에서 운송인의 과실로 운송물이 훼손되었음을 밝혀내고 배상액 한도 내에서라도 보상을 받는 것이 최선이다. 또 운송물 훼손과 배상 등과 관련된 문의사항은 무역관련 분쟁사항에 대하여 전문적인 상담을 해주는 대한상사 중재원에 직접 문의하여 도움을 받아보는 것도 하나의 방법이다. 그러나 물품이 파손되는 경우를 대비해 물품에 대한 해상적하보험과 같은 보험을 들어두는 것이 최선책일 것이다.

사례(5). 환차손에 의한 손실발생

사건개요

① 한국의 중소기업 C사는 2000년 11월 15일에 9천5백만달러에 달하는 상품을 수입하고 2001년 2월 15일에 수입대금을 지불하기로 하였다. 2001년부터 제 2단계 외환자유화 실시로 원/달러환율이 크게 변동할 가능성이 있는데도 불구하고 수입대금에 대한 헤지를 하지 않았다. C사의 경우 원/달러환율이 수입계약시 1,137원에서 대금 결제시에 1,247원 으로 상승함으로써 104억원의 환차손이 발생한다.

② 한국의 중소기업 D사는 1983년말에 독일의 모 자동차 회사로부터 자동차 생산설비라인을 도입하는 계약을 체결하였다. 1984년~1985년까지 약 1.5억마르크 상당의 신용장을 개설하여 1985년말~1987년초까지 결제하였다. D사는 외환리스크를 헤지하지 않아 마르크화 가치 상승으로 180억원 환차손 발생한다.

대처 및 예방방안

일반적으로 환리스크는 환율의 변동으로 인하여 손해를 입게 될 위험, 환율이 하락하면 수출상은 계약시점보다 적은 대금을 받게 되며, 환율이 상승하면 수입상은 계약시점보다 많은 대금을 주어야 한다. 이러한 위험은 선물환거래 등을 통하여 대비할 수 있는 것이 대표적이다. 현재 외환자유화 및 금융의 국제화 등으로 원/달러환율의 변동폭이 확대된 가운데 한국의 기업은 경제의 개방화 확대로 외화거래가 활발해지고 이에 따라 기업이 보유하고 있는 외화표시 자산 및 부채의 환리스크 노출이 증대되고 있다. 그러나 이와 같이 환리스크 관리의 중요성이 부각되고 있음에도 불구하고 대부분의 기업 특히 중소기업에게는 환리스크관리가 생소하며 관리실태도 부실한 실정이다. 그러므로 이러한 환리스크를 피하기 위해서는 다음과 같은 기업의 관리가 필요하다.

최고경영자는 외환리스크관리의 중요성을 인식하여 외환리스크 관리를 위한 전담조직을 신설하고 외환전문 인력을 양성해야 한다. 만약 전담조직 신설이 어려운 중소기업 등은 거래은행 또는 외부의 전문 외환리스크 컨설팅업체를 활용하여 외환리스크를 줄여야한다. 그리고 현재 한국금융연수원 등에서 은행 및 기업 실무자를 대상으로 한 외환리스크관리 관련강좌를 개설중인 것으로 알려지고 있다. 또한 중소기업은 외환리스크관리에 대한 내부규정을 마련 외환리스크 담당실무자에 대한 평가는 외환리스크 해지에 따른 환차손 발생 여부보다는 내부지침의 준수 여부로 이루어져야 할 것이다.

마지막으로 외환리스크를 포함하는 종합적인 경영전략을 수립을 통해 환율, 금리, 주가 등이 상호 밀접하게 연관되어 움직이는 점을 감안 하여 VaR(Value at Risk) 분석을 통한 종합적인 경영전략을 수립하는 것이 필요하다.

사례관련 참고문헌

김경배(2005), 『국제무역분쟁과 ADR』, 무역경영사.

김성훈(2010), 『국제무역사기 사례와 예방책』, 두남.

신두식 · 이주원 (2012), 『국제무역 클레임과 중재실무』, 두남.

심종석 · 오현석 (2009), 『국제무역분쟁사례론』, 한올출판사.

허은경(2002), 『중동아프리카, 국제 무역사기 및 수출 클레임 이렇게 예방하라』, KOTRA.

금융감독원, www.fss.or.kr

대한무역투자진흥공사(KOTRA), www.kotra.or.kr

부산세관, www.customs.go.kr

코트라 글로벌 윈도우, www.globalwindow.org

부록

Appendix

1. 무역서류 견본
2. Incoterms® 2010의 주요발췌문 및 영문용어 해설
3. 핵심문제 정답 및 해설

1. 무역서류견본

예시 1 주문서

THE YOUNG IMPORTING CO., INC.

2150 West 7th St. Los Angeles
C.A. 90019, U.S.A.

PURCHASE ORDER

No. C/T-7536
DATE : June 20, 2012

To
Pukyong Trading Co., Ltd.
C.P.O. BOX 3415
Seou;, KOREA

PAYMENT : Draft at 60 d/s under Irrevocable L/C in your favor
INSURANCE : ICC[A]
SHIPMENT : By July 31, 2012
PACKING : One set separately in a hardboard box

Item No.	Commodity Description	Quantity	Unit Price	Amount
			CIF Los Angeles / Set	
DCT-1526	COLOR TELEVISION	10,000SETS	US $ 500	US $ 5,000,000
DRF-F600	REFRIGERATOR	5,000SETS		US $ 4,500,000
	TOTAL	15,000SETS		US $ 9,500,000

CASE MARKS

A1

LOS ANGELES
C/No 1-15,000
MADE IN KOREA

CONFIRMED BY	CONFIRMED BY
The Young Importing Co., Inc.	Pukyung Trading Co., LTD.
Terry Murphy	*Hong Gil-dong*
Terry Murphy	Hong Gil-dong
Executive Director	General Manager

예시 II　주문서

PUKYUNG CO., LTD.

Mailing Address : C.P.O. BOX 3415
SEOUL, KOREA

The Young Importing Co., Inc.
2150 West 7th St.
Los Angeles, CA. 90019
U.S.A.

CONTRACT NOTE
No. : C/T 2012-315
DATE : June 20, 2012

		CASE MARKS
PAYMENT :	Draft at 60 d/s under Irrevocable L/C in your favor	A1
INSURANCE :	ICCA	LOS ANGELES
SHIPMENT :	JULY 31, 2012	C/NO 1-15,000
PACKING :	One set separately in a hardboard box	MADE IN KOREA

COMMODITY DESCRIPTION	QUANTITY	UNIT PRICE	AMOUNT
Color TV & Refrigerator			CIF Los Angeles / Set
DCT-1526	10,000SETS	US $ 500/set	US $ 5,000,000
DRF-F600	5,000SETS	US $ 900/set	US $ 4,500,000
TOTAL	15,000SETS		US $ 9,500,000

CONFIRMED BY	CONFIRMED BY
The Young Importing Co., Inc.	Pukyung Trading Co., LTD.
Terry Murphy	*Hong Gil-dong*
Terry Murphy	Hong Gil-dong
Executive Director	General Manager

예시 III 선적신청서

SHIPPING REQUEST	
Shipper PUKYUNG TRADING CO., LTD. C.P.O. BOX 3415, SEOUL, KOREA	*LOGISTICS Co., LTD.*
Consignee TO THE ORDER OF THE BANK OF CALIFORNIA	TEL : (02)3402-3080~5 FAX : (02)3402-3090
Notify Party THE YOUNG IMPORTING CO., INC. 2150 WEST 7TH ST. LOS ANGELES C.A. 90019 U.S.A.	

Precarriage by	Place of Receipt PUSAN CY	Port of Loading PUSAN, KOREA
Ocean Vessel & Voy, No. QUEEN V.100	Port of Discharge LOS ANGELES	Place of Delivery
Final Destination(for the merchant's reference only)		

Container No. Marks & Nos.	No. & Kind of p'kgs	Description of Goods	Gross Weight	Measurement
A1 LOS ANGELES C/No. 1,001-11,000 MADE IN KOREA	10,000 CTNS (ONE SET SEPARATELY IN HARDBOARD BOX)	COLOR TV DCT-1526		
A1 LOS ANGELES C/No. 2,001-7,000 MADE IN KOREA	10,000 CTNS (ONE SET SEPARATELY IN HARDBOARD BOX)	REFRIGERATOR DRF-F600		
			1,005,000KG	8,100CBM

Accepted on	Request BY Name and Address
June 30, 2012 By *Andrew g. Morrison* *LOGISTICS Co., LTD.*	*Song Gil-dong* Gil Dong Song General Manager Yung Trading Co., Inc C.P.O. BOX 3415, SEOUL, KOREA

예시 IV 선화증권

Consigner
PUKYUNG TRADING CO., LTD. C.P.O. BOX 3415, SEOUL, KOREA

No TWL-0136 KR 410

Consigned to order of
THE BANK OF CALIFORNIA

FBL

Notify Address
THE YOUNG IMPORTING CO., INC.
2150 WEST 7TH ST. LOS ANGELES
C.A. 90019 U.S.A.

NEGOTILABLE FLATA
MULTIMODAL TRANSPORT
BILL OF LADING
issued subject to UNCTD/ICC Rules for Multimodal Transport Documents
(ICC Publication 481)

Place of receipt
PUSAN CY

Ocean Vessel Queen v. 100	Part of loading PUSAN, Korea
Port of discharge LOS ANGELES	Place of delivery

LOGISTICS CO., LTD.
TEL : (02)3402-3080~5
FAX : (02)3402-3090

Marks and numbers and kind of p'kges Description of Goods Gross Weight Measurement

SHIPPERS LOAD & COUNT
SAID BY SHIPPER TO CONTAIN 1,005,000KG 8,100CBM

Marks		Goods
A1 LOS ANGELES C/No. 1,001-11,000 MADE IN KOREA	10,000 CTNS (ONE SET SEPARATELY IN HARDBOARD BOX)	COLOR TV DCT-1526
A1 LOS ANGELES C/No. 2,001-7,000 MADE IN KOREA	10,000 CTNS (ONE SET SEPARATELY IN HARDBOARD BOX)	REFRIGERATOR DRF-F600

L/C NO.: 99/8000
'FREIGHT PREPAID
SAY : CTNS ONLY

LOADED ON BOARD
DATE : JULY, 25, 2012

according to the declaration of the consignor

Declaration of Interest of the consignor timely delivery (Clause 6.2)

Declared value for valorem rate according to the in declaration of the consignor (Clauses 7 and 8)

The goods and instructions accepted and dealt with subject to the Standard Conditions printed overleaf.
Taken in charge in apparent good order and condition, unless otherwise noted here in, at the place of receipt for transport and delivery as mentioned above.
One of these Multimodal Transport Bills of Loading must be surrendered duly endorsed in exchange for the goods. In Witness where of the original Multimodal Transport Bills of Lading all of this tenor and date have been signed in the number stated below, one of which being accomplished the other(s) to be void

Freight amount AS AGREED	Freight Payable at SEOUL, KOREA	Place and date of issue SEOUL, KOREA JULY 25, 2012
Cargo Insurance through the undersigned ☐ no : covered ☐ Covered according to attached Polish	Number of Original FBL's THREE/3	Stamp and Singature *Song Gil-dong* LOGISTICS CO., LTD.
For delivery of goods please apply to :		

예시 V 해상보험증권

GOODWILL FIRE & MARINE INSURANCE COMPANY CO., LTD.

30 SOGONG-DONG, CHUNG-GU
SEOUL 100-070, KOREA
C.P.O. BOX 130
FAX :774-2190

MARINE CARGO INSURANCE POLISH

Polish No. 2001HG22035	Assured(s) etc.	PUKYUNG TRADING CO., LTD
Freight amount GOODWILL FIRE & MARINE INSURANCE CO., LTD LOS ANGELES BRANCH 320 WEST 3RD ST. L.A. CA 90023 U.S.A. IN U.S. DOLLAR		Freight amount L/C No. 99/80000 INV. NO. DH-2001-015
Freight amount GOODWILL FIRE & MARINE INSURANCE CO., LTD LOS ANFWLWA BRANCH 320 WEST 3RD ST. L.A. CA 90023 U.S.A		Freight amount US $ 10,450,000.00 (US $ 9,500,000.00×110%)
Lcal vessel of conveyance	From(interior port or place of loading)	Conditions Subject to the following Clauses as per back here of Institute Cargo Clauses (ICC[A]) Special Replacement Clause (applying to machinery) On-Deck Clause
Ship or Vessel called the QUEEN V. 100	Sailling on or about JULY 25, 2012	
Freight amount PUSAN, KOREA	transhipped at	
arrived at LOS ANGELES, U.S.A.		

Subject-matter insured
10,000 SETS OF COLOR TELEVISIONS DCT-1526
5,000 SETS OF REFRIGERATIONS DRF-F600
Marks and Number as per invoice No. specified above.

Place and Date signed in	SEOUL, KOREA JULY 23, 2012	No. of Policies issued DUPLICATE

For GOODWIL FIRE & MARINE INSURANCE CO., LTD.

Marlin R. laulman

AUTHORIZED SIGNATURE

예시 VI 상업송장

COMMERCIAL INVOICE

1. Shipper (Exporter)

PUKYUNG TRADING CO., LTD.
C.P.O. BOX 1234,
SEOUL, KOREA

2. For Account & Risk of Messrs.

THE YOUNG IMPORTING CO., INC.
2150 WEST 7TH ST. LOS ANGELES
C.A. 90019 U.S.A.

3. Notify Party

Same AS ABOVE

4. Port of loading

Pusan, KOREA

5. Final destination

LOS ANGELES, U.S.A.

6. Carrier

QUEEN V. 100

7. Sailling on or about

JULY 25, 2012

8. No. & Date of invoice

DH-2001-015 JULY 25, 2012

9. No. & Date of L/C

99/80000 JUNE 20, 2012

10. L/C Issuing Bank

THE BANK OF CALIFORNIA
LOS ANGELES, CALIFORNIA
U.S.A

11. Remarks

CONTRACT NO. : 2012-315

12. Marks & Nos. p'kgs	13. Description of goods	14. Quantity/Unit	15. Unit price	16. Amount
A1 LOS ANGELES C/NO 1001-11,000 MADE IN KOREA	COLOR TELEVISIONS DCT-1526	10,000SETS	US$500.00	US$500.000.00
A1 LOS ANGELES C/NO 3001-7,000 MADE IN KOREA	REFRIGERATIONS DRF-F600	5,000SETS	US$900.00	US$4,500.000.00
TOTAL		1,500SETS		US$9,500.000.00

17. C.P.O BOX : 3415 SEOUL, KOREA
CABLE ADDD : HTRA SEOUL
TELEX NO : DHTRA K 28570
TELEPHONE : 778-2181-5
FACSIMILE : (82-2)777-4040

18. Signed Marlin R. Laulman
Gil Dong Song
General Manager

Pukyung TRADING CO., LTD.

예시 VII 포장명세서

PACKING LIST

1. Shipper (Exporter) PUKYUNG TRADING CO., LTD. C.P.O. BOX 1234, SEOUL, KOREA		8. No. & Date of invoice DH-2001-015 JULY 25, 2012
2. For Account & Risk of Messrs. THE YOUNG IMPORTING CO., INC. 2150 WEST 7TH ST. LOS ANGELES C.A. 90019 U.S.A.		11. Remarks L/C No. : 99/80000 CONTRACT NO. : 2012-315
3. Notify Party Same AS ABOVE		
4. Port of loading Pusan, KOREA	5. Final destination LOS ANGELES, U.S.A.	
6. Carrier QUEEN V. 100	7. Sailling on or about JULY 25, 2012	

10. Marks & Nos. p'kgs	11. Description of goods	12. Quantity	13. Net Weight	15. Gross Weight	16.Measurement
A1 LOS ANGELES C/NO 1001-11,000 MADE IN KOREA	COLOR TELEVISIONS DCT-1526	10,000SETS	370,000KG 37KG/SET	400,000KG 40KG/SET	2,400CBM 0.24CBM/SET
A1 LOS ANGELES C/NO 2001-7,000 MADE IN KOREA	REFRIGERATIONS DRF-F600	5,000SETS	600,000KG 120KG/SET	650,000KG 130KG/SET	5,700CBM 1,14CBM/SET
TOTAL		1,500SETS			US$9,500.000.00

17. C.P.O BOX : 3415 SEOUL, KOREA
CABLE ADDD : HTRA SEOUL
TELEX NO : DHTRA K 28570
TELEPHONE : 778-2181-5
FACSIMILE : (82-2)777-4040

18. Signed *Marlin R. laulman*
Gil Dong Song
General Manager

Pukyung TRADING CO., LTD.

예시 VIII 원산지증명서

PACKING LIST

1. Seller

FICO TRADING CO., LTD.
ROOM NO. 102 HANYANG TOWER BLDG
150-6 GEOJEDONG DONGAEKU
PUSAN, SOUTH KOREA

CERTIFICATE OF ORIGIN

issued by
THE PUSAN CHAMBER OF COMMERCE & INDUSTRY
Pusan, Republic of Korea

원산지증명서
부산상공회의소

2. For Account & Risk of Messrs.

TO ORDER OF THE KWANGTUNG
PROVINCIAL BANK

4. Buyer

SIOW CHIANG & CO. PTE LTD
30 UBI ROAD 4 SINGAPORE 1440

3. Particulars of Transport(where required)

By SEA
FROM : PUSAN, SOUTH KOREA
TO : SINGAPORE

5. Country of origin

REPUBLIC OF KOREA

6. Invoice Number and Date

FIO50SCC, APPRIL 20, 2012

7. Shipping Marks	8. Number and kind of Packages Description of Goods	9. Gross Weight or Other Quantity
SCK (in triangle) SINGAPORE ITEM NO : C/T NO : MADE IN KOREA	FIDHING TACKLE "L/C NO. 211LC500132" //////////////////////////////////////	1,300pcs F/rods (65C/TNS) //////////////////////

10. Other Information

The Pusan Chamber of Commerce & Industry hereby certifies on the bases of relevant invoice and other documents that the above mentioned goods originate in the country shown in column 5.

THE PUSAN CHAMBER OF COMMERCE & INDUSTRY

2. Incoterms® 2010의 주요 발췌문 및 영문용어 주석

Incoterms® 2010

Entry into force: 1 January 2011

ICC

INTRODUCTION

The Incoterms®[38] rules explain a set of three-letter trade terms reflecting business-to-business practice in contracts for the sale of goods. The Incoterms rules describe mainly the tasks, costs and risks involved in the delivery of goods from sellers to buyers.

How to use the Incoterms® 2010 rules

1. Incorporate the Incoterms® 2010 rules into your contract of sale

If you want the Incoterms® 2010 rules to apply to your contract, you should make this clear in the contract, through such words as, "[*the chosen Incoterms rule including the named place, followed by*] Incoterms® 2010".

2. Choose the appropriate Incoterms rule

The chosen Incoterms rule needs to be appropriate to the goods, to the means of their transport, and above all to whether the parties intend to put additional obligations, for example such as the obligation to organize carriage or insurance, on the seller or on the buyer. The Guidance Note to each Incoterms rule contains information that is particularly helpful when making this choice. Whichever Incoterms rule is chosen, the parties should be aware that the interpretation of their contract may well be influenced by customs particular to the port or place being used.

38) "Incoterms" is a registered trademark of the International Chamber of Commerce.

3. Specify your place or port as precisely as possible

The chosen Incoterms rule can work only if the parties name a place or port, and will work best if the parties specify the place or port as precisely as possible.

A good example of such precision would be:

"CA 38 Cours Albert 1er, Paris, France Incoterms® 2010"

Under the Incoterms rules Ex Works (EXW), Free Carrier (FCA), Delivered at Terminal (DAT), Delivered at Place (DAP), Delivered Duty Paid (DDP), Free Alongside Ship (FAS), and Free on Board (FOB), the named place is the place where delivery takes place and where risk passes from the seller to the buyer. Under the Incoterms rules Carriage Paid To (CPT), Carriage and Insurance Paid To (CIP), Cost and Freight (CFR) and Cost, Insurance and Freight (CIF), the named place differs from the place of delivery. Under these four Incoterms rules, the named place is the place of destination to which carriage is paid. Indications as to place or destination can helpfully be further specified by stating a precise point in that place or destination in order to void doubt or argument.

4. Remember that Incoterms rules do not give you a complete contract of sale

Incoterms rules do say which party to the sale contract has the obligation to make carriage or insurance arrangements, when the seller delivers the goods to the buyer, and which costs each party is responsible for. Incoterms rules, however, say nothing about the price to be paid or the method of its payment. Neither do they deal with the transfer of ownership of the goods, or the consequences of a breach of contract. These matters are normally dealt with through express terms in the contract of sale or in the law governing that contract. The parties should be aware that mandatory local law may override any aspect of the sale contract, including the chosen Incoterms rule.

Main features of the Incoterms® 2010 rules

1. Two new Incoterms rules - DAT and DAP - have replaced the Incoterms 2000 rules DAF, DES, DEQ and DDU

The number of Incoterms rules has been reduced from 13 to 11. This has been achieved by substituting two new rules that may be used irrespective of the agreed mode of transport -DAT, Delivered at Terminal, and DAP, Delivered at Place -for the Incoterms 2000 rules DAF, DES, DEQ and DDU.

Under both new rules, delivery occurs at a named destination: in DAT, at the buyer's disposal unloaded from the arriving vehicle (as under the former DEQ rule); in DAP, likewise at the buyer's disposal, but ready for unloading (as under the former DAF, DES and DDU rules).

The new rules make the Incoterms 2000 rules DES and DEQ superfluous. The named terminal in DAT may well be in a port, and DAT can therefore safely be used in cases where the Incoterms 2000 rule DEQ once was. Likewise, the arriving "vehicle" under DAP may well be a ship and the named place of destination may well be a port: consequently, DAP can safely be used in cases where the Incoterms 2000 rule DES once was. These new rules, like their predecessors, are "delivered", with the seller bearing all the costs (other than those related to import clearance, where applicable) and risks involved in bringing the goods to the named place of destination.

2. Classification of the 11 Incoterms® 2010 rules

The 11 Incoterms® 2010 rules are presented in two distinct classes:

<u>RULES FOR ANY MODE OR MODES OF TRANSPORT</u>

EXW EX WORKS

FCA FREE CARRIER

CPT CARRIAGE PAID TO
CIP CARRIAGE AND INSURANCE PAID TO

DAT DELIVERED AT TERMINAL
DAP DELIVERED AT PLACE
DDP DELIVERED DUTY PAID

RULES FOR SEA AND INLAND WATERWAY TRANSPORT

FAS FREE ALONGSIDE SHIP
FOB FREE ON BOARD

CFR COST AND FREIGHT
CIF COST INSURANCE AND FREIGHT

The first class includes the seven Incoterms® 2010 rules that can be used irrespective of the mode of transport selected and irrespective of whether one or more than one mode of transport is employed. EXW, FCA, CPT, CIP, DAT, DAP and DDP belong to this class. They can be used even when there is no maritime transport at all. It is important to remember, however, that these rules can be used in cases where a ship is used for part of the carriage.

In the second class of Incoterms® 2010 rules, the point of delivery and the place to which the goods are carried to the buyer are both ports, hence the label "sea and inland waterway" rules. FAS, FOB, CFR and CIF belong to this class. Under the last three Incoterms rules, all mention of the ship's rail as the point of delivery has been omitted in preference for the goods being delivered when they are "on board" the vessel. This more closely reflects modern commercial reality and avoids the rather dated image of the risk swinging to and fro across an imaginary perpendicular line.

3. Rules for domestic and international trade

Incoterms rules have traditionally been used in international sale contracts where goods pass across national borders. In various areas of the world, however, trade blocs, like the European Union, have made border formalities between different countries less significant. Consequently, the subtitle of the Incoterms® 2010 rules formally recognizes that they are available for application to both international and domestic sale contracts. As a result, the Incoterms® 2010 rules clearly state in a number of places that the obligation to comply with export/import formalities exists only where applicable.

Two developments have persuaded ICC that a movement in this direction is timely. Firstly, traders commonly use Incoterms rules for purely domestic sale contracts. The second reason is the greater willingness in the United States to use Incoterms rules in domestic trade rather than the former Uniform Commercial Code shipment and delivery terms.

4. Guidance Notes

Before each Incoterms® 2010 rule you will find a Guidance Note. The Guidance Notes explain the fundamentals of each Incoterms rule, such as when it should be used, when risk passes, and how costs are allocated between seller and buyer. The Guidance Notes are not part of the actual Incoterms® 2010 rules, but are intended to help the user accurately and efficiently steer towards the appropriate Incoterms rule for a particular transaction.

5. Electronic communication

Previous versions of Incoterms rules have specified those documents that could be replaced by EDI messages. Articles A1/B1 of the Incoterms® 2010 rules, however, now give electronic means of communication the same effect as paper communication, as long as the parties so agree or where customary. This formulation facilitates the evolution of new electronic procedures throughout the lifetime of the Incoterms® 2010 rules.

6. Insurance cover

The Incoterms® 2010 rules are the first version of the Incoterms rules since the revision of the Institute Cargo Clauses and take account of alterations made to those clauses. The Incoterms® 2010 rules place information duties relating to insurance in articles A3/B3, which deal with contracts of carriage and insurance. These provisions have been moved from the more generic articles found in articles A10/B10 of the Incoterms 2000 rules. The language in articles A3/B3 relating to insurance has also been altered with a view to clarifying the parties' obligations in this regard.

7. Security-related clearances and information required for such clearances

There is heightened concern nowadays about security in the movement of goods, requiring verification that the goods do not pose a threat to life or property for reasons other than their inherent nature. Therefore, the Incoterms® 2010 rules have allocated obligations between the buyer and seller to obtain or to render assistance in obtaining security-related clearances, such as chain-of-custody information, in articles A2/B2 and A10/B10 of various Incoterms rules.

8. Terminal handling charges

Under Incoterms rules CPT, CIP, CFR, CIF, DAT, DAP, and DDP, the seller must make arrangements for the carriage of the goods to the agreed destination. While the freight is paid by the seller, it is actually paid for by the buyer as freight costs are normally included by the seller in the total selling price. The carriage costs will sometimes include the costs of handling and moving the goods within port or container terminal facilities and the carrier or terminal operator may well charge these costs to the buyer who receives the goods. In these circumstances, the buyer will want to avoid paying for the same service twice: once to the seller as part of the total selling price and once independently to the carrier or the terminal operator. The Incoterms® 2010 rules seek to avoid this happening by clearly allocating such costs in articles A6/B6 of the relevant Incoterms rules.

9. String sales

In the sale of commodities, as opposed to the sale of manufactured goods, cargo is frequently sold several times during transit "down a string". When this happens, a seller in the middle of the string does not "ship" the goods because these have already been shipped by the first seller in the string. The seller in the middle of the string therefore performs its obligation towards its buyer not by shipping the goods, but by "procuring" goods that have been shipped. For clarification purpose, Incoterms® 2010 rule include the obligation to "procure goods shipped" as an alternative to the obligation to ship goods in the relevant Incoterms rules.

Variants of Incoterms rules

Sometimes the parties want to alter an Incoterms rule. The Incoterms® 2010 rules do not prohibit such alteration, but there are dangers in so doing. In order to avoid any unwelcome surprises, the parties would need to make the intended effect of such alterations extremely clear in their contract. Thus, for example, if the allocation of costs in the Incoterms® 2010 rules is altered in the contract, the parties should also clearly state whether they intend to vary the point at which the risk passes from seller to buyer.

Status of this introduction

This introduction gives general information on the use and interpretation of the Incoterms® 2010 rules, but does not form part of those rules.

Explanation of terms used in the Incoterms® 2010 rules

As in the Incoterms 2000 rules, the seller's and buyer's obligations are presented in mirror fashion, reflecting under column A the seller's obligations and under column B the buyer's obligations. These obligations can be carried out personally by the seller or the buyer or sometimes, subject to terms in the contract or the applicable law, through intermediaries such as carriers, freight forwarders or other persons nominated by the seller or the buyer for a specific purpose.

The text of the Incoterms® 2010 rules is meant to be self-explanatory. However, in order to assist users the following text sets out guidance as to the sense in which selected terms are used throughout the document.

Carrier: For the purposes of the Incoterms® 2010 rules, the carrier is the party with whom carriage is contracted.

Customs formalities: These are requirements to be met in order to comply with any applicable customs regulations and may include documentary, security, information or physical inspection obligations.

Delivery: This concept has multiple meanings in trade law and practice, but in the Incoterms® 2010 rules, it is used to indicate where the risk of loss of or damage to the goods passes from the seller to the buyer.

Delivery document: This phrase is now used as the heading to article A8. It means a document used to prove that delivery has occurred. For many of the Incoterms® 2010 rules, the delivery document is a transport document or corresponding electronic record. However, with EXW, FCA, FAS and FOB, the delivery document may simply be a receipt. A delivery document may also have other functions, for example as part of the mechanism for payment.

Electronic record or procedure: A set of information constituted of one or more electronic messages and, where applicable, being functionally equivalent with the corresponding paper document.

Packaging: This word is used for different purposes:

1. The packaging of the goods to comply with any requirements under the contract of sale.
2. The packaging of the goods so that they are fit for transportation.
3. The stowage of the packaged goods within a container or other means of transport.

In the Incoterms® 2010 rules, packaging means both the first and second of the above. The Incoterms® 2010 rules do not deal with the parties' obligations for stowage within a container and therefore, where relevant, the parties should deal with this in the sale contract.

용어정리

1. allocate: ~ sth (for sth) | ~ sth (to sb/sth) | ~ (sb/sth) sth (특정 목적을 위해 공식적으로) 할당하다.
2. alteration: [C] 변화, 개조/ [U] 고침, 변경(행위)
3. alternative: 대안(to)
4. applicable law: 준거법(準據法)
5. appropriate: ~ (for/to sth) 적절한
6. arrangement: (~s) 수배, 채비, 준비, 계획
7. at a someone's disposal: -의 처분 하에
8. breach: (~ of sth) 위반
9. carriage: 운반[수송]; 운반비[수송비]
10. clarify: (격식) 명확하게 하다, 분명히 말하다
11. Classification: [U] 분류, [C] 유형, 범주
12. clearance: 출항허가, 통관절차, 허가
13. complete: 필요한 모든 것이 갖춰진, 완전한, (강조의 의미로) 가능한 최대의, 완벽한
14. comply: ~ (with sth) (법, 명령 등에) 따르다[준수하다]
15. consequence: (발생한 일의) 결과
16. constitute: …이 되는 것으로 여겨지다, …이 되다/…을 구성하다[이루다]
17. correspond: ~ (to/with sth) 일치하다, 부합하다 / ~ (to sth) (~에) 해당[상응]하다 / ~ (with sb) (격식) (~와) 서신을 주고받다.
18. custom: ~ (of doing sth) 관습, 풍습
19. customary: 관례적인, 습관적인
20. delivery: [U , C] (물품/편지 등의) 배달[인도/전달]
21. disposal: 처리, 처분
22. distinct: ~ (from sth) 뚜렷이 다른[구별되는], 별개의
23. Entry into force: 시행
24. equivalent: ~ (to sth) (가치, 의미, 중요도 등이) 동등한[맞먹는]
25. facilitate: -을 용이하게 하다, -을 촉진하다.
26. fit: ~ for sb/sth | ~ to do sth 적합한, 알맞은, 어울리는
27. formality: [C] [주로 복수로] (반드시 거쳐야 할) 형식상의 절차
28. generic: 포괄적인, 총칭[통칭]의
29. govern: [흔히 수동태로] 지배[좌우/통제]하다

30. **handling**: (기계, 장치 등의) 조작[처리]
31. **heighten**: -을 증가시키다, 강화하다
32. **Incorporate**: ~ sth (in/into/within sth) (일부로) 포함하다
33. **Indication**: ~ (of sth/of doing sth) | ~ (that…) (사정, 생각, 감정을 보여주는) 말[암시/조짐]
34. **intend**: 의도[작정]하다, (…하려고) 생각하다
35. **intermediary**: 중개자, 매개자
36. **involve**: (상황, 사건, 활동이 사람을) 관련[연루]시키다
37. **irrespective**: …에도 불구하고, …에 개의치 않고(of)
38. **make arrangements for**: -을 준비(수배)하다
39. **mandatory**: ~ (for sb) (to do sth) (격식) 법에 정해진, 의무적인
40. **maritime**: 바다의, 해양의
41. **mode**: [C] (특정한) 방식[방법/유형]
42. **name**: (정확히) 말하다, 지정하다, (일자리, 직책에) 지명[임명]하다
43. **nominate**: sb (to/as sth) (특정일을 하도록) 임명[지명]하다/~ sb (for/as sth) (중요한 역할, 수상자, 지위 등의 후보자로) 지명[추천]하다
44. **obligation**: (법적/도의적) 의무(가 있음), [C] 의무(마땅히 해야 할 일)
45. **omit**: ~ sth/sb (from sth) 빠뜨리다, 누락[제외]시키다; 생략하다, [V to inf] (빠뜨리고) …하지 않다[못하다]
46. **override**: …보다 더 중요하다[우선하다]
47. **party**: (소송, 계약 등의) 당사자
48. **perpendicular**: ~ (to sth) (보통 전문 용어) 직각의, 수직적인
49. **persuade**: ~ sb (into sth / into doing sth) (…을 하도록) 설득하다, 설득하여 …하게 하다, (…이 사실임을) 납득[설득]시키다
50. **procedure**: [C , U] ~ (for sth) 절차[방법], [U] (특히 상업, 법률, 정치에서 일을 하는 공식적인) 절차[수순]
51. **procure**: (특히 어렵게) 구하다[입수하다], 조달하다
52. **prohibit**: [흔히 수동태로] (특히 법으로) 금하다[금지하다], …하지 못하게 하다.
53. **provision**: [C] (법률 관련 문서의) 조항[규정/단서]
54. **render**: ~ (sb) sth (격식) (특히 어떤 것에 대한 대가로 또는 기대에 따라) 주다[제공하다].
55. **replace**: (다른 것의 기능을) 대신[대체]하다, ~ sb/sth (with/by sb/sth) (다른 사람, 사물을) 대신하다, (낡은 것, 손상된 것 등을) 바꾸다[교체하다]
56. **revision**: [C] 수정[정정] (사항)
57. **self-explanatory**: 자명한, 따로 설명이 필요 없는

58. **ship's rail**: 본선의 난간(사람이나 화물이 선박 밖으로 떨어지는 것을 방지하기 위한 설비로서 본선 상갑판의 좌우 선측에 설치된 쇠울타리)
59. **significant**: 중요한[의미 있는/커다란], 특별한 의미가 있는, 중요한
60. **Specify**: (구체적으로) 명시하다
61. **Status**: [U , C] [주로 단수로] (사회적) 지위
62. **steer**: (어떤 방향으로) 돌리다 ((for, toward))
63. **stowage**: [U] (배, 비행기의) 짐칸
64. **String sales**: 연속매매
65. **String**: [C] 일련
66. **substitute**: ~ A (for B) | ~ B (with/by A) | ~ for sb/sth 대신하다, 대치[교체]되다; 대용[교체/대치]하다
67. **superfluous**: (더 이상) 필요치 않은[불필요한]
68. **take account of**: -을 고려하다
69. **trade terms**: 정형거래조건
70. **transfer**: 이동, 이전
71. **transit**: [U] 운송, 수송, (다른 곳으로 가기 위한) 통과, 환승
72. **Variant**: 변화, 변형
73. **verification**: 검증, 확인, 증명, 입증/ 증거
74. **void**: 무효로 하다, 취소하다
75. **willingness**: [U] 쾌히[자진하여] 하기; 기꺼이 하는 마음
76. **with a view to**: ~할 목적으로 ~을 고려하여

RULES FOR ANY MODE OR MODES OF TRANSPORT

EXW
EX WORKS
EXW (insert named place of delivery) Incoterms® 2010

GUIDANCE NOTE

This rule may be used irrespective of the mode of transport selected and may also be used where more than one mode of transport is employed. It is suitable for domestic trade, while FCA is usually more appropriate for international trade.

"Ex Works" means that the seller delivers when it places the goods at the disposal of the buyer at the seller's premises or at another named place (i.e., works, factory, warehouse, etc.). The seller does not need to load the goods on any collecting vehicle, nor does it need to clear the goods for export, where such clearance is applicable.

The parties are well advised to specify as clearly as possible the point within the named place of delivery, as the costs and risks to that point are for the account of the seller. The buyer bears all costs and risks involved in taking the goods from the agreed point, if any, at the named place of delivery.

EXW represents the minimum obligation for the seller. The rule should be used with care as:

a) The seller has no obligation to the buyer to load the goods, even though in practice the seller may be in a better position to do so. If the seller does load the goods, it does so at the buyer's risk and expense. In cases where the seller is in a better position to load the goods, FCA, which obliges the seller to do so at its own risk and expense, is usually more appropriate.

b) A buyer who buys from a seller on an EXW basis for export needs to be aware that the seller has an obligation to provide only such assistance as the buyer may require to effect that export: the seller is not bound to organize the export clearance. Buyers are therefore well advised not to use EXW if they cannot directly or indirectly obtain export clearance.

c) The buyer has limited obligations to provide to the seller any information regarding the export of the goods. However, the seller may need this information for, e.g., taxation or reporting purposes.

FCA
Free Carrier
FCA (insert named place of delivery) Incoterms® 2010

GUIDANCE NOTE

This rule may be used irrespective of the mode of transport selected and may also be used where more than one mode of transport is employed.

"Free Carrier" means that the seller delivers the goods to the carrier or another person nominated by the buyer at the seller's premises or another named place. The parties are well advised to specify as clearly as possible the point within the named place of delivery, as the risk passes to the buyer at that point.

If the parties intend to deliver the goods at the seller's premises, they should identify the address of those premises as the named place of delivery. If, on the other hand, the parties intend the goods to be delivered at another place, they must identify a different specific place of delivery.

FCA requires the seller to clear the goods for export, where applicable. However, the seller has no obligation to clear the goods for import, pay any import duty or carry out any import customs formalities.

CPT
CARRIAGE PAID TO
CPT (insert named place of destination) Incoterms® 2010

GUIDANCE NOTE

This rule may be used irrespective of the mode of transport selected and may also be used where more than one mode of transport is employed.

"Carriage Paid To" means that the seller delivers the goods to the carrier or another person nominated by the seller at an agreed place (if any such place is agreed between the parties) and that the seller must contract for and pay the costs of carriage necessary to bring the goods to the named place of destination.

When CPT, CIP, CFR or CIF are used, the seller fulfills its obligation to deliver when it hands the goods over to the carrier and not when the goods reach the place of destination.

This rule has two critical points, because risk passes and costs are transferred at different places. The parties are well advised to identify as precisely as possible in the contract both the place of delivery, where the risk passes to the buyer, and the named place of destination to which the seller must contract for the carriage. If several carriers are used for the carriage to the agreed destination and the parties do not agree on a specific point of delivery, the default position is that risk passes when the goods have been delivered to the first carrier at a point entirely of the seller' s choosing and over which the buyer has no control. Should the parties wish the risk to pass at a later stage (e.g., at an ocean port or airport), they need to specify this in their contract of sale.

The parties are also well advised to identify as precisely as possible the point within the agreed place of destination, as the costs to that point are for the account of the seller. The seller is advised to procure contracts of carriage that match this choice precisely. If the seller incurs costs under its contract of carriage related to unloading at the named place of destination, the seller is not entitled to recover such costs from the buyer unless otherwise agreed between the parties.

CPT requires the seller to clear the goods for export, where applicable. However, the seller has no obligation to clear the goods for import, pay any import duty or carry out any import customs formalities.

CIP
CARRIAGE AND INSURANCE PAID TO
CIP (insert named place of destination) Incoterms® 2010

GUIDANCE NOTE

This rule may be used irrespective of the mode of transport selected and may also be used where more than one mode of transport is employed.

"Carriage and Insurance Paid to" means that the seller delivers the goods to the carrier or another person nominated by the seller at an agreed place (if any such place is agreed between the parties) and that the seller must contract for and pay the costs of carriage necessary to bring the goods to the named place of destination.

The seller also contracts for insurance cover against the buyer's risk of loss of or damage to the goods during the carriage. The buyer should note that under CIP the seller is required to obtain insurance only on minimum cover. Should the buyer wish to have more insurance protection, it will need either to agree as much expressly with the seller or to make its own extra insurance arrangements.

When CPT, CIP, CFR or CIF are used, the seller fulfills its obligation to deliver when it hands the goods over to the carrier and not when the goods reach the place of destination.

This rule has two critical points, because risk passes and costs are transferred at different places. The parties are well advised to identify as precisely as possible in the contract both the place of delivery, where the risk passes to the buyer, and the named place of destination to which the
seller must contract for carriage. If several carriers are used for the carriage to the agreed destination and the parties do not agree on a specific point of delivery, the default position is that risk passes when

the goods have been delivered to the first carrier at a point entirely of the seller's choosing and over which the buyer has no control. Should the parties wish the risk to pass at a later stage (e.g., at an ocean port or an airport), they need to specify this in their contract of sale.

The parties are also well advised to identify as precisely as possible the point within the agreed place of destination, as the costs to that point are for the account of the seller. The seller is advised to procure contracts of carriage that match this choice precisely. If the seller incurs costs under its contract of carriage related to unloading at the named place of destination, the seller is not entitled to recover such costs from the buyer unless otherwise agreed between the parties.

CIP requires the seller to clear the goods for export, where applicable. However, the seller has no obligation to clear the goods for import, pay any import duty or carry out any import customs formalities.

DAT
DELIVERED AT TERMINAL
DAT (insert named terminal at port or place of destination) Incoterms® 2010

GUIDANCE NOTE

This rule may be used irrespective of the mode of transport selected and may also be used where more than one mode of transport is employed.

"Delivered at Terminal" means that the seller delivers when the goods, once unloaded from the arriving means of transport, are placed at the disposal of the buyer at a named terminal at the named port or place of destination. "Terminal" includes any place, whether covered or not, such as a quay, warehouse, container yard or road, rail or air cargo terminal. The seller bears all risks involved in bringing the goods to and unloading them at the terminal at the named port or place of destination.

The parties are well advised to specify as clearly as possible the terminal and, if possible, a specific point within the terminal at the agreed port or place of destination, as the risks to that point are for the account of the seller. The seller is advised to procure a contract of carriage that matches this choice precisely.

Moreover, if the parties intend the seller to bear the risks and costs involved in transporting and handling the goods from the terminal to another place, then the DAP or DDP rules should be used.

DAT requires the seller to clear the goods for export, where applicable. However, the seller has no obligation to clear the goods for import, pay any import duty or carry out any import customs formalities.

DAP
DELIVERED AT PLACE
DAP (insert named place of destination) Incoterms® 2010

GUIDANCE NOTE

This rule may be used irrespective of the mode of transport selected and may also be used where more than one mode of transport is employed.

"Delivered at Place" means that the seller delivers when the goods are placed at the disposal of the buyer on the arriving means of transport ready for unloading at the named place of destination. The seller bears all risks involved in bringing the goods to the named place.

The parties are well advised to specify as clearly as possible the point within the agreed place of destination, as the risks to that point are for the account of the seller. The seller is advised to procure contracts of carriage that match this choice precisely. If the seller incurs costs under its contract of carriage related to unloading at the place of destination, the seller is not entitled to recover such costs from the buyer unless otherwise agreed between the parties.

DAP requires the seller to clear the goods for export, where applicable. However, the seller has no obligation to clear the goods for import, pay any import duty or carry out any import customs formalities. If the parties wish the seller to clear the goods for import, pay any import duty and carry out any import customs formalities, the DDP term should be used.

DDP
DELIVERED DUTY PAID
DDP (insert named place of destination) Incoterms® 2010

GUIDANCE NOTE

This rule may be used irrespective of the mode of transport selected and may also be used where more than one mode of transport is employed.

"Delivered Duty Paid" means that the seller delivers the goods when the goods are placed at the disposal of the buyer, cleared for import on the arriving means of transport ready for unloading at the named place of destination. The seller bears all the costs and risks involved in bringing the goods to the place of destination and has an obligation to clear the goods not only for export but also for import, to pay any duty for both export and import and to carry out all customs formalities.

DDP represents the maximum obligation for the seller.

The parties are well advised to specify as clearly as possible the point within the agreed place of destination, as the costs and risks to that point are for the account of the seller. The seller is advised to procure contracts of carriage that match this choice precisely. If the seller incurs costs under its contract of carriage related to unloading at the place of destination, the seller is not entitled to recover such costs from the buyer unless otherwise agreed between the parties.

The parties are well advised not to use DDP if the seller is unable directly or indirectly to obtain import clearance.

If the parties wish the buyer to bear all risks and costs of import clearance, the DAP rule should be used.

Any VAT or other taxes payable upon import are for the seller's account unless expressly agreed otherwise in the sales contract.

용어정리

1. applicable: ~ (to sb/sth) 해당[적용]되는
2. appropriate: ~ (for/to sth) 적절한~
3. be in a position to do: -할 수 있는 입장에 있다, -할 수 있다.
4. be not bound to: -할 의무가 있는, -해야 하는
5. bear: (책임 등을) 떠맡다[감당하다]
6. clear: (출발, 도착 등을) 허가하다
7. clearance: [U] (이착륙 또는 입출국) 허가(증), 통관절차
8. collect: ~ sth (from sb/sth) 모으다, 수집하다
9. critical: (앞으로의 상황에 영향을 미친다는 점에서) 대단히 중요한[중대한]
10. default: (의무 따위의) 불이행, 태만(in, on)
11. deliver: ~ sb/sth (up/over) (to sb) (격식) 인계[인도]하다, 넘겨주다
12. disposal: [U] (무엇을 없애기 위한) 처리, (상업) (사업체, 부동산 등의) 처분
13. duty: ~ (on sth) (특히 국내로 들여오는 물품에 대한) 세금
14. employ: (물건, 수단 등)을 사용하다
15. entitle: -에게 -할 권리(자격)를 부여하다(to do)
16. expense: [U] (어떤 일에 드는) 돈, 비용 / [pl.] expenses (특정한 일, 목적 등에 드는) 비용[경비]
17. formality: [C] [주로 복수로] (반드시 거쳐야 할) 형식상의 절차
18. fulfill: 〈의무·약속·직무 등을〉 다하다, 이행하다, 수행하다; 끝내다, 완료하다; 〈명령·조건·계획·약속 등을〉 실행하다, 완수하다, 준수하다, 지키다
19. hand: ~ sth to sb | ~ sb sth 건네주다, 넘겨주다
20. identify: ~ sb/sth (as sb/sth) (신원 등을) 확인하다[알아보다]
21. import clearance: 수입 통관
22. include: 포함하다, ~ sb/sth (as/in/on sth) ~을 (~에) 포함시키다
23. incur: (비용을) 발생시키다[물게 되다]
24. load: ~ (up) | ~ (up with sth) | ~ (up) (with sth) | ~ sth/sb (into/onto sth) (~에 많은 짐, 사람 등을) 싣다[태우다/적재하다]
25. nominate: (일시, 장소 등)을 지정하다. 정하다
26. place: (조심스럽게) 놓다[두다]
27. premises: [pl.] (한 사업체가 소유, 사용하는 건물이 딸린) 부지[지역], 구내
28. procure: -을 얻다, 손에 넣다: 물품을 조달하다

29. quay: 부두, 선창
30. reach: [타동사][VN] …에 이르다[닿다/도달하다]
31. represent: –을 나타내다. 의미하다, 상징하다
32. specify: (구체적으로) 명시하다
33. suitable: ~ (for sth/sb) | ~ (to do sth) 적합한, 적절한, 알맞은
34. transfer: (–에서 –로)(책임 따위)를 전가하다, (재산, 권리 따위)를 양도하다. 이전하다(to)
35. VAT: 부가 가치세(value added tax)

RULES FOR SEA AND INLAND WATERWAY TRANSPORT

FREE ALONGSIDE SHIP
FAS (insert named port of shipment) Incoterms® 2010

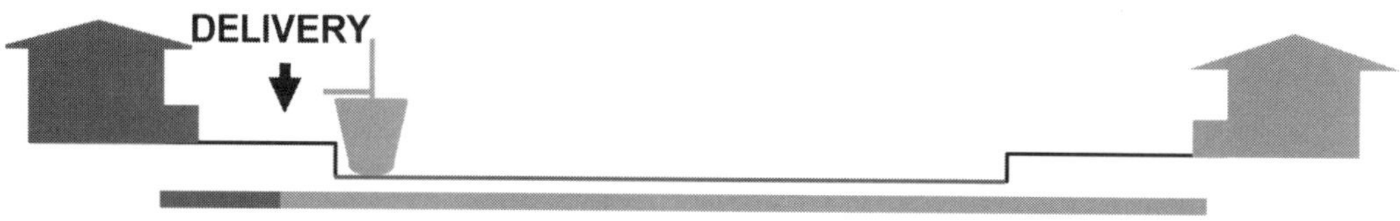

GUIDANCE NOTE

This rule is to be used only for sea or inland waterway transport.

"Free Alongside Ship" means that the seller delivers when the goods are placed alongside the vessel (e.g., on a quay or a barge) nominated by the buyer at the named port of shipment. The risk of loss of or damage to the goods passes when the goods are alongside the ship, and the buyer bears all costs from that moment onwards.

The parties are well advised to specify as clearly as possible the loading point at the named port of shipment, as the costs and risks to that point are for the account of the seller and these costs and associated handling charges may vary according to the practice of the port.

The seller is required either to deliver the goods alongside the ship or to procure goods already so delivered for shipment. The reference to "procure" here caters for multiple sales down a chain ('string sales'), particularly common in the commodity trades.

Where the goods are in containers, it is typical for the seller to hand the goods over to the carrier at a terminal and not alongside the vessel. In such situations, the FAS rule would be inappropriate, and the FCA rule should be used.

FAS requires the seller to clear the goods for export, where applicable. However, the seller has no obligation to clear the goods for import, pay any import duty or carry out any import customs formalities.

FOB
FREE ON BOARD
FOB (insert named port of shipment) Incoterms® 2010

GUIDANCE NOTE

This rule is to be used only for sea or inland waterway transport.

"Free on Board" means that the seller delivers the goods on board the vessel nominated by the buyer at the named port of shipment or procures the goods already so delivered. The risk of loss of or damage to the goods passes when the goods are on board the vessel, and the buyer bears all costs from that moment onwards.

The seller is required either to deliver the goods on board the vessel or to procure goods already so delivered for shipment. The reference to "procure" here caters for multiple sales down a chain ('string sales'), particularly common in the commodity trades.

FOB may not be appropriate where goods are handed over to the carrier before they are on board the vessel, for example goods in containers, which are typically delivered at a terminal. In such situations, the FCA rule should be used.

FOB requires the seller to clear the goods for export, where applicable. However, the seller has no obligation to clear the goods for import, pay any import duty or carry out any import customs formalities.

A THE SELLER' OBLIGATIONS

A1 General obligations of the seller

The seller must provide the goods and the commercial invoice in conformity with the contract of sale and any other evidence of conformity that may be required by the contract.
Any document referred to in A1–A10 may be an equivalent electronic record or procedure if agreed between the parties or customary.

A2 Licences, authorizations, security clearances and other formalities

Where applicable, the seller must obtain, at its own risk and expense, any export licence or other official authorization and carry out all customs formalities necessary for the export of the goods.

A3 Contracts of carriage and insurance

a) Contract of carriage

The seller has no obligation to the buyer to make a contract of carriage. However, if requested by the buyer or if it is commercial practice and the buyer does not give an instruction to the contrary in due time, the seller may contract for carriage on usual terms at the buyer' s risk and expense. In either case, the seller may decline to make the contract of carriage and, if it does, shall promptly notify the buyer.

b) Contract of insurance

The seller has no obligation to the buyer to make a contract of insurance. However, the seller must provide the buyer, at the buyer' s request, risk, and expense (if any), with information that the buyer needs for obtaining insurance.

A4 Delivery

The seller must deliver the goods either by placing them on board the vessel nominated by the buyer at the loading point, if any, indicated by the buyer at the named port of shipment or by procuring the goods so delivered. In either case, the seller must deliver the goods on the agreed date or within the agreed period and in the manner customary at the port.

If no specific loading point has been indicated by the buyer, the seller may select the point within the named port of shipment that best suits its purpose.

A5 Transfer of risks

The seller bears all risks of loss of or damage to the goods until they have been delivered in accordance with A4 with the exception of loss or damage in the circumstances described in B5.

A6 Allocation of costs

The seller must pay

a) all costs relating to the goods until they have been delivered in accordance with A4, other than those payable by the buyer as envisaged in B6; and

b) where applicable, the costs of customs formalities necessary for export, as well as all duties, taxes and other charges payable upon export.

A7 Notices to the buyer

The seller must, at the buyer' s risk and expense, give the buyer sufficient notice either that the goods have been delivered in accordance with A4 or that the vessel has failed to take the goods within the time agreed.

A8 Delivery document

The seller must provide the buyer, at the seller' s expense, with the usual proof that the goods have been delivered in accordance with A4.

Unless such proof is a transport document, the seller must provide assistance to the buyer, at the buyer' s request, risk and expense, in obtaining a transport document.

A9 Checking - packaging - marking

The seller must pay the costs of those checking operations (such as

checking quality, measuring, weighing, counting) that are necessary for the purpose of delivering the goods in accordance with A4, as well as the costs of any pre-shipment inspection mandated by the authority of the country of export.
The seller must, at its own expense, package the goods, unless it is usual for the particular trade to transport the type of goods sold unpackaged. The seller may package the goods in the manner appropriate for their transport, unless the buyer has notified the seller of specific packaging requirements before the contract of sale is concluded. Packaging is to be marked appropriately.

A10 Assistance with information and related costs
The seller must, where applicable, in a timely manner, provide to or render assistance in obtaining for the buyer, at the buyer' s request, risk and expense, any documents and information, including security-related information, that the buyer needs for the import of the goods and/or for their transport to the final destination.
The seller must reimburse the buyer for all costs and charges incurred by the buyer in providing or rendering assistance in obtaining documents and information as envisaged in B10.

B THE BUYER' OBLIGATIONS

B1 General obligations of the buyer
The buyer must pay the price of the goods as provided in the contract of sale.
Any document referred to in B1-B10 may be an equivalent electronic record or procedure if agreed between the parties or customary.

B2 Licences, authorizations, security clearances and other formalities
Where applicable, it is up to the buyer to obtain, at its own risk and expense, any import licence or other official authorization and carry out all customs formalities for the import of the goods and for their transport through any country.

B3 Contracts of carriage and insurance

a) Contract of carriage

The buyer must contract, at its own expense for the carriage of the goods from the named port of shipment, except where the contract of carriage is made by the seller as provided for in A3 a).

b) Contract of insurance

The buyer has no obligation to the seller to make a contract of insurance.

B4 Taking delivery

The buyer must take delivery of the goods when they have been delivered as envisaged in A4.

B5 Transfer of risks

The buyer bears all risks of loss of or damage to the goods from the time they have been delivered as envisaged in A4.

If

a) the buyer fails to notify the nomination of a vessel in accordance with B7; or

b) the vessel nominated by the buyer fails to arrive on time to enable the seller to comply with A4, is unable to take the goods, or closes for cargo earlier than the time notified in accordance with B7;

then, the buyer bears all risks of loss of or damage to the goods:

(i) from the agreed date, or in the absence of an agreed date,

(ii) from the date notified by the seller under A7 within the agreed period, or, if no such date has been notified,

(iii) from the expiry date of any agreed period for delivery,

provided that the goods have been clearly identified as the contract goods.

B6 Allocation of costs

The buyer must pay

a) all costs relating to the goods from the time they have been delivered as envisaged in A4, except, where applicable, the costs of customs formalities necessary for export, as well as all duties, taxes and other charges payable upon export as referred to in A6 b);

b) any additional costs incurred, either because:

(i) the buyer has failed to give appropriate notice in accordance with B7, or
(ii) the vessel nominated by the buyer fails to arrive on time, is unable to take the goods, or closes for cargo earlier than the time notified in accordance with B7,
provided that the goods have been clearly identified as the contract goods; and
c) where applicable, all duties, taxes and other charges, as well as the costs of carrying out customs formalities payable upon import of the goods and the costs for their transport through any country.

B7 Notices to the seller

The buyer must give the seller sufficient notice of the vessel name, loading point and, where necessary, the selected delivery time within the agreed period.

B8 Proof of delivery

The buyer must accept the proof of delivery provided as envisaged in A8.

B9 Inspection of goods

The buyer must pay the costs of any mandatory pre-shipment inspection, except when such inspection is mandated by the authorities of the country of export.

B10 Assistance with information and related costs

The buyer must, in a timely manner, advise the seller of any security information requirements so that the seller may comply with A10.
The buyer must reimburse the seller for all costs and charges incurred by the seller in providing or rendering assistance in obtaining documents and information as envisaged in A10.
The buyer must, where applicable, in a timely manner, provide to or render assistance in obtaining for the seller, at the seller's request, risk and expense, any documents and information, including security-related information, that the seller needs for the transport and export of the goods and for their transport through any country.

CFR
COST AND FREIGHT
CFR (insert named port of destination) Incoterms® 2010

DELIVERY

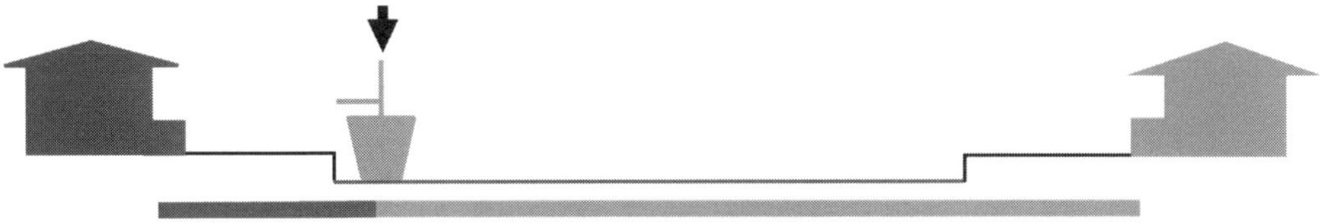

GUIDANCE NOTE

This rule is to be used only for sea or inland waterway transport.

"Cost and Freight" means that the seller delivers the goods on board the vessel or procures the goods already so delivered. The risk of loss of or damage to the goods passes when the goods are on board the vessel. The seller must contract for and pay the costs and freight necessary to bring the goods to the named port of destination.

When CPT, CIP, CFR or CIF are used, the seller fulfils its obligation to deliver when it hands the goods over to the carrier in the manner specified in the chosen rule and not when the goods reach the place of destination.

This rule has two critical points, because risk passes and costs are transferred at different places. While the contract will always specify a destination port, it might not specify the port of shipment, which is where risk passes to the buyer. If the shipment port is of particular interest to the buyer, the parties are well advised to identify it as precisely as possible in the contract.

The parties are well advised to identify as precisely as possible the point at the agreed port of destination, as the costs to that point are for the account of the seller. The seller is advised to procure contracts of carriage that match this choice precisely. If the seller incurs costs under its contract of carriage related to unloading at the specified point at the port of destination, the seller is not entitled to recover such costs from the buyer unless otherwise agreed between the parties.

The seller is required either to deliver the goods on board the vessel or to procure goods already so delivered for shipment to the destination. In addition, the seller is required either to make a contract of carriage or to procure such a contract. The reference to "procure" here caters for multiple sales down a chain ('string sales'), particularly common in the commodity trades.

CFR may not be appropriate where goods are handed over to the carrier before they are on board the vessel, for example goods in containers, which are typically delivered at a terminal. In such circumstances, the CPT rule should be used.

CFR requires the seller to clear the goods for export, where applicable. However, the seller has no obligation to clear the goods for import, pay any import duty or carry out any import customs formalities.

CIF
COST INSURANCE AND FREIGHT
CIF (insert named port of destination) Incoterms® 2010

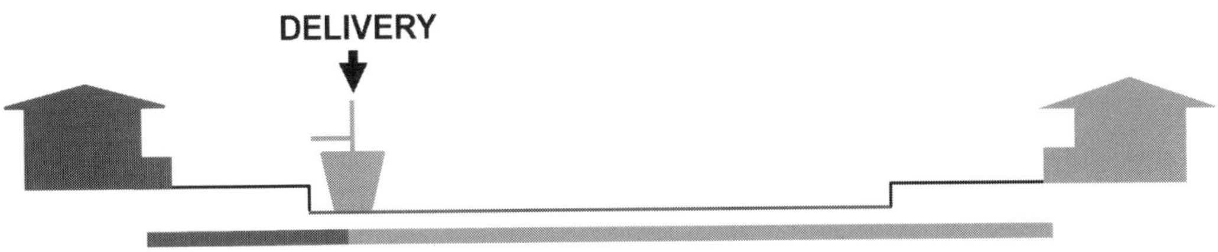

GUIDANCE NOTE

This rule is to be used only for sea or inland waterway transport.

"Cost, Insurance and Freight" means that the seller delivers the goods on board the vessel or procures the goods already so delivered. The risk of loss of or damage to the goods passes when the goods are on board the vessel. The seller must contract for and pay the costs and freight necessary to bring the goods to the named port of destination.

The seller also contracts for insurance cover against the buyer's risk of loss of or damage to the goods during the carriage. The buyer should note that under CIF the seller is required to obtain insurance only on minimum cover. Should the buyer wish to have more insurance protection, it will need either to agree as much expressly with the seller or to make its own extra insurance arrangements.

When CPT, CIP, CFR, or CIF are used, the seller fulfils its obligation to deliver when it hands the goods over to the carrier in the manner specified in the chosen rule and not when the goods reach the place of destination.

This rule has two critical points, because risk passes and costs are transferred at different places. While the contract will always specify a destination port, it might not specify the port of shipment, which is where risk passes to the buyer. If the shipment port is of particular interest to the buyer, the parties are well advised to identify it as precisely as possible in the contract.

The parties are well advised to identify as precisely as possible the point at the agreed port of destination, as the costs to that point are for the account of the seller. The seller is advised to procure contracts of carriage that match this choice precisely. If the seller incurs costs under its contract of carriage related to unloading at the specified point at the port of destination, the seller is not entitled to recover such costs from the buyer unless otherwise agreed between the parties.

The seller is required either to deliver the goods on board the vessel or to procure goods already so delivered for shipment to the destination. In addition the seller is required either to make a contract of carriage or to procure such a contract. The reference to "procure" here caters for multiple sales down a chain ('string sales'), particularly common in the commodity trades.

CIF may not be appropriate where goods are handed over to the carrier before they are on board the vessel, for example goods in containers, which are typically delivered at a terminal. In such circumstances, the CIP rule should be used.

CIF requires the seller to clear the goods for export, where applicable. However, the seller has no obligation to clear the goods for import, pay any import duty or carry out any import customs formalities.

A THE SELLER' OBLIGATIONS

A1 General obligations of the seller

The seller must provide the goods and the commercial invoice in conformity with the contract of sale and any other evidence of conformity that may be required by the contract.
Any document referred to in A1–A10 may be an equivalent electronic record or procedure if agreed between the parties or customary.

A2 Licences, authorizations, security clearances and other formalities
Where applicable, the seller must obtain, at its own risk and expense, any export licence or other official authorization and carry out all customs formalities necessary for the export of the goods.

A3 Contracts of carriage and insurance

a) Contract of carriage

The seller must contract or procure a contract for the carriage of the goods from the agreed point of delivery, if any, at the place of delivery to the named port of destination or, if agreed, any point at that port. The contract of carriage must be made on usual terms at the seller's expense and provide for carriage by the usual route in a vessel of the type normally used for the transport of the type of goods sold.

b) Contract of insurance

The seller must obtain, at its own expense, cargo insurance complying at least with the minimum cover provided by Clauses (C) of the Institute Cargo Clauses (LMA/IUA) or any similar clauses. The insurance shall be contracted with underwriters or an insurance company of good repute and entitle the buyer, or any other person having an insurable interest in the goods, to claim directly from the insurer.

When required by the buyer, the seller shall, subject to the buyer providing any necessary information requested by the seller, provide at the buyer's expense any additional cover, if procurable, such as cover as provided by Clauses (A) or (B) of the Institute Cargo Clauses (LMA/IUA) or any similar clauses and/or cover complying with the Institute War Clauses and/or Institute Strikes Clauses (LMA/IUA) or any similar clauses.

The insurance shall cover, at a minimum, the price provided in the contract plus 10% (i.e., 110%) and shall be in the currency of the contract.

The insurance shall cover the goods from the point of delivery set out in A4 and A5 to at least the named port of destination.

The seller must provide the buyer with the insurance policy or other evidence of insurance cover.

Moreover, the seller must provide the buyer, at the buyer's request, risk, and expense (if any), with information that the buyer needs to procure any additional insurance.

A4 Delivery

The seller must deliver the goods either by placing them on board the vessel or by procuring the goods so delivered. In either case, the seller must deliver the goods on the agreed date or within the agreed period and in the manner customary at the port.

A5 Transfer of risks

The seller bears all risks of loss of or damage to the goods until they have been delivered in accordance with A4, with the exception of loss or damage in the circumstances described in B5.

A6 Allocation of costs

The seller must pay

a) all costs relating to the goods until they have been delivered in accordance with A4, other than those payable by the buyer as envisaged in B6;

b) the freight and all other costs resulting from A3 a), including the costs of loading the goods on board and any charges for unloading at the agreed port of discharge that were for the seller' s account under the contract of carriage;

c) the costs of insurance resulting from A3 b); and

d) where applicable, the costs of customs formalities necessary for export, as well as all duties, taxes and other charges payable upon export, and the costs for their transport through any country that were for the seller's account under the contract of carriage.

A7 Notices to the buyer

The seller must give the buyer any notice needed in order to allow the buyer to take measures that are normally necessary to enable the buyer to take the goods.

A8 Delivery document

The seller must, at its own expense provide the buyer without delay with the usual transport document for the agreed port of destination.

This transport document must cover the contract goods, be dated within the period agreed for shipment, enable the buyer to claim the goods from the carrier at the port of destination and, unless otherwise agreed, enable the buyer to sell the goods in transit by the transfer of the document to a subsequent buyer or by notification to the carrier.

When such a transport document is issued in negotiable form and in several originals, a full set of originals must be presented to the buyer.

A9 Checking – packaging – marking

The seller must pay the costs of those checking operations (such as checking quality, measuring, weighing, counting) that are necessary for the purpose of delivering the goods in accordance with A4, as well as the costs of any pre-shipment inspection mandated by the authority of the country of export.
The seller must, at its own expense, package the goods, unless it is usual for the particular trade to transport the type of goods sold unpackaged. The seller may package the goods in the manner appropriate for their transport, unless the buyer has notified the seller of specific packaging requirements before the contract of sale is concluded. Packaging is to be marked appropriately.

A10 Assistance with information and related costs

The seller must, where applicable, in a timely manner, provide to or render assistance in obtaining for the buyer, at the buyer' s request, risk and expense, any documents and information, including security-related information, that the buyer needs for the import of the goods and/or for their transport to the final destination.
The seller must reimburse the buyer for all costs and charges incurred by the buyer in providing or rendering assistance in obtaining documents and information as envisaged in B10.

B THE BUYER' OBLIGATIONS

B1 General obligations of the buyer

The buyer must pay the price of the goods as provided in the contract of sale.
Any document referred to in B1-B10 may be an equivalent electronic record or procedure if agreed between the parties or customary.

B2 Licences, authorizations, security clearances and formalities

Where applicable, it is up to the buyer to obtain, at its own risk and expense, any import licence or other official authorization and carry out all customs formalities for the import of the goods and for their transport through any country.

B3 Contracts of carriage and insurance

a) Contract of carriage

The buyer has no obligation to the seller to make a contract of carriage.

b) Contract of insurance

The buyer has no obligation to the seller to make a contract of insurance. However, the buyer must provide the seller, upon request, with any information necessary for the seller to procure any additional insurance requested by the buyer as envisaged in A3 b).

B4 Taking delivery

The buyer must take delivery of the goods when they have been delivered as envisaged in A4 and receive them from the carrier at the named port of destination.

B5 Transfer of risks

The buyer bears all risks of loss of or damage to the goods from the time they have been delivered as envisaged in A4.

If the buyer fails to give notice in accordance with B7, then it bears all risks of loss of or damage to the goods from the agreed date or the expiry date of the agreed period for shipment, provided that the goods have been clearly identified as the contract goods.

B6 Allocation of costs

The buyer must, subject to the provisions of A3 a), pay

a) all costs relating to the goods from the time they have been delivered as envisaged in A4, except, where applicable, the costs of customs formalities necessary for export, as well as all duties, taxes and other charges payable upon export as referred to in A6 d);

b) all costs and charges relating to the goods while in transit until their arrival at the port of destination, unless such costs and charges were for the seller's account under the contract of carriage;

c) unloading costs including lighterage and wharfage charges, unless such costs and charges were for the seller' s account under the contract of carriage;

d) any additional costs incurred if it fails to give notice in accordance with B7, from the agreed date or the expiry date of the agreed period for shipment, provided that the goods have been clearly identified as the

contract goods;
e) where applicable, all duties, taxes and other charges, as well as the costs of carrying out customs formalities payable upon import of the goods and the costs for their transport through any country, unless included within the cost of the contract of carriage; and
f) the costs of any additional insurance procured at the buyer' s request under A3 b) and B3 b).

B7 Notices to the seller

The buyer must, whenever it is entitled to determine the time for shipping the goods and/or the point of receiving the goods within the named port of destination, give the seller sufficient notice thereof.

B8 Proof of delivery

The buyer must accept the transport document provided as envisaged in A8 if it is in conformity with the contract.

B9 Inspection of goods

The buyer must pay the costs of any mandatory pre-shipment inspection, except when such inspection is mandated by the authorities of the country of export.

B10 Assistance with information and related costs

The buyer must, in a timely manner, advise the seller of any security information requirements so that the seller may comply with A10.
The buyer must reimburse the seller for all costs and charges incurred by the seller in providing or rendering assistance in obtaining documents and information as envisaged in A10.
The buyer must, where applicable, in a timely manner, provide to or render assistance in obtaining for the seller, at the seller's request, risk and expense, any documents and information, including security-related information, that the seller needs for the transport and export of the goods and for their transport through any country.

용어정리

1. Allocation: 할당, 배분
2. Alongside: …옆에, 나란히
3. associate: ~ sb/sth (with sb/sth) 연상하다, 결부[연관]짓다
4. authorization: [U,C] (공식적인) 허가[인가], [C] 허가[인가]증
5. barge: 바지선[너벅선](운하, 강 등에서 사람, 화물을 싣고 다니는, 바닥이 납작한 배)
6. be entitled to do: -에게 -할 권리(자격)을 부여하다
7. be up to: ~가 할[결정할] 일이다(~의 의무 · 책임 · 결정임을 나타냄)
8. bear: (책임 등을) 떠맡다[감당하다]
9. carriage: 운반[수송]; 운반비[수송비]
10. clear: (출발, 도착 등을) 허가하다
11. commercial invoice: 상업송장
12. comply with: 따르다, 동의하다.
13. cover: ~ sb/sth (against/for sth) (분실, 상해 등에 대비해 보험으로) 보장하다, ~ (against sth) (英) (보험의) 보장
14. customary: 관례적인, 습관적인
15. customs formalities: 통관 수속
16. decline: (정중히) 거절하다, 사양하다
17. deliver: ~ sb/sth (up/over) (to sb) (격식) 인계[인도]하다, 넘겨주다
18. deliver: [U , C] (물품/편지 등의) 배달[인도/전달]
19. deliver: ~ sb/sth (up/over) (to sb) (격식) 인계[인도]하다, 넘겨주다
20. due: 적절한, 마땅한
21. envisage: -을 -라고 예견하다, 예상하다, 꾀하다
22. equivalent: ~ (to sth) (가치, 의미, 중요도 등이) 동등한[맞먹는]
23. evidence: ~ (of/for sth) | ~ (that…) | ~ (to suggest, show, etc.) 증거, 흔적
24. expiry date: (계약서 등의) 만기[만료] 날짜
25. formality: [C] [주로 복수로] (반드시 거쳐야 할) 형식상의 절차
26. freight: [U] 화물; 화물 운송
27. hand over: 이양하다; 인도하다.
28. hand: ~ sth to sb | ~ sb sth 건네주다, 넘겨주다
29. in conformity with: ~와 일치하여, ~에 따라

30. in the absence of: ~이 없을 때에; ~이 없어서
31. incur: (비용을) 발생시키다[물게 되다]
32. inland waterway: 내륙수로 (內陸水路)
33. inland: [주로 명사 앞에 씀] 내륙에 있는
34. inspection: 점검[검사/검토]
35. instruction: [주로 복수로] ~ (to do sth) | ~ (that…) 지시
36. lighterage: [U] 거룻배 삯; 거룻배 운반; [집합적] 거룻배
37. mandate: 명령[지시, 요구]하다.
38. nominate: (일시, 장소 등)을 지정하다. 정하다
39. on board: 본선
40. onwards: (특정 시간부터) 계속, 앞으로
41. place: (조심스럽게) 놓다[두다]
42. procedure: ~ (for sth) (특히 어떤 일을) 절차[방법], [U] (특히 상업, 법률, 정치 에서 일을 하는 공식적인) 절차[수순]
43. procure: −을 얻다, 손에 넣다: 물품을 조달하다
44. promptly: 지체 없이, 즉시
45. reach: …에 이르다[닿다/도달하다]
46. reference: ~ (to sb/sth) (… 에 대해) 말하기, 언급; 언급 대상, 언급한 것
47. reimburse: 상환하다
48. render: (어떤 상태가 되게) 만들다[하다], ~ sth (to sb/sth) | ~ (sb) sth (격식) (특히 어떤 것에 대한 대가로 또는 기대에 따라) 주다[제공하다]
49. specify: (구체적으로) 명시하다
50. subsequent: 그[이] 다음의, 차후의
51. take delivery of: [물건 따위]를 인수하다
52. take[adopt, use] measures: 조치를 취하다
53. underwriter: (특히 해상 보험) 보험사, 손해사정사
54. vary: (크기, 모양 등에서) 서로[각기] 다르다/(상황에 따라) 달라지다[다르다]
55. vessel: (대형) 선박[배]
56. wharfage: [U] 선창[부두] 사용료; 선창 사용; [집합적] 선창 (설비)
57. with the exception of: ~은 제외하고[~ 외에는]

3. 핵심문제 정답 및 해설

2장 핵심문제 정답

1	①	2	②	3	④	4	②	5	②	6	①	7	④	8	④	9	②	10	④
11	④	12	①	13	②	14	②	15	④	16	①	17	②	18	③	19	④	20	②
21	③	22	②	23	②	24	③	25	③	26	④	27	③	28	④	29	③	30	②
31	③	32	②	33	②	34	③	35	①	36	④	37	①	38	②	39	③	40	②
41	②	42	③	43	③	44	②	45	③	46	④	47	④	48	④				

해설

1. ③은 무확약오퍼를 말함
4. ②는 country와 함께 5C's에는 속함
8. 대응청약은 새로운 청약이지 청약의 유인은 아님
9. Infringement clause(권리침해조항)는 상표, 특허, 저작권 또는 재산권 침해로 인하여 제3자가 claim 또는 소송을 제기할 때 매도인이 면책되는 조항을 말함
12. ①은 해상운송에 관한 유엔협약임
13. 수량조건은 매매계약서에 명시함
14. ②는 선화증권 통일조약임
15. ④는 부지약관을 말함
16. market claim이란 당해 물품의 시세하락으로 당해 무역거래에서 손실이 발생하는 경우 통상 별다른 문제가 되지 않는 사소한 결함, 하자를 구실로 claim을 제기하는 것을 말함
17. 구두청약도 확정청약의 요건을 갖추면 확정청약이 됨
18. 회신기일을 정하는 것은 조건부가 아니라 확정청약의 요건이 됨
18. 교차청약의 계약성립 여부에 관한 국제적인 관습이나 규범은 없음
23. 청약 및 승낙은 철회통지가 그 청약 또는 승낙의 도달 전(동시 도달도 가능)에 도달하는 경우 철회할 수 있다(CISG 제15조, 제22조). 취소불능 (Irrevocable)청약이라도 마찬가지이다. 도달 전 철회는 가능하지만 상대방에게 도달한 후 취소할 수는 없다. 철회와 취소의 개념이 동일하지 않음에 유의할 것
26. 청약 유효기간의 기산점(CISG 제20조)
    전보 : 발신을 위해 교부된 때
    서신 : 서신 표기일 또는 봉투 표기일
    전화, TLX : 피청약자에게 도달한 시점
29. sub-con 오퍼는 자유청약의 일종임
30. 반대청약을 한 후에는 상대방이 그 반대청약을 승낙하지 않으면 계약은 성립되지 않는

다. 예를 들어 원청약상 가격조건이 ⓐ$100이었는데 ⓐ$80으로 반대청약을 한 후 국제시세가 ⓐ$150로 급등하여 원청약대로 ⓐ$150를 승낙하겠다고 통지하더라도 계약은 성립되지 않음

34. ①은 정박기간에 공휴일을 산입하지 않는 조건임
35. CIF, CIP 조건이 아닌 경우에는 보험조건의 약정이 반드시 필요한 것은 아님
37. 분할선적을 금하길 원하는 매수인은 신용장 조건서에 명시해야 함
38. 부패성 물품에는 판매적격품질조건(GMQ)이 유용함
39. 과부족용인약관은 신용장거래이고, 벌크화물거래인 경우에만 인정됨
40. 무인(無印)은 No Mark : N/M으로 표시됨
41. 개산수량조건은 신용장의 단가, 수량, 금액 앞에 약, 대략을 의미하는 문구가 기재된 경우에 ±10%의 과부족이 용인됨. 물론 벌크화물의 거래이어야 함
48. 복합운송이 필요한 매매계약이라면 환적은 필연적임

3장 핵심문제 정답

1	①	2	④	3	④	4	③	5	①	6	③	7	③	8	④	9	④	10	④
11	③	12	②	13	①	14	①	15	④	16	②	17	①	18	②	19	④	20	②
21	④	22	①	23	②	24	①	25	③	26	②	27	③	28	③	29	③	30	④
31	③	32	①	33	③														

해설

1. 해상매매조건 - FAS, FOB, CFR, CIF
2. Incoterms는 임의규정이므로 당사자간에 합의·채택하여 사용함
3. DAT, DAP, DDP조건은 도착지 매매조건임
4. 모든 운송에 사용가능한 비해상매매조건 - EXW, FCA, CPT, CIP, DAT, DAP, DDP
8. ④ 수입국 통관비용을 의미함
9. CISG - UNCITRAL
   Inocterms - ICC
11. Incoterms® 2010상 수입국 통관비용을 매도인이 부담하는 조건은 DDP 조건밖에 없음
12. Incoterms® 2010상 FAS 조건에서 수출국 통관의무는 매도인의 의무임
13. ③ CIF 조건에 관하여 규정함. 현재 거의 사용되지 않음
15. CIF, CIP 모두 보험계약자→매도인, 피보험청구권→매수인
19. FCA는 운송방식에 관계없이 사용가능 함.
20. FOB Airport는 Incoterms 1990부터 FCA 조건에 흡수되었음
22. ‘C’그룹 조건은 위험은 적출지에서 이전하지만 비용은 도착지까지 부담하게 됨

28. 수출국 통관의무를 매수인이 부담하는 조건은 EXW뿐임
31. FCA -매수인의 운송인 지정의무, FOB-매수인의 선박지정의무가 있음

4장 핵심문제 정답

1	④	2	③	3	①	4	④	5	①	6	③	7	①	8	②	9	②	10	②
11	④	12	④	13	①	14	③	15	②	16	②	17	②	18	①	19	①	20	①

해설

1. ④ 소유권의 이전에 관해서는 각국의 법률에 맡기고 본 협약에서는 규정하지 않음
7. ① 당사자의 일방이 범한 계약위반이 그 계약 하에서 상대방이 기대할 권리를 실질적으로 박탈할 정도의 손해를 주는 경우 근본적 위반(Fundamental Breach)라 함
8. ② 대금감액청구권은 매수인의 구제방법임
9. ② 비엔나 협약에 가입하여야 적용될 수 있음
12. ④ 상대방이 개대할 권리를 실질적으로 박탈할 정도의 손해를 주는 경우 계약해제를 선언할 수 있음
13. ④ 물품명세확정권은 매도인만의 구제권리임

5장 핵심문제 정답

1	③	2	④	3	④	4	①	5	④	6	④	7	①	8	③	9	①	10	①
11	③	12	①	13	②	14	②	15	④	16	④	17	③	18	②	19	②	20	①
21	③	22	②	23	③	24	①	25	③	26	④	27	③	28	③	29	②	30	④
31	①	32	④	33	③	34	①	35	①	36	②								

해설

2. ④ 합리적인 기간(상당한 기간 : reasonable time)내에 통지해야 함
4. ② 이행기일이 되었음에도 채무(의무)를 이행하지 않는 것
   ③ 이행기일에 채무이행은 했지만 완전히 이행하지 않거나 계약의 내용과 상이한 이행을 한 것
   ④ 채무자가 채무이행을 하지 않겠다는 의사표시를 하는 것
6. 손해배상청구권은 배타적인 권리이므로 상대방의 위반사실이 있는 경우 언제든지 사용가능한 권리임
8. 조정안은 당사자가 수락하면 법원 확정판결과 동일 효력
   중재판정은 당사자가 수락하지 않더라도 법원 확정판결과 동일 효력
14. 하자보완권 - 매도인, 하자보완청구권 - 매수인의 권리임

20. ① 1968년 3월 4일 뉴욕협약 가입 서명 후, 1973년 제42번째 국가로 가입함. 1973년 5월 9일부터 우리 나라에 효력 발생
28. ③ 손해가 없으면 손해배상청구도 없음. 실손(實損)보상의 원칙이 적용됨
29. 분쟁발생전 계약시 중재조항(계약)을 합의한 것을 중재계약, 분쟁발생 후 중재에 의뢰하여 해결토록 합의하는 것을 중재부탁 계약이라함
30. ① 재판관할권조항
32. ④는 실제 위반(특히, 물품의 손상)이 있는 경우에 사용가능함
36. 통신전달상의 지연 → 청약자의 별다른 의사표시가 없으면 계약성립, 피청약자의 과실에 의한 지연 → 청약자의 계약성립 의사표시가 없으면 계약이 성립되지 않음

6장 핵심문제 정답

1	③	2	④	3	②	4	①	5	②	6	①	7	④	8	①	9	③	10	③
11	③	12	①	13	④	14	②	15	②	16	③	17	④	18	①	19	③	20	③
21	②	22	②	23	①	24	②	25	②	26	④	27	②	28	②	29	①	30	②
31	②	32	①	33	③	34	④	35	①	36	④	37	③	38	①	39	①	40	①
41	①	42	③	43	②	44	③	45	①	46	④	47	③	48	③	49	①	50	③
51	③	52	①	53	①	54	④	55	②	56	②	57	③	58	④	59	①	60	②
61	④	62	②	63	②	64	①	65	②	66	④	67	③	68	④	69	①	70	①
71	④	72	①	73	③	74	①	75	②	76	③	77	②	78	①	79	③	80	②
81	③																		

해설

3. 바르샤바협약은 항공운송에 관한 조약임
12. 부정기선은 운임이 수요, 공급의 원리에 의해 결정되므로 그 폭이 큼
14. 정기선의 대부분은 해운동맹이 결성되어 있음
14. ② 무인화물 → N/M(No Mark)화물
    ④ 가격이나 운임의 변동조항, 특히 운임
17. ④ 항공운송에서 많이 사용되는 단위화 용기는 컨테이너와 팔레트임
19. NVOCC : non-vessel operating common carrier(선박비보유 운송업자)
22. Berth(pier)→Apron→Marshalling yard→Storage yard→CFS
23. ① customary quick despatch
24. 편의치적선(flags of convenience)은 선주가 속한 국가의 엄격한 요구조건과 의무부과를 피하기 위하여 파나마, 온두라스 및 라이베리아 등의 조세도피국(tax haven)의 국적을 취득한 선박을 말함. 파나마, 온두라스, 라이베리아, 코스타리카, 싱가포르, 레바논, 소말리아, 키프로스 등의 치적국은 명목상의 선복보유국일 뿐 저렴한 등록세와 재

산세의 취득 이외에는 아무런 소득이 없음
27. 최근에는 이 작업을 ICD(Inland Container Depot)에서도 함
ODCY→Off Dock Container Yard(부두에서 멀리 떨어진 곳에 위치한 CY)
32. Free의 기준은 선사(선주)
33. ① Roll on – Roll off ② Float on – Float off
③ Lift on – Lift off ④ Light aboard ship
39. 특사송부(우송)의 특성임
43. ④는 보험증권을 결합한 B/L
45. 보험중개인이 발행한 부보각서(보험인수증)는 수리되지 않음
47. ③ 기명식 선화증권–유통불능임
48. 은행의 서류심사기준은 엄격일치주의 → 상당일치주의로 변하고 있지만 상업송장은 선적서류 중 가장 엄격히 일치하여야 함
49. 상업송장의 작성시기에 관한 제한은 없음. 다만, 그 기재사항이 선적한 물품과 일치하려면 선적 후에 작성하는 것이 좋은 방법이 됨
50. 복합운송은 서류상에 물품을 발송, 수탁 또는 본선 적재하였음을 명시하여야 함
53. 선적기일이 자동연기되는 경우는 없음. 연기하려면 신용장의 조건변경을 하여야 함
56. 용선계약부 선화증권도 해상운송을 하는 경우에 발급되므로 본선적재일 기준임. 신용장상 동 서류제출을 명시하고 있다면 은행수리요건은 해상선화증권과 거의 유사함
59. 신용장상 Signed Commercial Invoice라고 명시되어 있지 않다면 서명할 필요는 없음. 그러나 실무적으로는 서명을 관례처럼 하고 있음
60. 선박에 적재된 화물의 내역은 운송인(선장)이 작성
62. 항공운송의 특성으로 인하여 송화인(탁송인) 앞으로 발행된 AWB 원본만 제시하면 됨(UCP 500 제27조 제a항 제v호). 나머지 운송서류는 'Fullset'규정이 있음. SWB도 'Fullset'을 제출해야 함
66. 원본제시 규정은 없음
67. 운송장(SWB, AWB)은 유통불능임
74. 원본은 통상 3통 발생하는데 이 중 1통이라도 매수인(수입업자)이 요구한다고 하여 별도로 송부하여 주면 은행은 담보권을 행사할 수 없음. 또한 사기나 오용의 가능성도 없지 않음. 은행은 권리증권인 선화증권을 담보로 하여 대금을 지급하는 것임
78. 운송주선업자 또는 국제운송주선업자협회(FIATA)에서 발행한 선화증권이더라도 운송인 또는 운송인의 대리인 자격을 갖추지 못한 운송주선업자 발행 선화증권은 수리될 수 없음
80. ② L/I는 적재한 물품에 손상이 있는 경우, 화주 → 운송인에게 제시하는 서류임
81. 선화증권은 운송인(선장)이 발행함

7장 핵심문제 정답

1	④	2	①	3	④	4	②	5	②	6	②	7	①	8	②	9	③	10	②
11	①	12	③	13	④	14	①	15	④	16	④	17	②	18	②	19	②	20	④
21	③	22	④	23	④	24	③	25	①	26	③	27	②	28	③	29	③	30	③
31	④	32	①	33	①	34	①												

해설

1. 3%인 3만달러를 초과한 손해라면 전액 보상됨
2. 작성자에게 불리하도록 해석함
4. 손해방지비용은 전액 보험금액을 초과하여 보상받을 수 있음
5. 장기, 대량의 화물은 포괄예정보험 부보 후 당해 선적분에 대해 보험증명서(certificate of insurance)를 발급 받음. 보험증명서는 수리됨
7. Increased Value Clause : 보험가액불변의 원칙에 따라 피보험자가 보험금액을 증액하려면 별도의 계약을 체결하여야 하지만 이에 따른 불편을 제거하기 위하여 계약기간 중 보험금액의 증액을 인정하고, 손해발생시 원보험금과 증액된 보험금과의 비율관계를 근거로 보험금을 지급한다는 약관으로 신설된 약관임
14. ICC(적화보험약관)는 해상운송의 보험조건임
15. 누손 → Leakage
16. FAS → 매수인이 자신의 이익을 위하여,
    DES, DEQ → 매도인이 자신의 이익을 위하여 해상보험계약체결
18. 보험인수증(Cover Note)은 부적합한 보험서류임
19. ②외에는 현실전손
20. 보험금액은 증액 가능
21. 포괄예정보험에서의 보험확정통지서는 은행에서 수리함
23. 화재는 주요 해상위험이기는 하지만 해상고유의 위험은 아님
24. 주약관 FPA에서는 보상되지만 신약관(C)에서는 보상되지 않음
31. 전쟁이나 동맹파업에 의한 손해는 IWC, ISC 약관을 추가로 특약하여야 보상됨. 이 특약 보험료는 매수인의 부담임
32. ③ 보험자의 면책률 적용이 없는 WA
34. ① 런던보험업자협회(ILU)에서 제정하였음

찾아보기

영문

국문

(ㅅ)

(ㅇ)

(ㅈ)

저자소개

【김은주】

- 숙명여대 무역학과 (상학사, 상학석사), 부경대학교(경제학박사)
- Univ. of North Texas, School of Merchandising & Hospitality Management, 방문교수
- 일본 후쿠오카 대학 상학부 연구원
- 부산대, 부산외대, 부산여대, 부산수산대, 부경대, 숙명여대, 숭실대, 상명여대, 성균관대 강사
- 동의대 초빙교수, 한양여대 겸임교수
- (주)교통물류연구원 연구위원, (주)일본 산스타 라인 자문위원
- 현) 성균관대 무역연구소 선임연구원

【박명섭】

- 성균관대 무역학과(학사, 석사, 박사과정 수료), 영국 리버풀대학교 (경제학 박사)
- 일본 코베대학·후쿠오카대학·나카무라 가쿠엔 대학 방문교수
- 부산수산대 무역학과 및 부경대 국제통상학부 교수 (1985.3~2002.2)
- 외교통상부 통상교섭본부 자문위원
- 현) 성균관대 경영전문대학원 교수, 성균관대 대학원 무역학과장, 국제물류·통상센터장

【홍란주】

- 동아대 영어영문학과 (학사)
- 부산대 대학원 무역학과 (경제학석사)
- 성균관대 대학원 무역학과 (경영학박사)
- 경기대, 동서대, 성균관대, 한국철도대, 한국해양대 강사
- 성균관대 무역연구소 선임연구원
- 현) 동아대 국제무역학과 강의전담교수

【허윤석】

- 제주대 무역학과 (학사)
- 성균관대 대학원 무역학과 (경제학석사, 박사과정 수료)
- 경기대, 광운대, 국민대, 삼육대, 숭실대, 한국교통대 강사
- 제주권 광역경제발전연구위원회 선임연구원
- 현) 성균관대 무역연구소 연구원